Les Origines tragiques de l'érudition
Une histoire de la note en bas de page

Anthony Grafton

脚注趣史

〔美〕安东尼·格拉夫敦 著
张弢 王春华 译

著作权合同登记 图字：01-2007-5208

图书在版编目（CIP）数据

脚注趣史 /（美）格拉夫敦（Grafton, A.）著；张弢，王春华译. —北京：北京大学出版社，2014.1

（历史学的实践丛书）

ISBN 978-7-301-23571-3

Ⅰ. ①脚… Ⅱ. ①格…②张…③王… Ⅲ. ①学术思想-思想史-研究-西方国家 Ⅳ. ①B5

中国版本图书馆 CIP 数据核字（2013）第 296512 号

© Éditions du Seuil, 1998.

Collection *La Librairie du XXe siècle*, sous la direction de Maurice Olender.

书　　　　名：	脚注趣史
著作责任者：	〔美〕安东尼·格拉夫敦 著　张 弢　王春华 译
责 任 编 辑：	岳秀坤　陈　甜
标 准 书 号：	ISBN 978-7-301-23571-3/K·1000
出 版 发 行：	北京大学出版社
地　　　　址：	北京市海淀区成府路 205 号　100871
网　　　　址：	http://www.pup.cn　新浪官方微博：@北京大学出版社
电 子 信 箱：	pkpwsz@126.com
电　　　　话：	邮购部 62752015　发行部 62750672
	编辑部 62752025　出版部 62754962
印 　刷 　者：	北京中科印刷有限公司
经 　销 　者：	新华书店
	890 毫米×1240 毫米　A5　11.375 印张　152 千字
	2014 年 1 月第 1 版　2015 年 2 月第 2 次印刷
定　　　　价：	48.00 元

未经许可，不得以任何方式复制或抄袭本书之部分或全部内容。
版权所有，侵权必究
举报电话：010-62752024　电子信箱：fd@pup.pku.edu.cn

前　言

很多书籍都为书中叙述的历史附上了脚注：这些脚注讲述次要的史事，再现不重要的战事，或者描写有趣的人物。然而据我所知，还没有人专门为这些实实在在出现在现代史学著作页边上的脚注写一部历史。但脚注却对历史学家至关重要。对于人文学者而言，它大体上相当于科学家的数据报告：脚注为作者叙述的史事和所呈现的论据提供以经验为依据的支持。如果没有脚注，那么史学论题可能受人称赞也可能被人憎恶，但却无法被证实或证伪。作为一项基本的专业工作和思想实践，脚注理应获得仔细查验，亦如科学史专家们长久以来对待实验室中的记录本和科学论文的态度。

在史学史的著作以及在史学论文写作的指导手册中，人们可以读到对脚注的本质和起源的种种表述。它们尤其可能出现在对过去的美好时代的争论中，那时候，史学家和脚注还形同陌路。常见的表述是，在特定的时代（一般

【viii】

认为是在19世纪)、在特定的场所（常指在第一次世界大战之前的德国大学中），是脚注的地位得以巩固并获得精确表达的黄金时期。然而，诸如此类的表述却鲜有全方位的研究作为支撑；而且，它们常被用来拥护或者攻讦某一学派的学术实践，而不是去重构脚注的根源和发展路径。此外，虽然已有一些散见的研究，但其中也自然地反映出研究者受到了各自专门训练和视角的限制。学者们将脚注的诞生定在了12世纪、17世纪、18世纪乃至19世纪——均不乏有力的依据；然而，他们通常并没有注意到，在这脚注的故事当中还有其他篇章。本书的一个着眼点，其实很简单，就是将这些零散的研究线索联接起来。再者而且也是更重要的一点是，要在联接之后展示出，这些线条编织起了一部历史，它像很多思想史中著名的插曲一样，充满了未可预期的人文和思想意趣。脚注不是如一些历史学家所料想的，如此地始终如一或者值得信赖。它也并非是另一些历史学家所抵制的自负不凡、独裁专断的花招。脚注是由一个成分多样且又天才颖悟的人群创造出来的产物，在这个群体中既有哲学家也有史学家。脚注的发展变化历时甚久，途经了一条坎坷之路。它的故事将一缕新的光芒照向了史学史尚未被述及的部分中很多幽暗的角落。

致　谢

我在读本科的时候就对脚注这个题目产生了兴趣,当时我读到了皮埃尔·培尔(Pierre Bayle)的《历史与考证辞典》[1]和阿纳尔多·莫米利亚诺(Arnaldo Momigliano)的《论历史研究》(Studies in Historiography)这两部著作中的一些内容。我随后便和友人们构想了一个计划,即创办一本准学术的期刊并为这个题目出一期专刊,但计划不幸夭折了。然而,我仍坚持慢慢地搜集资料。最终,在1993年于普林斯顿大学戴维斯历史研究中心(Davis Center for Historical Studies)举行的一次有关"史学中的证明与说服"(Proof and Persuasion in History)的学术会议提供了动力,使我汇总了素材进而形成了对它们的阐释。我必须向与我一同组织这次会议的Sue Marchand、以及对我的论文初稿提出过尖锐而有益批评的Mark Phillips和Randolph Starn致以诚挚的谢意。该文经过修改后以《脚注:从德图到兰克》("The Footnote from de Thou to Ranke")为题与会议的其他论文一起刊于《历史与理论》专刊第33号（*History and Theory*, Theme Issue 33）（1994年，版权归属于卫斯理安大学[Wesleyan University]）。Richard Vann友好地准许我在这本书中照用了我原文的稿本。

柏林高等研究院（Wissenschaftskolleg zu Berlin）于1993至1994年的学术性邀请不但成全了我、也激励了我再次着手对脚注的研究。高等研究院为我提供了自由的时间在这座兰克和迈内克（Meinecke）生活过的城市中进行研究工作。Gesine Bottomley以及她在高等研究院图书馆的职员们无论在查找最普通的还是最难觅的资料时，都提供了方便而快捷的帮助。他们还为我在柏林那如同宏大迷宫般的手抄本和稀有图书的收藏中作了引导。我特别要感谢柏林国家图书馆（Staatsbibliothek zu Berlin）的写本部（Handschriftenabteilung）中普鲁士文化遗产（Preussischer Kulturbesitz）第二室（Haus II）的工作人员，是他们帮助我探究了那些黑匣子，每一只都是一个阿里巴巴的珍宝洞穴，里面收藏的是丰富而杂乱的兰克遗稿。柏林自由大学（Freie Universität）以及洪堡大学（Humboldt Universität）的图书馆工作人员们、特别是自由大学中迈内克研究所（Meinecke Institut）和古典语文学系（Seminar für

Klassische Philologie)的教工们,均向我敞开了他们的大门。我的早期研究主要是在普林斯顿大学图书馆(Firestone Library)和法国国家图书馆(Bibliothèque Nationale de France)里完成的;补充性研究则是在大英图书馆(British Library)、哈尔特基金会(Fondation Hardt)、瓦尔堡研究所(Warburg Institute)、奥地利国家图书馆(Österreichische Nationalbibliothek)、尤其是在牛津大学的博德利图书馆(Bodleian Library)中进行的。

很多友人为我提供了批评意见和信息。我将感谢献给J. W. Binns、Robert Darnton、Henk Jan de Jonge、Erhard Denninger、Carlotta Dionisotti、John Fleming、Simon Hornblower、Reinhart Markner、Reinhart Meyer-Kalkus、Grant Parker、James Powell、Wilhelm Schmidt-Biggemann、J. B. Trapp、Giuseppe Veltri、David Wootton、Paul Zanker,以上诸友都给出了宝贵的建议,或是提出了无法回答但却颇有裨益的问题。François Hartog、Glenn Most、Nancy Siraisi审阅了本书的草稿。Tim Breen、Christopher Ligota、Wilfried Nippel邀请我到他们博闻而好辩的研讨班上展示了我的论点。如果不是阿纳尔多·莫米利亚诺传授给了我如此丰富的有关本书主题的知识,我也未必敢斗胆去验证

【xi】他的一两个论题。Christel Zahlmann比我更早地预见了为脚注写一本专著的价值所在,而他去世的噩耗对在德国境内和境外的很多友人来说都不啻沉重打击。Petra Eggers和Maurice Olender则帮助我实现了这本专著的写作。本书德文版的很多评阅人——特别是Patrick Bahners、Martin Giel、Herfried Münkler、Helmut Zedelmaier——帮助我重整了本书的结构,用增扩版以飨读者。

最后,我要向那些本书英文版的评论人致以谢意。H. Jochen Bussmann将本书译成了优美的德文,于1995年由柏林出版社(Berlin Verlag)以《德文著作脚注的悲剧起源》(*Die tragischen Ursprünge der deutschen Fussnote*)为名出版,译者还对本书的英语原文提出了很多可圈可点的意见。Sue Marchand和Peter Miller亦是如此。Jill Kraye和Randolph Starn二人为哈佛大学出版社审阅了本书的英文定稿,所提出的批评虽不容情却富有建设性。

戴维斯中心接连两任主管Lawrence Stone和Natalie Davis,将普林斯顿大学历史系发展成了对史学方法进行批判性反思的中心。这两位历史学家均对档案文献的性质以及历史文献引证中的种种问题做出过深刻的思考和精辟的论述。作为友人和顾问,他们二人给我和其他很多人都提供了无限的鼓励和建设性的批评。而且，他们也都写出过、并还将书写很多上乘的脚注。本书仅作为一份薄礼献给这两位脚注艺术大师。

注释

1　英文全名为 *Historical and Critical Dictionary*，译自法文原著 *Dictionnaire Historique et Critique*（首版于1696年年末）。培尔（1647—1706）在其著作中列举了丰富的史料，这使得脚注占据了大量的篇幅。有关此书，本书第七章将有详论。——译者注

目　录

001 | **前　言**
003 | **致　谢**

001 | **第一章**
　　　脚注：一个物种的起源

045 | **第二章**
　　　兰克：科学化史学的一则注脚

085 | **第三章**
　　　历史学家的缪斯：兰克的通向脚注之路

129 | **第四章**
　　　脚注与哲学：一段启蒙时代的插曲

167	**第五章** 返回未来（一）：德图给细节提供文献证明
203	**第六章** 返回未来（二）：教会史学家与古物研究者蚂蚁般的劳作
259	**第七章** 博学研究深渊中的清晰明快：现代脚注的笛卡儿源头
301	**跋** 几个总结性的脚注
317	**名词对译表**
340	**索　引**
345	**编后记**

第一章

脚注:一个物种的起源

在18世纪,史学著作中的脚注曾经是一种高雅的写作形式。没有哪位启蒙时代的历史学家能够超越爱德华·吉本(Edward Gibbon)的著作《罗马帝国衰亡史》(*History of the Decline and Fall of the Roman Empire*)那史诗般的气势或是古典的文风。而书中最能够取悦友人抑或激怒敌手的就要数脚注了。[1]在宗教问题上的不恭不敬以及对两性关系的口无遮拦,使这些脚注理所当然出了大名。史家吉本这样描述皇帝马可·奥勒留(Marcus Aurelius)——即因"放荡"而声名狼藉的福斯蒂娜(Faustina)[2]的丈夫:"在《沉思录》中,他感谢诸神,是他们赐予了他这样一位妻子,她是如此忠贞、如此温雅,而其举止又朴素之极。"[3]同时,注释者吉本又文雅地反思道:"整个世界都在嘲笑马可的轻信;

【2】　　然而，达西耶夫人[4]向我们保证说（出自一位女士的话想来是可信的），如果妻子肯放下身段去遮掩，那么丈夫将永远被蒙蔽。"[5]吉本在对早期教会神迹看似严肃的调查中提出："历史学家的职责，并不是要他将个人的判断介入既微妙又重要的纷争中去。"[6]他还在一则直言不讳的脚注中评论道："人们多少会注意到，克莱尔沃的贝尔纳[7]将他的朋友圣马拉奇[8]那么多的神迹都记录了下来，却对自己的神迹只字不提。而贝尔纳的神迹，则是由他的同伴和学生们详细记述的。"[9]吉本在分析早期基督徒保持贞洁的能力时这样解释："博学的奥利金[10]等人断定，这是使魔鬼无用武之地的最明智的办法。"[11]吉本只在脚注中言明，神学家奥利金采取了自宫这种极端的手段来避开诱惑——而这个脚注也流露出了吉本对此行为的看法："奥利金通常视圣经为隐喻；不幸的是，他偏偏在这件事上似乎接受了文中的字面义。"[12]如此快意的挖苦性注解对正统的观念而言如同芒刺在背，并一再地重现于批评家笔下数不清的小册子中，使吉本成为绕不过去的作家。[13]

【3】　　吉本的才能既服务于学术，也用之于论战——正像他所写的脚注不但颠覆、也支撑起了其史著中那恢宏的架构。[14]他能够使一段文献目录性质的引文具有西塞罗式演说

般的庄重和匀称:"在对公元2至3世纪诺斯替教派信众的表述上,莫斯海姆[15]机敏而率直,让·勒克莱尔[16]虽然无趣但是严谨,博索波尔[17]几乎始终是一位护教论者;早期教会的圣父们,恐怕得说,常常是中伤他人的诽谤者。"[18]吉本还能够为一组滑稽的对比赋予一种庄重的文风,而这通常用来对历史上的某位大人物加以赞赏或非难:"人们也许注意到了,为了细述叙利亚和阿拉伯的众多神祇这个深奥难懂的问题,塞尔登[19]写了两大卷渊博的文集,而弥尔顿用130行优美的诗句就给概括了。"[20]吉本也会向那些虔诚信奉基督教的前辈学人们致敬,在上千个奇特的细节之处使用这些人的著作,并将对其信仰的戏谑驳斥与对其学识的真诚崇敬独特地结合在了一起。[21]吉本的想法的确很好,即如果用同一种笔锋对他所占有的史料进行综合性描述,就能"愉悦与知识兼备"。[22]吉本的脚注虽然还算不上浪漫主义的作品,但是已经具备了浪漫派高雅文风所能提供的一切。这些脚注因"富有教益",获得了19世纪伟大的古典学家雅各布·贝尔奈斯(Jacob Bernays)和他的弟弟、日耳曼文学家米夏埃尔·贝尔奈斯(Michael Bernays)的赞颂。后者在脚注的历史方面著有开创性的论文,其中的知识性和洞察力至今仍胜于同领域的大多数著作。[23]

【4】

如今，对于历史学家们的论证，脚注或者能帮助他们阔步前进，也有可能拖累得他们跟跄蹒跚。但是，中规中矩的生硬文体已然取代了吉本古典演讲术的金玉之声，成为了主流。正如论文写作指南手册中所解释的，在现代，历史学家们要完成两项互为补充的工作。[24]他们必须细查关乎问题之解决方案的所有史料；还要藉此构建出创新性的叙述或是论点。脚注所证明的就是这两项任务都被完成了。它既标明了一手的证据——这保证了文章在本质上的创新性，也指出了二手资料——避免这些资料在形式和论点方面破坏文章的创新性。而且，在实现这两点的过程中，脚注还确认了该篇史学著作是出自一位专业人士之手。就像牙科医生的钻头产生的高倍嗡鸣一样，历史学家笔下的脚注所发出的低吟使读者放心：脚注所带来的沉闷如同钻头下的疼痛，它不是胡乱为之而是指向明确，是为享受现代科学和技术所带来的好处而必须付出的一部分代价。

【5】

就像这则类比所描绘的，脚注在现代生活中是与一项职业的意识形态以及技术实践捆绑在一起的。一个人若想成为历史学家与他想成为牙科医生同理，所依赖的是经过专门化的训练：如果他的工作得到了师长、同行、尤其是读者（或者患者）的认可，那么他才算得上是一位历史学家，要被认可为一名合格的牙科医生也是这样。学习如何制作脚注是现代意义上学徒期的组成部分之一。多数历史学家从短篇论文起步，他们会有几周抓狂的日子撰写书面报告，然后在教授的研讨班上宣读。此时，脚注只会被阅读而不会被念出来。它们是密密麻麻地印在页脚上难以辨认的文字，朦胧而闪烁，随着神经紧张、口齿含糊的报告人颤抖的双手上下摇曳。之后，在经年累月的博士论文撰写过程中，学生们从制造脚注的手工作坊提高到了工业生产阶段，在每个篇章中都点缀了上百条甚至更多的参考文献，以此来显示他们在档案馆和图书馆中埋头苦读的岁月。一旦获得了博士学位乃至受到聘用，最终的结果是，他们作为活跃的历史学家在撰写专著或者为学术期刊撰文时均会创作脚注。

但久而久之，书写脚注的工作常常变得索然无味：最初为了取得一个神秘的新行业的成员资格而发表战战兢兢的声明，鼓足勇气宣称自己有权加入一场博学的对话，而今却退化为例行公事了。对于某些历史学家来说，创作注释变成了第二天性——就像牙科医生们对疼痛和流血变得习以为常一样——他们几乎注意不到，他们一直在大量地

【6】

填塞作者的姓名、书籍的题名、档案馆里的卷宗号码，或者未刊手稿的页码。最终，脚注的制造有时候不再像专业人士的技术性工作那样，是为了一个更高的目标在发挥一项精确的功能，而更像是漫不经心的生产和对废弃产品的处置。

然而，历史学家不能对废弃产品及其处理等闲视之。对于厕所和阴沟的探究，让那些研究人口、城市规划、乃至气味的历史学家们大有斩获。这些东西的不同发展阶段将现代型社会生活的质感与前现代社会生活区别开来，其生动性远超政治史和思想史中高屋建瓴的时代分期。[25] 当一个人想要了解16世纪法国的教室在刺鼻的气味上如何区别于现代教室，他就不应该仅仅考察彼得·拉姆斯[26]的大众教材，还要思量拉姆斯传记作者的陈述，如拉姆斯只在每年夏至的时候洗一次澡等。[27] 与此相类似，钩沉历史的底层，可能会揭示出历史学科的现代实践及其延续千年的传统中隐秘的缝隙和被人遗忘的沟渠。

区区一则简短的比较就揭示出了，在看似稳定的历史表象之下，不同习惯之间的分歧是如此巨大。诚然，乍看上去所有的脚注都很相似。纵观当今的史学界，论文都是以一则长长的注释来开篇的——在工业文明中的这种注释形式类似于古代人向缪斯的祈祷：即作者向老师、友人、同事致以感谢。开篇的注释画出了一个"文人共和国"(Republic of Letters)——或者至少是一个提供过学术支持的小组，作者声明自己是其中的一员。其实，这些注释经常是空洞无物的，如哪些人应作者之请拜读了这篇著作、为作者提供了资料、或者至少在作者身上花费过时间等等。因此，它们存留了传统诗人祷文中一些具有文学性——即便不说虚构性——的东西。然而，冷静理性不需多久就会取代学术性自传所带来的清爽和芳香。长长的前人论著的书单、一连串未刊文献的编目，这些提供了一份所用史料的清单，想必可以证明作者的研究是扎实的。然而实际上，只有相当少的曾经涉足过同一档案文献的专业读者才能够轻松而老练地在任何注释中辨认出伎俩。[28] 而对于绝大多数的读者来说，脚注扮演着另一种角色。在一个现代的、非个人化的社会中，个体的各项必要需求必须依赖于其他陌生人提供的服务，各种凭证则执行着以往由行会成员资格或者私人推荐执行的功能：合法性就源于这些凭证。像一方破旧的讲台、盛水的玻璃瓶、散漫又不确切的引介，这些都在表明某人的公开演讲值得一听，与此相似，脚注就赋予了一位作者这种权威性。[29]

【8】

然而与其他形式的凭证不同，脚注有时可以用来消遣——通常的情况是作者在同行的背后捅刀子。有时候，刺入的方式还算温柔。如历史学家可能只是简单地援引一部著作的作者、标题、出版地点和时间。但是，他们还时常悄悄地将微妙而致命的"参较"（cf. [compare]）一词置于脚注的前端。至少对专业读者来说，这暗示了两点：在征引的那部著作中有另外一种观点，而且它是错的。然而，并不是每一位读者都知晓这个密码。于是，有时候还要刺得更用力、更一针见血。例如，仅用一个成语或者精心选择的形容词就简短而明确地否定掉一部著作或者一个论点。英国人的典型作法是用一个狡猾的副词结构："oddly overestimated"（离奇地高估了）；德国人则直接指明"ganz abwegig"（不着边际）；法国人稍显冷淡，但留有颜面地说"discutable"（或可商榷）。所有这些无法避免的贬低之词都出现在同样突出的位置，执行的都是同一类的学术刺杀行动。任何一个人，只要读过一篇近来在欧洲或者美国发表的标准的专业史学著作，都可以为上述内容和类似的步骤提供例证。隐藏在它们背后的行业密码和技术被广泛地使用，却又令人兴味索然。[30]

【9】　然而，若对细节做更加仔细的查验，就能察觉那如出

一辙的外表带有欺骗性。在非专业人士的眼中,脚注看上去根深蒂固,既扎实又稳靠;但是在行家眼里,脚注犹如拥挤的蚁丘,同时进行着建造和对抗的活动。例如在意大利,脚注提到某某、忽略某某都是一种表达。这种忽略某位学者或者某部著作的作法相当于一则敌对声明,或称除忆诅咒(*damnatio memoriae*),它马上会被相关的圈内人士识破并解码。但是,这个圈子的范围还是有限的。于是,作者仅在掌握母语的小范围专家圈内明确了自己的一个观点;另外的观点则留给了更大一些的历史学家群体以及其他读者,这些人可能只是从某本期刊上复印了这篇怪文。只有那些熟记引用暗号中的"摩尔斯电码"的人——这种暗号自然是时刻都在变化的——才能从故意遗漏的内容中读出指责与争辩的弦外之音。而对圈外人而言,同样这些注释看上去既平和又有教益。换句话讲,很多带有脚注的意大利史学论著所讲述的,不仅是理论上的两套叙事,而是三套。它们的传达对象不单限于由历史学家们组成的理论意义上的普罗大众,即各个国家的行家里手(community of the competent);而是一个很小的圈子,是一群熟谙此道的人士。意大利式的引用暗号中兼有精确与隐晦,这使得人们不由得心生敬佩——特别是考虑到实际操作中的各种困难：任何一位意大利学者在决定不引用任何一部著作之前，都必须读一读它。在大多数意大利城市当中，当地的历史学家们是依靠对现代二手文献收录得并不完善的馆藏进行工作的，在那里，不道德的读者们用小刀裁走了期刊中最具影响力的文章，以至于不少标准的现代著作和稍微老旧一点的资料常常无法获取，而外文的著述更是稀有之物。意大利式的脚注中确实征引了长长的书单，这证明了一种对博学持之以恒的景仰——博学本身是值得尊敬的——同时也提供了一种背景，在这种背景下，故意的遗漏显得格外鲜明。

战后的德国则与此截然相反，忽略文献与其说是一种个别的情况，不如说是普遍的共识。西德的历史学家们喜欢责备别人未能引用"较早的德语文献"。而他们自己也没有按照常规去引用德语之外其他语种的新近著作——特别是在德国史的研究领域；对于法国和美国硕果累累的、更加新颖的跨学科史学研究，也常常不加注意或者不予吸收。这样的做法并非说明他们不了解（切勿作此想）；毋宁说他们展现了一种信念：是他们占据着史学思想的中央王国，人们自然会联想到信奉概念（*Begriff*-stricken）、且由德语学界统治的19世纪的历史学科。因此，他们无须参阅那些化外之地的成果——除非在一些幸运的个案中，化外之民已经充分地学习了德国学术的步骤和秘诀而变成了文明人。尽管其内部有着各种分野，历史学术圈仍以国别为界，彼此间存在着鲜明的差别。

然而与此同时，西德的历史学家们不但坚守着一种偏见，也在不断地从事一种带偏见的研究实践，这正好与他们对自己在学术世界中的位置的看法相吻合。西德的史学家（或他们的研究助手）通常是在一座专业化的图书馆内工作，它旨在提供现代史学研究的基本文献：也就是他们所在大学的历史研究所或者历史系附设的图书馆。他们对馆藏图书的引用既细致又丰富。反之，对历史系的藏书没有收录的著作，或许只用一下它们的出版信息——如果学生助手能在大学图书馆或是通过馆际互借找到这些著作的话。但它们对史学讨论的构成无足轻重，在脚注中也几无立锥之地。外语书籍自然要比德语书籍更容易沉积到大学图书馆书堆中的底层，而不是立在历史系图书馆内开架阅览的显眼位置。再加之，与美国及英国不同，德国大型的大学图书馆中的藏书通常都是按照购入的时间顺序排放的，而不是以学科的体系来分类。馆中的藏书就像图书仓库一样，对读者来说不易获取。如此，在找书中遇到的各

【11】

种实际困难更加夯实了由教育和学术积习所设下的森严的思想樊篱。对于东德的历史学家来说，他们疲于应付的，是更有血有肉的边界卫士。他们要更直接地表达思想上的忠诚——可能最首要的就是，不顾字母表的顺序，将马克思和恩格斯的著作放在引用文献列表的首位。东、西德学术的合流将为一个统一的德国催生新的脚注史，这当然还有待后来者去书写。

正如上述的事例所指明的，和其他任何复杂的科学实践和技术实践一样，脚注在性质上以及内容上都存在各种变化。像"精确的量化评估"、"可控性实验"等手段保障了对自然界的某个特定描述是严谨有效的一样，脚注的表现形式也五花八门，足以挑战任何一位分类学家的创新能力。每类脚注都与孕育它的特定的史学圈子保持有机的联系——这种与小圈子间的联系至少和它与所谓的国际史学界间的联系同等重要。这个假想的国际史学界的始作俑者是信仰天主教的英国历史学家阿克顿勋爵（Lord Acton），他曾经大力将德国科学化史学的方法介绍到英国。阿克顿一度希望编纂一部《剑桥近代史》（*Cambridge Modern History*），其中参编人员的国籍无法通过他们所写文章的方法和主旨被推断出来——这样一部历史只有当海水变成汽水的时候才写得出来。[31]

再者,脚注在来源和风格方面也各不相同。有些脚注满是对档案的征引,它们记录下了一位研究生在疑难问题上艰难获取的独到知识;而另一些,例如前东德领导人瓦尔特·乌布利希(Walter Ulbricht)有关德国工会史和政治史的看似博学的论著中点缀着的那些脚注,则都是集体创作的产物,它们提供了信息,却是在文章写完之后补充上去的,目的是支持已然存在的论点。这两类注释看上去相似,但是很明显,它们与下列二者的关系截然不同:一是要由它们来支撑的文本,二是据称要规范其作品的历史学这门行当。[32]

就像很多研究所显示的,科学著作中的引文远不止于认定观点的首创者和数据的来源。它们还反映了不同国家的科学界的思想风格,呈现了不同研究生课程的教学方法,以及不同期刊编辑在文献方面的偏好。它们不仅中规中矩地交待了科学家所用数据的精确来源,还涉及了诸多更宏观的理论和理论学派,作者们希望或者期待与它们有所关联。[33]史学论著的引文,有一些源自人类活动中无从避免的错误和偏见,至少和科学著作中一样多。

【13】

谁若是真的跟随历史学家的脚注而回归到他们使用过

的史料,相应地花时间查考它那深埋于地下的复杂根茎,很可能会在底层的酸性土壤中发现远超意料之外的人情世故。雅各布·托马修斯[34]早在1673年就为错误的引文形式梳理了一套工整的分类法。一些作者"避而不谈最关键的问题,却在并不重要或者次要的问题上引用他人"。还有些更过分的作者"高度警惕,绝口不提(他们所采用的史料)"。而最坏的作者则"只在反对或者批评的时候才会提到人家"。[35]除了这些恶意引用的"消极"形式之外,托马修斯也描述了"积极"的做法,即学术扒手。如果被当场拿获,扒窃老手会祈求失主拿回失物的同时不要声张;可只要失主一取回钱包,窃贼马上高喊:"小偷,有人偷钱包!"与此相似,不止一个学术扒手一边从别人那里剽窃成果,一边在相应的脚注中贼喊捉贼。很少有读者有耐性对事件一查究竟,大多数人会认为说真话的人是狡黠的扒手,而不是慌乱的失主。[36]一个事实或者一个伪事实从档案被摘入笔记本、然后被写进脚注、再到书评这一过程,简而言之,常常不是一帆风顺的。在诸如上例的各种问题中,有批判头脑的读者应该很容易察觉"重要的不是结果,而是过程"。

脚注值得关注的原因还有:它不仅是科学和学术实践

中常见的一个组成部分，还是人们热忱怀旧的对象以及激烈争辩的主题。20世纪的历史学家为他们所从事学科的传统大厦增盖了一间又一间的现代房屋。当然，他们这样做有时候也会封堵很多较传统的同行们的窗户——当然还有晋升的希望。这个进程引发了很多痛苦，导致后者频频做出激烈的控诉：传统型的脚注已经被忽视了。

【15】

　　一些新形式的史著所依赖的证据是脚注无法适应的。例如，研究人口的历史学家们所使用的对统计数据的大量分析，这样的证据只有在同行们获准调用他们的电脑文件时才能得到查证。还有一些史著所依赖的证据是常规的脚注无法囊括的。例如，人类学家的田野考察笔记，内中记录了从礼仪到访谈的瞬时事件，也记录了风俗，而这些风俗即便在被记述的同时也是在不断改变的。原则上，它们无法获得查证：就像赫拉克利特[37]所意识到的那样，没有哪位人类学家能够在同一个村落中生活和考察两次。也不会有两位人类学家用完全相同的术语来描述同一事件，抑或在完全相同的范畴中对某一事件的同一份描述进行分析和编码。最麻烦的是，即便是单独一部普通的田野考察笔记，也往往卷帙浩繁，无法以任何常规的形式出版。[38]还有另一些新潮的历史学家，虽然以传统的方式收集并引用档案性的证据,却用它来回答政治经济学、文学理论、或介乎这二者之间的所有学科提出的新问题。[39]

【16】百年之前,大多数历史学家会做出简单的区分:正文负责说服,注释为之证明。[40]其实早在17世纪,一些古物研究者已将其著作中的文献附录径称为"证据"(Preuves)。[41]现如今却与此相反,很多历史学家会宣称,他们著作中的正文提供了最重要的证据:这些证据以统计学的或者解释学意义上的分析这类面貌示人,注释只是详细说明这些证据的出处而已。无论是上述的哪种情况——姑且不论它们的差异——许多书评人的回应很像一位出脚迟缓的后卫,在一场激烈的足球比赛中,针对高速跑动的攻方前锋脚下难以捕捉的花样所做出的应对。只需伸腿给你的对手使绊儿,表明他们误读或是误解了文献,而无须再费神去反驳他的论据。像这样的书评指摘在思想水平、学术严谨性以及表述方式上都极度地参差不齐。然而其中的大多数都将立论的依据部分建立在一种常见但又很成问题的假定之上:即作者们能够像论文写作手册上所指示的那样,在他们的著作中为每一个论断都巨细靡遗地援引证据。[42]当然,其实没有人能够针对一个重要的问题穷尽所有相关史料,更不用说仅在一则注释中悉数引用。此外,实际上每

一位注释者都会为了论证一个观点而重新组合资料,以各自的方式诠释它们,并省略其中一些以他的标准衡量不属于非引不可的资料。在他之后,下一个人再次查阅同一批档案资料时,可能会将它们用大为不同的线索贯穿起来,并做出迥异的归类整理。[43]

一些有关脚注的论争揭示了论辩者们利用——以及滥用——脚注的种种方式:或许,多数情况是为了指责对方能力不够,而不是提出可商榷的意见。有一则由意在革新的异类挑起的极端事例,曾经掀起了席卷整个北大西洋历史学界的轩然大波。[44] 亨利·特纳(Henry Turner)是一位研究德国商贸与纳粹关系史的资深史家,执教于耶鲁大学。早先,他在1980年代发现,普林斯顿大学的一位年轻学者大卫·亚伯拉罕(David Abraham)的著作《魏玛共和国的垮台:政治经济与危机》(*Collapse of the Weimar Republic: Political Economy and Crisis*, Princeton,1981),在识读和引用档案文献方面犯下了错误。特纳等人认为,亚伯拉罕的过失不单很严重,而且是蓄意为之:他故意对档案文献篡改日期、张冠李戴,翻译时扭曲原意,目的是为了使纳粹与商人之间的联系比实际情况看上去更加紧密。这些批评无稽地谴责亚伯拉罕是造伪者,而无视亚伯拉罕是怀着极高的理论兴趣和新视角远赴德国的各座档案馆的,只是他的德语知识有限抑或没有掌握做笔记的诀窍。[45] 简而言之,批评者们常常拒绝以一种客观周全的态度来看待他们发现的真正错误——或者拒绝承认他们自己也犯错。特纳自己的著作《德国的大生意与希特勒的上台》(German Big Business and the Rise of Hilter, New York,1985)也是一本引发争论之作。当它问世以后,自然而然地招致了那些对特纳没有好感的历史学家们超乎以往的仔细查验。不止一个人指出,特纳也重新编排了文献,使它们对自己的论点更为有利,对自己不利的证据他也不予引用。[46] 在亚伯拉罕的书中所找到的错误要远比特纳的多(这是因为前者在学术思想上更有抱负)。但这两个案例展示了任何学者都不免犯错——一部史学著作和其中的注释永远不可能全盘再现或者引用它们所依据的一切证据,这是理所当然的事实。[47]

批评亚伯拉罕的手法依然被不断地使用着。最近,两位杰出的人类学家为公众提供了一则类似的警示故事。两个人都试图诠释同一个事件:库克船长[48]之死。他们严厉地批评彼此的脚注,希望以此来破坏对方正文中的阐释。对彼方在史料研究记录及由之得出的推论中的缺失之处,他们均表现得极具洞察力,远甚于对自己的了解。而双方对一般的引文步骤中无法避免的阙文均缺乏清醒的认知——至少谈到对手的引文时，他们没有表现出这种认识。新潮的学者们经常对"实证主义"（positivism）口出不敬，将它归为一种堆砌引文、冀图还原历史真相的史学研究模式，视其为一种早已被有识之士抛弃了的古代迷信。民族志的方法一度自视甚高，作为其信徒，上述两位人类学家却满怀着希望和热情，试图在历史学的迂腐学问中寻求救赎。这表明，上述新潮学者是夸大其词了。[49]

围绕着脚注所产生的激烈争辩并非新鲜事物。无论是史学大师还是新秀都曾经挑起过此类纷争。1927年，恩斯特·坎托罗维奇[50]出版了他为神圣罗马帝国皇帝、出身于霍恩施陶芬家族的弗雷德里希二世（Frederick II of Hohenstaufen）所写的传记。坎托罗维奇是斯特凡·格奥尔格[51]的追随者，他认为自己正在追寻已经消逝了的"另一个德国"的历史。如果这项事业不能为学术界之外的公众所认可的话，就毫无意义了。坎托罗维奇的著作热情洋溢，文辞优美，抛开了脚注的束缚，并在扉页上饰以一个精致的卐字符号。该书由柏林的出版商格奥尔格·邦迪（Georg Bondi）收入《艺术册页》（Blaetter fuer die Kunst）系列文库。这本著作问世后马上就成为了畅销书，成摞地摆放在选帝侯大街[52]上各家时髦书店的橱窗里。然而，此书也激起了中世纪历史学界的愤慨。中古史的专家们谴责坎托罗维奇，因为他将史料中的神话与隐喻曲解为史实，不啻为一种学术思想上的危险倾向。坎托罗维奇最初只发表正文而省略注释部分的决定无益于缓和批评者们的怒气。他们对如此省略最为气急败坏，因为他们知道，这位衣着讲究、观念保守的退伍老兵在编辑和阐释文本方面都是一位大师。坎托罗维奇是海德堡大学赫赫有名的那一代学生中间的佼佼者，他尤其为人称道的是技术之高超，视倾心钻研一手史料为己任。没有人能够怀疑，坎托罗维奇对其领域内的全部文献都了如指掌。[53]但是，他的专家身份使其著作中的体例和文风愈加惹恼了批评人士。

在坎托罗维奇的著作出版两年之后，阿尔贝特·布拉克曼[54]在一次普鲁士科学院（Prussian Academy of Sciences）的大会上公开对它发起了攻讦。随后，一篇有关该讲话的报道刊登在了柏林一份重要的报纸《福斯报》（*Vossische Zeitung*）上面，又被德国核心的史学期刊《历史杂志》（*Historische Zeitschrift*）全文引摘。[55]坎托罗维奇认为，弗雷德里希在耶路撒冷加冕的过程中视自己为神授君王，是大卫王的嫡系继承人，就像耶稣一样。[56]布拉克曼就将批评聚焦在这个论点之上。坎托罗维奇引用了那个时代的见证者里德的马阔特[57]作为回应——马阔特曾经将弗雷德里希颂扬为上帝的仆从（famulus Dei）。但布拉克曼不为所动，他指出，坎托罗维奇的书中忽略了重要的一句话，马阔特在其中讲明了耶稣和弗雷德里希之间的区别："前者是神，后者是虔诚而又睿智的神的仿效者"（Hic Deus, ille Dei pius ac prudens imitator）。布拉克曼认为，正是由于他在辩驳中引用了这句话，坎托罗维奇悄悄地修改了自己的著作，其中他翻译了很多不同的诗句，唯独忽略了这显眼的一句。[58]而坎托罗维奇显然是我行我素；他在1931年最终出版了补编的单行本注释，仍然强调马阔特诗句中的赞颂之词，对其中皇帝和救世主的区别则保持缄默。坎托罗维奇在补编中虽然引用了自己的回应文章，但却对布拉克曼的驳斥只字不提。[59]我们在这里所讨论的并不是坎托罗维奇或者布拉克曼谁错谁对；问题在于，坎托罗维奇针对这则关键史料到底是怎么想的，读者到现在还无法了解。

　　就在坎托罗维奇撰写单行本注释的前后，他为博学的史学研究所做的贡献也清楚地显现了出来。他对弗雷德里希二世的生平和统治所做的史料分析仍旧是这一领域的标杆，尽管这一分析本想支持的那本满是激情修辞的传记在

【22】　学术讨论中无足轻重。[60] 坎托罗维奇的大部分时间——特别是在他由于犹太人的身份而失去了法兰克福大学的教授席位之后——是作为德国学术中心之一、《日耳曼历史文献汇编》[61] 柏林分部的常客。在那里，历史学家们不分老少地合作，为德意志历史的原始史料编辑精准的刊本。[62] 坎托罗维奇的思想是否起了变化？他是否认为自己忽略布拉克曼所强调的那句话是做错了？他对布拉克曼的批评有无答复？引证之丰富超乎寻常，其中的一则文献如何成为坎托罗维奇的论证工具，继而融入他笔下的历史，成为一个论据、一组脚注，促成这一切的思想活动的全貌，我们仍不得而知。

那么，经验和逻辑两个方面都表明了，脚注无法完成论文手册派给它的所有任务：对脚注的堆砌，并不能证明正文中的每个论断都建立在经过证实的史实所垒成的无懈可击的高山之上。脚注毋宁说发挥了另外两种功能。其一，它们用来说服，使读者相信历史学家做了相当数量的工作，已经足够在学界发声了。脚注就像牙科医生挂在墙上的文凭一样，它证明历史学家是"足够优秀"的行业人士，值得请教和推荐——但是并不能证明他们能够完成任何一个专业课题。其二，脚注指明了历史学家确实使用过的主要史料。虽然，通常情况下脚注并不详解历史学家们诠释这些文本的过程，但是它们经常给予有批判眼光和持开明态度的读者足够的提示，让他们有机会将这个过程挖掘出来——起码是过程的一部分。注释不可能提供比这更多的信息或者保证了。

【23】

然而，即使正文与注释的意图变得有些模糊难辨，但从写出连贯的叙述到完成一部经过注释的文本，这种转变之彻底还是很明显的。一旦历史学家在著作中加上了脚注，那么对历史所做的叙述就是一段现代独有的双重叙事。古代和文艺复兴时期传统的政治史家是以修辞的笔法来写作的，他们的身份是政治家或者将军，读者是他们的同僚。他们所书写的历史更注重善举与恶行，而不是史料和断代。他们的著作强调普世的正确性，他们生动地描写善与恶的实例、谨慎与轻率的演讲和事迹，这些提供的是道德和政治上的教育，无论何时何地都具有效性。[63] 现代历史学家则与此相反，他们在努力立证的同时，也明确了论题的局限性。脚注构成了次级叙事，它随一级叙事而动，但又与之泾渭分明。它记录了思想和研究过程，由此来支撑正文中的叙述。脚注证明了这是一部存在历史或然性的著作，它依赖于研究方式、时机、以及某些特定问题的状况，这些特定问题只有靠历史学家们的挖掘才能成立。就像工程师为宏伟建筑绘制的分析图一样，脚注揭露了偶尔也会显得粗糙的框架结构、无法避免的弱点、以及隐藏的重压，而这些在房屋的立面图中都会被遮掩起来。

【24】　　脚注及其相关的论著结构，如引证性的和考证性的附录，它们的出现将现代史学与传统史学分割开了。修昔底德和茹安维尔[64]，优西比乌（Eusebius）与马修·帕里斯[65]，他们的史著中既没有辨析史料也没有展现他们对与叙述相关的文本是如何处理的。这引发了假行家惋惜的哀叹，但是也给了一群古典学家和中世纪史专家受雇的机会，让他们投身去寻回被掩盖的史料。[66]与古人相反，在过去的两个世纪中，除了供非专业的大众读者学习、娱乐而写的，和为了激怒专家小众的几本书之外，大部分的历史著作已经接受了这种上文下注的标准版式。[67]脚注是这种史著优雅内涵的外在可视性标志——自史学从雄辩的叙述转化成批判性学科之时起，这种优雅就注入了史著当中。从此，系统性的仔细查验、对原始证据的引用、对某条史料优于其他史料的正规论证，这些成为了历史学家们必须的也乐此不疲的追求。博学的脚注为这些追求引经据典（*locus classicus*），自然就组成了任何一部扎实的史学著作中至关重

要的一部分。如果脚注获得较高的社会地位——而不是版面地位——是在它的双亲历史学和语文学最终结合，使脚注也合法化了之后；那么接下来的问题就只是找出婚礼是在哪座教堂举行的，以及主持婚礼的神职人员是谁。

至少我以前觉得大致如此——直到我开始考察对脚注和史学的现代研究，试图找到历史公开以注脚方式来回溯自己的研究轨迹的那个精确的时间点。我寻找得越努力，我的答案就变得越不确定。最近，很多脚注的信徒不再颂扬它，而是要推翻它。新出版的一大批论文和一些书籍都对脚注做了详尽的讨论。但是，这些论著的大多数作者是在揶揄脚注，而对脚注曾经贡献出的和经历过的，却没有兴趣作历史性与经验性的研究。例如，美国法律系的大学生写戏仿文章，论文中的每一个词都附有一个写满了详尽引文的脚注，其主旨是阐明棒球比赛规则中的习惯法渊源。德国的法学家则撰写讽刺文章呼吁开创一个新的学科，比如叫做"脚注学"（Fussnotenwissenschaft / Fussnotologie）。[68]这两个事例都视脚注为学术迂腐和用力不当的典型。学者们卖弄学问的浅薄制造了吸引力长盛不衰的话题，对此的批判通常也是合理的——特别是在法学专业，仅一则司法意见或者法典中的脚注可能就会对个人生活以及公司财运产生无尽的影响。美国最好的法学院中的最优秀的学生贡献了大量的时间，一年甚或两年，为他们编辑的法律期刊检查或者编纂连篇累牍的脚注，他们有特别好的借口对脚注心生厌恶，尽管他们自己偶尔戏仿的脚注在才智和趣味上也难得的出色。[69]虽然如此，彼得·里斯（Peter Riess）的笑谈却也是事实："脚注出现之频繁——特别是在法学的著作中——与脚注本身所获得的最低限度的学界注意形成了鲜明的对比。"[70]

对于大多数史学专业的学生来说，他们更关心的是对其论文主题的清晰表述，而不是技术上的实践——特别是那些不能明确地传达和运用，只能默默从事的实践活动。历史哲学远比历史语文学更引人注目。再加之，历史语文学的多数研究只是为历史学家的各种研究提供路径的——就好像对数据的拣选和呈现无法对数据产生根本性的影响一样。

两位被引滥了的法国历史学家夏尔－维克多·朗格诺瓦（Ch.-V. Langlois）和夏尔·瑟诺博司（Charles Seignobos）在19世纪末合写了一本老调重弹的史著写作手册，而奇怪的是其中的部分内容如今看起来很现代，书中至少承认了"如果能找到以现代的方式加入注释的最早的印刷书籍,那将非常有趣"。但是,他们二人也坦承:"我们所咨询过的藏书家对此都一无所知,他们的注意力不在于此。"而他们俩本人的意见——即这一实践是从对历史文献做汇编和注解开始的——却是误入歧途了。[71] 对文献的注释——即X为Y写评注——古已有之,这种形式在每一种拥有正式的成文典籍的文化中都很发达。[72] 复杂的文本通常有多种起源,这些文本组成了一个社会的神圣文献,而其中通常又包含了各种不同的评注:或许这个做法一直持续着。就像迈克尔·菲什贝恩(Michael Fishbane)在一本出色的著作中展示的,抄写员和作者是如何以相似的操作方式将评注直接编入了希伯来《圣经》的文本。对罕见词句的简短注疏成为了他们所阐明的文本中有机的组成部分。后出的书籍既引用也注解早先的书卷。在经意与不经意之间,《圣经》就成为了它自己的诠释者。[73] 甚至连后出的各种评注——像所谓的标准注疏(*Glossa ordinaria*),抑或围绕西欧中世纪通行的拉丁文《圣经》武加大译本(Vulgate Bible)所做的详尽的逐字注疏,或者中世纪《罗马法大全》(*Corpus iuris*)的评注家阿库尔修斯[74]的注疏——最后也与它们所要解释的文本浑然融为一体。人们也习惯性地将原文与这些评注结合在一起研习。

非宗教性的文献同样产生了解释性的评论。其中的一些是偶见的孤例，而另一些则是系统而详细的。在罗马帝国晚期讲授维吉尔的文法家们以及在12世纪讲授贺拉斯的中世纪文法家们，他们既要向学生们引介一门陌生的语言，也要诠释艰涩的诗句。他们的注疏为历史学家们提供了有关教师、文本、学生之间紧张关系的丰富信息。基础性的注疏引导学生们翻越了拉丁语语法与句法上的障碍；深奥一些的注疏则运用了修辞的原则，以证明文本中生僻字的存在是合理的；还有更深奥的注疏对奇妙的神话以及明显不道德的旧事作了隐喻式的阐释。其中也有很多注疏离题万里，从自然科学扯到了道德问题。就像让·塞亚尔（Jean Céard）所指出的，一些详细的自传体段落也让一些文本的评注与恺撒自传体的《往事纪》（*Commentaries*）[75]惊人地相似。甚至连蒙田那本自省性的、内容广泛的《随笔集》有时也像是一套评注，游离了书中本来要叙说的内容。[76]

有时候，作者也是他自身的解释者。但丁和彼得拉克就对他们自己诗作中的片段做出了正规的评注——这项传统获得了继承，从安德雷亚斯·格吕菲乌斯[77]为他皓首穷经式的、长达六个小时的悲剧所写的博学评注，到艾略特的《荒原》。[78] 自彼得拉克开始，很多文艺复兴时期的作家逐渐明白，他们是在为与古典名著一样遥远的后世而写作。因此，他们在研读古罗马人的同时，也记录下了他们自己特别看重的各种历史性的和传记性的信息——彼得拉克在写给后代的散文信札等作品中就是如此，他效法的是奥维德。约翰内斯·开普勒（Johannes Kepler）对历史的感知与他在科学上的天赋同样敏锐，他在人生过半之时为其首部著作《宇宙的奥秘》（*Mysterium cosmographicum*）写了一篇正式的评注，目的是向远在未来的读者们解释他所处的个人环境和特殊经历，因为这决定了这本书的形式和内容。[79]

【29】

　　史学著作中的脚注还与另一种古老的注释形式关联在一起，这种注释形式会精确地指明某本后出著作中的某段引文是来自一部权威文本的哪个部分。这样的明示很少出现在古代的文献当中，因为受过良好教育的作者在征引的时候并不参考书卷而是依靠记忆，为了彰显这一点，作者经常对引文做一些小改动。[80] 明显为摘要（compendia）性质的作品的作者，甚至常常不能确定他们的史料来源。老普林尼枚举了为写作《博物志》（*Natural History*）而引用的作者，奥卢斯·盖琉斯[81] 提及了他在《阿提卡之夜》（*Attic Nights*）中征引过的作者甚或著作；但马克罗比乌斯[82] 在其篇幅庞大、影响深远的《农神节宴饮篇》(*Saturnalia*) 中总是逐字引用他人，却常常不提原作者的大名。[83] 然而，古罗马的法学家们为他们所使用的更古老的法律论著提供了十分精确的出处。例如，出自4世纪的《摩西戒律与罗马法律汇校》(*Collatio legum Romanarum et Mosaicarum*) 认为摩西的戒律是和罗马人的法律相容的，书中含糊地引用了摩西戒律，但是为罗马法的每处引文都注明了章节和段落。一段公元5世纪晚期法学课堂笔记的残篇揭示了，教师们指点学生们去参考原本，不但指明了书名和章节还说明了页码——很明显，所指的书卷都是以统一的格式抄录的。[84] 在12世纪新兴的学校中和以之为样板所组建的大学里，中世纪的学人们为法学等学科发展出了关于精确引用的极高的标准和工整的参考文献缩写规则。显而易见，精确引用是与职业化同步产生的。

　　神学、法学、医学等领域的手抄本与早期印刷书籍的页边空白处都写满了注疏，它们就像历史学家笔下的脚注一样，使读者能够从已成型的论据出发，回溯到它所依赖的文本。神学家彼得·隆巴德（Peter Lombard）对《圣经·诗篇》以及对《保罗书信》的评注"大概是注疏中的最高境界"，他在页边上的注疏中系统地列举了史料，马尔科姆·帕克斯（Malcolm Parkes）称他开创了"现代学术性脚注机制的原型"。[85]有一种现代学术中的典型作法确实应该归功于彼得·隆巴德：是他引发了第一场有关在注释中提供错误参考信息的论辩。他在一条注疏中援引圣杰罗姆以证一则在12世纪很流行的传说，即《马可福音》中提及的萨勒梅（Salome）并非妇女，而是圣安娜（St. Anne）的第三任丈夫。彼得·隆巴德的学生伯斯哈姆的赫伯特（Herbert of Bosham）则抨击老师的论点，强烈地反驳说他的注疏是错误的。然而作为一名尊师的弟子，赫伯特没有指摘渊博的业师，而是将错误归咎于一位无知的抄写员。[86]为了使征引的参考资料更可靠，人们很早就开始实验各种新的方式：13世纪时期百科全书式的学人博韦的樊尚（Vincent of Beauvais）为了避免抄写带来的错误，干脆将他所参引的史料融入了正文当中，这大概是基于这种理论：即在抄录的过程中注疏比正文本身更容易引起笔误。[87]

从文法家的注疏、到神学家的隐喻、再到语文学家的校订，没有一种传统的注释形式是与史学的脚注完全相同的。现代历史学家们要求的是，对历史的每一段新颖叙述都附有系统的注释，作者在其中要写明史料。这是职业化了的历史学科的学界规则。它与古已有之的如下史实并无明显的关联，即所有被某个学术团体或者宗教团体所看重的著述都从后世的阐释者们那里获得了评注。圣经注疏极力捍卫经文的权威性，此种权威性主要源于下面的预设，比如圣经的作者是神，或者是受了神的启示；圣经之古老；以及其文学形式。而历史书绝不敢自诩拥有上述这些特性。在一部被视作具有永恒价值的文本，与一位视野必定受到当下的需求与利益限制的现代读者之间，这样的注释充当了媒介。一些评注家将经文视为一枚炸弹，外行人的粗鲁处置可能会引爆它；另一些评注家则视之为神学秩序和社会秩序之间的壁垒。[88]然而他们全都会赞同，文本就像一座长明的灯塔，它发出的信息具有永恒的价值和意义。普通的读者需要评注，只是因为他们狭隘的需求和利益可能会蒙蔽他们的双眼，或者将他们引入歧途。

  史学的脚注与传统的注疏在形式上类似。但是，脚注试图展现出，它们所支持的论著从其产生的历史条件来看是权威的、扎实的：也就是说，论著的作者挖掘出了该书的根基，在正确的地方发现了其中的组成要素，并用正确的技艺将它们穿插到了一起。如此这般，脚注就将眼前的这本论著的创作定位于特定的时空之中，同时也强调了作者——而非读者——有限的视野和时机。脚注破立并行，同步发生。

　　历史学家的脚注也不是源自中世纪晚期和文艺复兴时期的作家们为自己的著作所写的评注。历史学家是在文献的地基之上建起一座文字的大厦，他并不希冀承担与宗教、文学或者科学著作的作者一样的任务，即努力确保文本中的信息毫不含糊地传达给后世。一种脚注说明了撰写文本所使用的方法和流程，另一种则是用来说明如何解读文本的方法及其流程。具有决定意义的是，历史学家对文献的引用不像中世纪和文艺复兴时期的神学家与法学家那样是为了援引权威，而是将它作为史料。史学的脚注并不是将一些名家的名字罗列出来——或是他们认可了某个论断，或是他们的话语被某个作家创造性地改写了——而是要列举文献，其中的很多甚至大多数根本算不上有文学性的文本，却提供了有实质意义的要素。从任何一个角度讲，现代的职业历史学家都不是简单意义上的中世纪学校里抑或文艺复兴宫廷中专业的智识阶层（professional intellectual）的直系后裔。

　　在这本必须做出些推测的书里，我将尝试找出历史学家是在何时、何地、出于何种原因而采取了专属于他们的

【33】

叙述格局的现代形式——以此来探究是谁首先建起了这条奇异的拱廊，那里有华丽的主厅（*piano nobile*）和开放式底层，使我们得以一窥其中摆放着的无数诱人的货品。我所给出的答案只能是概要性和尝试性的，但我希望能够展示出，脚注拥有一条比我们习惯上所相信的要长得多的进化链；而且，它在蒙昧时期的起源就放射出了一道属于自己的光芒，照亮了它的本质、功能和自身的问题。

注释

1 参见G. W. Bowersock, "The Art of the Footnote", *American Scholar*, 53（1983-84）, 54-62。有关更为广泛的语境，则要参见一篇出色的旧作M. Bernays, "Zur Lehre von den Citaten und Noten", *Schriften zur Kritik und Litteraturgeschichte*, IV（Berlin, 1899）, 255-347 at 302-322。

2 古罗马的一些史书中记述了福斯蒂娜有不贞行为，例如与罗马贵族甚至角斗士通奸等，她煽动叙利亚行省的总督反叛奥勒留，并设想改嫁叛帝继续为后，但是叛乱没有成功。福斯蒂娜曾经随同奥勒留东征西讨，自己也逝于征途之中。奥勒留则始终对福斯蒂娜一往情深。——译者注

3 E. Gibbon, *The History of the Decline and Fall of the Roman Empire*, chap. 4; ed. D. B. Womersley（London, 1994）, I, 108-109.

4 Madam Dacier（1654—1720），法国学人、古籍翻译家，本名安娜·法布里（Anna Fabri）。——译者注

5 Chap. 4, n. 4; ibid., 109.

6　Ibid., chap. 15; I, 473.

7　Bernard of Clairvaux（1090—1153），法国教士，引领了12世纪的修道院改革运动，是忠实的神秘主义者。——译者注

8　St. Malachi（1094—1148），爱尔兰阿马（Armagh）地区的大主教，传说中他见证了很多神迹。——译者注

9　Chap. 15, n. 81, ibid., 474.

10　Origen（约185—约254），罗马帝国时期亚历山大里亚的神学家。——译者注

11　Chap. 15, 480.

12　Chap. 15, n. 96, ibid. 有关近来对奥利金自宫一事的批判性讨论，参见P. Brown, *The Body and Society*（New York, 1988），168, n. 44。

13　米夏埃尔·贝尔奈斯对这一点的论述颇为精辟。有关沿着这一路数开展的新近研究，参见F. Palmeri, "The Satiric Footnotes of Swift and Gibbon", *The Eighteenth Century*, 31（1990），245-262，以及P. W. Cosgrove, "Undermining the Footnote: Edward Gibbon, Alexander Pope, and the Anti-Authenticating Footnote", *Annotation and Its Texts*, ed. S. Barney（Oxford, 1991），130-151。

14　参见两篇大有助益的个案研究，J. D. Garrison, "Gibbon and the 'Treacherous Language of Panegyrics' ", *Eighteenth-Century Studies*, 11（1977-78），40-62; Garrison, "Lively and Laborious: Characterization in Gibbon's Metahistory", *Modern Philology*, 76（1978-79），163-178。

15　J. L. Mosheim（1693—1755），德意志新教神学家、教会史家。——译者注

16　Jean Leclerc（1657—1736），瑞士神学家、古代语言学家。——译者注

17　Beausobre（1659—1738），法国神学家。——译者注

18　Chap. 15, n. 32; I, 458.

19　John Selden（1584—1654），英格兰学人，专门研究近东的神话。正文中所说的"写了两大卷渊博的文集"即指其《叙利亚的诸神》（*De diis Syriis*）。——译者注

20　Chap. 15, n. 9, ibid., 449.

21　可参见例如Chap. 70, n. 98，在这个脚注中，吉本驾轻就熟地回顾和评价了一位不知疲倦的史学家和文献编辑家卢多维科·安东尼奥·穆拉托里（Ludovico Antonio Muratori）的著作，"[他]是我意大利史的向导和老师"。吉本评论道："在穆拉托里所有的著作中，他证明了自己是一位勤勉而又多产的作家，力求超越天主教教士的各种偏见"（穆拉托里本人倒是会强调，撰写精确的史著本就在一位优秀教士的职责之内）；ed. Womersley, III, 1061。有关穆拉托里的情况，参见S. Bertelli, *Erudizione e storia in Ludovico Antonio Muratori*（Naples, 1960）。

22　"Advertisement", I, 5（这句话首次出现时，就是以"Advertisement"为题印在了《罗马帝国衰亡史》[London, 1776]第一卷首版尾注副标题页的背面）。

23　"富有教益"（lehrreiche Fülle）这个表述源自雅各布·贝尔奈斯，米夏埃尔·贝尔奈斯做了肯定性的引用（M. Bernays, 305, n. 34）。这兄弟俩之间的关系值得研究。当米夏埃尔皈依基督教时，雅各布将弟弟当成逝者进行了哀悼[他们兄弟出身于犹太教家庭，父亲还是汉堡的一位拉比。——译者注]。虽然如此，米夏埃尔还是在他对歌德著作版本的谱系学研究中效法了雅各布对卢克莱修手稿流传的分析[卢克莱修（Lucretius，约公元前99—前55），古罗马的诗人和哲学家。——译者注]。有关雅各布，参见A. Momigliano, "Jacob Bernays", *Quinto contributo alla storia degli studi classici e del mondo antico*（Rome, 1975），127-158；有关雅各布对卢克莱修的研究，参见S. Timpanaro, *La genesi del metodo del Lachmann*, 2nd ed.（Padua, 1985）。有关米夏埃尔，参见W. Rehm, *Späte Studien*（Bern & Munich, 1964），359-458; H. Weigel, *Nur was du nie gesehn wird ewig dauern*（Freiburg, 1989）。据我所知，雅

各布和米夏埃尔的另一位兄弟贝尔曼（Berman Bernays）——即弗洛伊德的岳父——未曾对吉本的脚注发表过观点。

24 可参见例如E. Faber & I. Geiss, *Arbeitsbuch zum Geschichtsstudium*, 2nd ed.（Heidelberg & Wiesbaden, 1992）。有关美国学界对这些问题细致而明智的指南，参见F. A. Burkle-Young & S. R. Maley, *The Art of the Footnote*（Lanham, Md., & London, 1996）。

25 参见A. Corbin, *Le miasme et la jonquille*（Paris, 1982）; L. Chevalier, *Classes laborieuses et classes dangereuses à Paris pendant la première moitié du 19e siècle*（Paris, 1984）。

26 Petrus Ramus，即皮埃尔·德·拉·拉梅（Pierre de la Ramée，1515—1572），法国人文主义者、教育改革家。——译者注

27 P. Sharratt, "Nicolaus Nancelius, *Petri Rami Vita*, Edited with an English Translation", *Humanistica Lovaniensia*, 24（1975）, 238-239.

28 参较V. Ladenthin, "Geheime Zeichen und Botschaften", *Süddeutsche Zeitung*, 8/9 October 1994。

29 参较B. Lincoln, *Authority*（Chicago & London, 1994）。

30 针对德国法学界中的这些行为，有一篇雅致（而且具有讽刺性）的研究，参见P. Riess, *Vorstudien zu einer Theorie der Fussnote*（Berlin & New York, 1983-84），例如第3页："脚注是（或者伪装成）学术信息的载体"（Die Fussnote ist [oder gibt vor, es zu sein] Träger wissenschaftlicher Information）。书中的第5个脚注（这句话共有三个脚注，这是其中之一）被置于"信息"一词的后面，写道："抑或并非如此"（Oder auch nicht）。还可参见该书的第20—21页，以及U. Holbein, *Samthase und Odradek*（Frankfurt, 1990）, 18-23。

31 有关阿克顿的计划，参见*The Varieties of History*, ed. F. Stern, 2nd ed.（London, 1970）, 249，和H. Butterfield, *Man on His Past*（Boston, 1960）中的注解，以及J. L. Altholtz, "Lord Acton and the Plan of the *Cambridge Modern History*", *Historical Journal*, 39（1996）, 723-736。

32　可参见W. Ulbricht, "Die Novemberrevolution und der nationale Kampf gegen den deutschen Imperialismus", *Beiträge zur Geschichte der deutschen Arbeiterbewegung*, 1（1959）, 8-25 at 17-18。该刊"前言"（Vorwort）的第7页还强调说，本期刊将公布"未公开过的、对研究和宣传工作都很珍贵的文献与资料"（unveröffentliche, für die Forschung wie für die Propagandaarbeit wertvolle Dokumente und Materialien）——它们收在以"文献与资料"（Dokumente und Materialien）为题的一组文章中。

33　参见总论性的B. Cronin, *The Citation Process*（London, 1984）, 书中附有一份丰富的参考文献目录。有关社会科学，参见J. Bensman, "The Aesthetics and Politics of Footnoting", *Politics, Culture, and Society*, 1（1988）, 443-470（由C. Gattone好心提供）。漫画家卡萝尔·凯布尔（Carole Cable）更简明地表现了相似的观点。她将两位学者画成面对面，其中一位手里拿着一篇文稿，说："您将脚注巧妙地变成了一种重要的公关手段"（*Chronicle of Higher Education*, 11 April 1997, B 13）。

34　Jacob Thomasius（1622—1684），德意志哲学家、语言学家，哲学史学科的重要奠基人。——译者注

35　J. Thomasius, *praeses, Dissertatio philosophica de plagio literario*, resp. Joh. Michael Reinelius（Leipzig, 1692）, § 251, 106: "Nam qui loco maxime illustri tacent eum, quem in re demum nullius aut parvi pretii nominant, hi videlicet plagiariorum *technam* exercent, id agentium, ut accusati de silentio habeant, unde se utcunque tueantur. Nequiores illi, qui religiosissime cavent, ne uspiam nominent, cui plurima debent. Nequissimi, qui non nominant, nisi ubi absentiunt aut reprehendunt".

36　Ibid., § 252, 107: "Caeterum ab hoc actu tacendi *negativo* distinguendus alter *positivus*, cum, quod alibi furati sunt, alibi ut suum defendunt quidam, negantque illi se debere, qui ipsis tanquam verus auctor obiicitur, aut hunc maiore malitia pro suo plagiario accusant".

37　Heraclitus（约公元前540—约前460），古希腊前苏格拉底时代的哲学家，他流传下来的名言有"人不能两次踏入同一条河流"等。——译者注

38　参见*Fieldnotes: The Making of Anthropology*, ed. R. Sanjak（Ithaca, N. Y., 1990）; R. M. Emerson & R. I. Fretz & L. L. Shaw, *Writing Ethnographic Fieldnotes*（Chicago & London, 1995）。

39　有关这些论点的开创性讨论，参见L. Stone, *The Past and the Present Revisited*（London, 1987）, 33-37。

40　可参见Ch.-V. Langlois & Ch. Seignobos, *Introduction to the Study of History*, tr. G. G. Berry（London & New York, 1898; repr. 1912）, 305-306；该书的法文原版见Langlois & Seignobos, *Introduction aus études historiques*（Paris, 1898）, 264-266。还可参见一篇新近发表的具有高度批判性的讨论，P. Carrard, "Disciplining Clio: The Rhetoric of Positivism", *Clio*, 24（1995）, 189-204。

41　例如A. Duchesne, *Preuves de l'histoire de la maison des Chasteigners*（Paris, 1633）。正如这本书的标题所指明的，它与迪歇纳（Duchesne）研究家庭史的著作相辅相成。

42　有一篇发人深思的——又有些怀旧的——文章讨论了脚注之可为与不可为，参见G. Himmelfarb, "Where Have All the Footnotes Gone?", in *On Looking into the Abyss*（New York, 1994）, 122-130。

43　参较P. Veyne, *Comment on écrit l'histoire*（Paris, 1977）, 273-276。

44　有关事件的后续，以及因这次论战而公开发表和未曾发表的著作，参见P. Novick, *That Noble Dream*（Cambridge, 1988）, 612-621；我要提醒读者，其中牵扯到的大卫·亚伯拉罕在普林斯顿大学曾与我作过数年的同事（参较Novick, 612, n. 51）。

45　这不是特纳第一次如此攻击他人。参见H. A. Turner, "Grossunternehmertum und Nationalsozialismus, 1930-1933. Kritisches und Ergänzendes zu zwei neuen Forschungsbeiträgen", *Historische Zeitschrift*, 221

（1975），18-68；对此文的回应见D. Stegmann, "Antiquierte Personalisierung oder sozialökonomische Faschismus-Analyse?", *Archiv für Sozialgeschichte*, 17（1977），275-296。

46　参见K. Wernecke, "In den Quellen steht zuweilen das Gegenteil", *Frankfurter Rundschau*, 17 May 1986, ZB 4; F. L. Carsten, *German Historical Institute, London, Bulletin*, 22（Summer 1986），20-23是对特纳一书的书评；这两篇论文都被前面提到的著作Novick, 619, n. 60引用了；"The David Abraham Case: Ten Comments from Historians", *Radical History Review*, 32（1985），75-96 at 76-77。

47　与亚伯拉罕的事例在某些方面相类似的另一段插曲，参见R. M. Bell & J. Brown, "Renaissance Sexuality and the Florentine Archives: An Exchange", *Renaissance Quarterly*, 40（1987），485-511。

48　Captain Cook（1728—1779），英国航海家、探险家，在其手下的海员们与夏威夷原住民之间发生冲突时身亡。——译者注

49　参见G. Obeyesekere, *The Apotheosis of Captain Cook: European Mythmaking in the Pacific*（Princeton & Honolulu, 1992）; M. Sahlins, *How "Natives" Think: About Captain Cook, For Example*（Chicago & London, 1995）。I. Hacking, *London Review of Books*, 7 September 1995, 6-7, 9是对萨林斯（Sahlins）著作的书评，其中正确地指出，在双方的交锋中，萨林斯只在运用历史批判的术语方面略胜一筹；但是，萨林斯太多次将奥贝赛克拉（Obeyesekere）的论据中明显的正常捷径演绎成莫须有的错误。

50　Ernst Kantorowicz（1895—1963），德国中世纪史名家，因犹太人的身份而移民美国。——译者注

51　Stefan George（1868—1933），德国诗人，他强调纯美学，是"为艺术而艺术"的重要实践者之一。——译者注

52　Kurfürstendamm，柏林最繁华的商业街，柏林人也简称为库达姆大街、库当大街（Ku'damm）。——译者注

53　有关坎托罗维奇早年的学术训练，见E. Grünewald, *Ernst Kantorowicz*

und Stefan George（Wiesbaden, 1982），书中提供了很多新信息；有关他在海德堡大学的岁月，参见书中第34—56页。坎托罗维奇声明他之所以省略脚注是出于两个原因："既避免使这本书成为大部头，又不降低该书的可读性，就省略掉了所有对史料和二手文献的说明"（Um einerseits den Umfang des Buches nicht zu vergrössern, andererseits die Lesbarkeit nicht herabzumindern, unterblieb jede Art von Quellen-und Literaturnachweisen），见*Kaiser Friedrich der Zweite*（Berlin, 1927），651。

54　Albert Brackmann（1871—1952），德国史学家、历史文献专家。——译者注

55　Grünewald, 86-87; A. Brackmann, "Kaiser Friedrich II in 'mythischer Schau'", *Historische Zeitschrift*, 140（1929），534-549.

56　Kantorowicz, *Kaiser Friedrich der Zweite*, 184-186.

57　Marquardt of Ried，13世纪上半叶的诗人，著有《帝王的降临》（*Adventus Augusti*）称颂弗雷德里希二世。——译者注

58　Kantorowicz, "'Mythenschau.' Eine Erwiderung", *Historische Zeitschrift*, 141（1930），457-471 at 469-470; Brackmann, "Nachwort", ibid., 472-478 at 476-477.

59　E. Kantorowicz, *Kaiser Friedrich der Zweite. Ergänzungsband*（Berlin, 1931; repr. Düsseldorf & Munich, 1964），74.

60　D. Kuhlgatz, "Verehrung und Isolation. Zur Rezeptionsgeschichte der Biographie Friedrichs II. von Ernst Kantorowicz", *Zeitschrift für Geschichtswissenschaft*, 43（1995），736-746.

61　1819年成立的"日耳曼历史文献汇编"（Monumenta Germaniae Historica）起先是一个史料出版私人协会，从1826年起出版同名史料汇编，1875年它成为一家正式机构。——译者注

62　H. Fuhrmann & M. Weschke, "*Sind eben alles Menschen gewesen*", *Gelehrtenleben im 19. und 20. Jahrhundert*（Munich, 1996），39, 100, 193-194, n. 229.

63　参见G. H. Nadel, "Philosophy of History before Historicism", *History & Theory*, 3（1964）, 291-315; R. Koselleck, *Vergangene Zukunft*（Frankfurt, 1984）, 38-66; E. Kessler, "Das rhetorische Modell der Historiographie", *Formen der Geschichtsschreibung*, ed. R. Koselleck et al.（Munich, 1982）, 37-85。

64　Jean Joinville（约1224—1317），中世纪法国的编年史家。——译者注

65　Matthew Paris（约1200—1259），中世纪英格兰的编年史家。——译者注

66　参见M. Bernays。

67　最近有人成功地对此进行了挑战，参见S. Schama, *Dead Certainties: Unwarranted Speculations*（New York, 1991）。

68　分别参见"Common-Law Origins of the Infield Fly Rule", *University of Pennsylvania Law Review*, 123（1975）, 1474-1481；以及Riess。

69　参见B. Hilbert, "Elegy for Excursus: The Descent of the Footnote", *College English*, 51（1989）, 400-404 at 401中所引用的论文；此文是针对我上面的概述少有的几则例外之一。有关法官笔下的脚注可能会引发的过度的影响，参见A. Mikva, "Goodbye to Footnotes", *University of Colorado Law Review*, 56（1984-85）, 647-653 at 649。

70　Riess, 3: "Die Häufigkeit der Fussnote, namentlich im rechtswissenschaftlichen Schrifttum, steht in einem auffälligen Gegensatz zu der geringen wissenschaftlichen Behandlung, die die Fussnote als solche erfahren hat".

71　Langlois & Seignobos, *Introduction to the Study of History*, tr. Berry, 299 and n. 1（*Introduction aux études historiques*, 259 and n. 1）。他们二人注道："在文献汇编和考证性的论文中，注释的技巧第一次有了用武之地；从此，它慢慢地渗透到其他门类的史学著作里了。"

72　例如参见J. B. Henderson, *Scripture, Canon, and Commentary*（Princeton, 1991）; J. Assmann, *Das kulturelle Gedächtnis*（Munich, 1992）, 102, 174-177。

73　M. Fishbane, *Biblical Interpretation in Ancient Israel*（Oxford, 1985）。

74　Accursius（约1182—约1263），中世纪意大利的法学家。——译者注

75　主要指恺撒自己写的《高卢战记》(*Commentarii de bello gallico*) 和《内战记》(*Commentarii de bello civili*)。——译者注

76　参见一些很有启发意义的研究，R. A. Kaster, *Guardians of Language*（Chicago & London, 1988）; S. Reynolds, *Medieval Reading*（Cambridge, 1996）; J. Céard, "Les transformations du genre du commentaire", *L' automne de la Renaissance, 1580-1630*, ed. J. Lafond & A. Stegmann（Paris, 1981）, 101-115。

77　Andreas Gryphius（1616—1664），德意志诗人、剧作家。著有五部悲剧、三部喜剧。他的悲剧多取材于历史，且热衷于在剧作中附以博学的注释。——译者注

78　B. Sandkühler, *Die frühen Dantekommentare und ihr Verhältnis zur mittelalterlichen Kommentartradition*（Munich, 1967）; K. Krautter, *Die Renaissance der Bukolik in der lateinischen Literatur des xiv. Jahrhunderts: von Dante bis Petrarca*（Munich, 1983）; W. Rehm, "Jean Pauls vergnügtes Notenleben oder Notenmacher und Notenleser", *Späte Studien*（Bern & Munich, 1964）, 7-96 at 7-10; 参较该书第10页中引用的歌德对《古罗马挽歌集》(*Römische Elegien*) 一书的注解："针对那些已经逝去的古代作家，人们需要对他们的解释，也想要对他们的注解；人们以为新近的作家容易理解，然而若是缺少了翻译也寸步难行"（Denn bei den alten lieben Toten / Braucht man Erklärung, will man Noten; / Die Neuen glaubt man blank zu verstehn; / Doch ohne Dolmetsch wird's auch nicht gehn）。

79　有关彼得拉克和开普勒，参见发人深思又颇具洞察力的分析：H. Günther, *Zeit der Geschichte*（Frankfurt, 1993）。开普勒对自己著作的评注收录于其文集*Gesammelte Werk*, vol. III, ed. M. Caspar et al.（Munich, 1937- ）。

80　参见J. Whittaker, "The Value of Indirect Tradition in the Establishment of Greek Philosophical Texts, or the Art of Misquotation", *Editing Greek and Latin Texts*, ed. J. Grant (New York, 1989), 63-95。

81 Aulus Gellius, 公元2世纪的古罗马作家。——译者注

82 Macrobius (385—430), 古罗马晚期的哲学家、文法家。——译者注

83 参见A. L. Astarita, *La cultura nelle "Noctes Atticae"* (Catania, 1993), 23-26。

84 《摩西戒律与罗马法律汇校》的编本参见M. Hyamson (London, 1913)。在*Fontes iuris romani anteiustiniani*, ed. S. Riccobono et al (Florence, 1940-1943) 中还可以见到*Scholia Sinaitica*的刊本; 参见P. Stein, *Regulae iuris* (Edinburgh, 1966), 115-116。

85 参见帕克斯影响深远的论文M. B. Parkes, "The Influence of the Concepts of *Ordinatio* and *Compilatio* on the Development of the Book", in *Mediaeval Literature and Learning*, ed. J. J. G. Alexander & M. Gibson (Oxford, 1976), 115-141 at 116-117; 参较P. Lombard, *Sententiae in iv. libris distinctae*, Spicilegium Bonaventurianum, 4 (Rome, 1979), I, pt. 1, prolegomena, *138-139*。

86 P. Lombard, *140. 全文见*Patrologia Latina*, 190, 1418 B-C; 相关的背景则参见B. Smalley, "A Commentary on the *Hebraica* by Herbert of Bosham", *Recherches de théologie ancienne et médiévale*, 18 (1959), 29-65 at 37-40。

87 Parkes, 133. 还要参见J. P. Gumbert, "'Typography' in the Manuscript Book", *Journal of the Printing History Society*, 22 (1993), 5-28 at 8。总的背景参见M. A. Rouse & R. H. Rouse, *Authentic Witnesses* (Notre Dame, 1991), chaps. 4-7。

88 可参见E. B. Tribble, *Margins and Marginality* (Charlottesville & London, 1993), chap. I。有关评注的不同形式与脚注之间的区别,还可参见J. Kaestner, "Anmerkungen in Büchern. Grundstrukturen und Hauptentwicklungslinien, dargestellt an ausgewählten literarischen und wissenschaftlichen Texten", *Bibliothek: Forschung und Praxis*, 8 (1984), 203-226。

第二章

兰克：科学化史学的一则注脚 【34】

每一名中学生——至少，过去每个德国的高中生都知晓，什么是科学化的历史学（scientific history）以及它是由谁率先开创的。科学化的历史学以一手史料为依据，而不是二手文献。利奥波德·冯·兰克（Leopold von Ranke）是一位信仰新教的法学家之子，他出生在图林根州的一座名字优美的小镇——温斯特鲁特河畔的维厄（Wiehe a. d. Unstrut）。他是柏林大学在19世纪的领军人物之一，是科学化历史学的第一位著名的实践者。兰克不仅是一位出类拔萃的学院派历史学家，他的成就远不止在学术志趣方面。柏林大学开创于普鲁士战败于拿破仑之后。按照威廉·冯·洪堡（Wilhelm von Humboldt）的设想，柏林大学要培养原创性的研究，它成为振兴普鲁士文化和社会的努力的一个有机部分，这种努力还成就了由官方支持兴建的气势恢宏而古典的柏林博物馆岛（island of museums），以及由黑格尔所倡言的光彩夺目而非古典的历史哲学。[1] 至19世纪中叶，柏林大学已然在自然科学、系统哲学以及语文学领域确立了世界领先的地位。它为历史学领域中的一幕波澜壮阔的思想大戏提供了合适的舞台——在这个领域中，不同学派的德国思想家一致认为，时代精神必须得到体现。兰克的著作鼓舞了成千上万的读者；同时，他的教学和研讨班也吸引了一群年轻人，他们真诚地相信，通过正确的研究途径而获得的历史知识能够赋予他们和他们的国家力量，以掌控现代世界中的各种乱象。兰克成为这一系列引人入胜的场景中深受大众爱戴的英雄。

可以肯定，兰克自己比任何人都更加坚信这一点。一些历史学家对远离家园前去尘封的档案馆中阅读无味的史料颇有怨言。然而，兰克却对搜集一手史料和档案文献乐此不疲。他的很多通信都回忆了潜心于史料的愉悦，表现出一种在那个环境下不可多得的盎然兴致。例如，他在1827年愉快地置身于维也纳的档案馆中时写道：

> 三点钟过后，我向档案馆走去。哈默一直在这

【35】

里研究有关奥斯曼帝国的情况,另一位名叫冯·布赫霍尔茨的先生则想在此写一部有关费迪南德一世(Ferdinand I)的史著。这里真是一间设置齐全的办公室:鹅毛笔、削笔刀、裁纸刀等等,一应俱全,每个人还都有自己的固定座位。天一般黑的很早,而当我听到管理员[用维也纳的方言——格拉夫敦注]喊出"掌灯"时,就有一股惬意涌上心头。不一会儿,服务生就为每一位在此工作的人士各拿来了两盏灯。[2]

又如他于1829年8月在罗马的图书馆中写道:

【36】

清新、凉爽、宁静的夜晚是一种享受。餐馆直到午夜仍很热闹。咖啡馆要营业至凌晨两三点钟。剧院经常开到一点半才散场,然后人们再吃一顿宵夜。而我则不然。我要马上睡觉,因为我要在第二天早上七点钟的时候赶到巴尔贝里尼宫(Palazzo Barberini)。我在那里租用了一个图书馆员的房间,房中能够感受到北来之风,也是我积累手稿之处。我的抄写员紧随我而至,进门的时候在门口向我道了一声"早上好"。图书馆员的仆人或者仆人的妻子也走过来,一如既往地问我"您需要些什么?"并向我提供服务。图书馆员名叫拉齐(Razzi),为人真是不错,他为我和其他德国学者都提供了优质的服务。距这个房间只有几步之遥就是阿尔巴尼图书馆(Biblioteca Albani),温克尔曼(Winckelmann)就是在那里写就了他的艺术史……我还经常使用另外两座图书馆的资料,这使我的工作进展神速。研究工作真是使时光快如白驹![3]

【37】 对于许多德国学者和国外的兰克仰慕者来说,兰克用这些生动的语句所唤醒的正是19世纪早期的史学重大发现之一:对档案的嗜好。[4] 在迷人的文风和深奥的史学思想之外,兰克还通过他在引证中运用的修辞魅力成为了一个新的史学流派的奠基人。

兰克在晚年的时候口述了一部简略的自传。他将自己的人生历程戏剧性地描述为一个蒙受召唤的故事,既不可抗拒又独一无二,就像伯特兰·罗素感受到了哲学的召唤一样。兰克所接受的早期教育是古典式的:他在舒尔普福塔(Schulpforta)一所古老而且知名的中学里掌握了古希腊语和拉丁语,那里的青年学子被填鸭式地灌输了古代的文献,就像斯特拉斯堡(Strasbourg)的填鹅一样。之后,兰克在莱比锡大学研习了古典语文学的现代方法,受教于一位曾对古希腊悲剧进行了先驱性研究的学者——戈特弗里德·赫尔曼(Gottfried Hermann)。而兰克则逐渐在史学的研究方向上萌生了兴趣——一方面是欧洲近代史,包括马丁·路德的生平等;另一方面是古罗马史,兰克研习的是巴托尔德·格奥尔格·尼布尔(Barthold Georg Niebuhr)具有开创性的考证研究。当兰克在奥德河畔的法兰克福(Frankfurt an der Oder)的一所高级中学任教时,他迷上了沃尔特·司各特勋爵[5]的作品,后者的多部小说将中世纪和文艺复兴栩栩如生地展现在兰克和很多读者的眼前。但是,对司各特迷恋却让他伤透了脑筋。因为司各特的小说虽引人入胜,却与历史不符。通过与编年史家菲利普·德·科米纳[6]以及其他同时代人的记述中所保存下来的史事相比较,人们发现司各特在《昆廷·德沃德》中塑造的勃艮第公爵夏尔(Charles of Burgundy)和国王路易十一(Louis XI)的人物形象与历史完全不符。兰克认为这些故意为之的错误是不可饶恕的。然而,他也认为它们具有启发性:"我在对比的过程中坚定了我的信念,历史性的记述要比浪漫的虚构更优美,而且肯定是更有趣的。"于是,他开始著述《罗曼与日耳曼诸民族史》(*Geschichten*

【38】

der romanischen und germanischen Völker)⁷一书时，只使用出自同一历史时期的史料。不幸的是，这些史料也互相冲突。所以，兰克只能将他的叙述建立在对前人叙述的剥离之上，每部前人的叙述——即便是德国的——都在某些问题上被证明是不可靠的。只有进行彻底的比较研究，才有可能完成一部批判性的史著。⁸

这部著作于1824年问世，它为兰克带来了所有他能够想到的荣耀。他那还未臻成熟的叙述风格，其中还带有拟古的和法语式的句式措辞，激起了学界的异议。他本想写到16世纪的中期，但是他允许出版社——该社的出版速度出乎了兰克的料想——先行将原著的删节版付梓了，这个版本大致写到了1510年代。兰克具有同小说家一样的展现生动细节的能力，这使他后来能够在通信中活灵活现地描写图书馆的场景；而此时，在他对批判性研究做探讨之时，这种能力为之注入了热情和郑重。兰克在这部著作的长篇副卷《近代史家批判》(*Zur Kritik neuerer Geschichtsschreiber*) 的前言中，将具有批判精神的历史学家与史料之间所产生的接触描绘为既复杂又郑重其事，虽然艰苦却必有回报：

就像某人走入一座大型的文物收藏时内心涌起的奇异感觉一样,里面的真品和赝品、优美的与讨厌的、壮丽的与琐碎的、从各个国家不同时期流传下来的物品比比皆是,毫无秩序地散落着。人们对近代历史各种各样的遗存乍看上去,一定也是这种感觉。这些遗存众声喧哗;揭示了相去甚远的各种本质;并穿着各色的外衣。[9]

在兰克迷人的象征性笔法之下,图书馆与档案馆变成了一座陈列着三维的历史文物的画廊,汇聚其中的史料则是珍贵的展品。历史学家要成为一位有品位的人士,他辨别真伪的感觉就是一块试金石。通过熟练地使用这块石头,机敏而挑剔的历史学家就能完成魔术表演:他将尘封而局促的古物店重新组合成为一座现代的博物馆,参观者在其中可以赏鉴不同历史时期的遗物,它们被连贯地编排在一起,作了断代、贴上了标签、获得了验证,分门别类地放在不同的展室。兰克自己就经历过一场相似的蜕变,他从一名州立高级中学的教师晋升为一位伟大的作家和导师。在柏林,他谋得了教授席位,得到了查阅各种档案的特别许可,还获得了去国外的档案馆和图书馆工作的差旅资助。

【40】

兰克的"研究方法"具有思想上的锐气，与他富有才气的文风相得益彰。马基雅维利的友人弗朗切斯科·圭恰迪尼（Francesco Guicciardini）曾经写过一部16世纪早期的意大利战争史，此书长久以来被视为对那些恐怖岁月作了最精确也最深刻的描述。当时，法国和西班牙的大军装备了空前数量的大炮与火枪，在意大利半岛横行无忌。就连实力最强大的意大利各城邦也感到由于缺乏军事力量，自己在一场强权政治的游戏中被削弱成了棋子，而此前，他们是靠着诡计在左右着这场游戏的。圭恰迪尼在书中全文引用了很多政治家的演说，以此作为他对意大利在抵抗北方政治强权时所犯下的错误进行政治性分析的部分基础。此外，他还描述了他本人及其友人们亲身参加的一系列历史事件。总而言之，圭恰迪尼具备了古代传统史家们所需具备的一切条件：他们自己必须有政治和军事经验，他们的记录须基于亲眼所见或者以对目击证人的访谈为基础，他们要明白无误地尊重事实。[10] 如此看来，圭恰迪尼赢得了兰克的前辈学人、文采斐然的日内瓦哲学家西斯蒙德·德·西斯蒙蒂（Sismonde de Sismondi）的信赖，是理所应当的。[11] 西斯蒙蒂在八卷本的意大利诸共和国史中，描述了中世纪诸城市共和国如何在文艺复兴盛期实现了最

【41】

大限度的政治自由，艺术创造力也达到了巅峰，然而令人喟叹的是，此时也正是意大利衰落的开始，西班牙以霸权终结了这一切。西斯蒙蒂在密密麻麻的脚注中征引了所有重要的16世纪的编年史家，而他特别倚重的就是圭恰迪尼。

兰克很欣赏圭恰迪尼所作的政治性分析的深度和精妙，他认为这是典型的佛罗伦萨风格（Florentine）。他对这位历史学家风格的论述本身就是文化史中的名段：

> 他想要展示出的是，在任何情况下，什么是值得期待的，什么是要去完成的，什么才是行动的真正原因。因此，在解释人的每一个行为在多大程度上是源自天生的热情、雄心、自私这方面，他是一位真正的巨匠和大师。这些论述并不是圭恰迪尼个人才智的产物。从两个方面来看，它们所依赖的是他的故乡佛罗伦萨的局势。首先就是由于佛罗伦萨的政权并不独立自主，外部事务的境遇时而从一个极端摇摆向另一极端，所以人们的注意力自然而然地就指向了这些事务及其对取胜有多大把握……此乃其一。同样的方式方法也适用于它的内部事务。如果人们读读瓦尔基[12]和内尔利[13]的著述中，某一场行政长官[gonfaloniere，这

是佛罗伦萨城邦的一个官职——格拉夫敦注]的选举进行之前,有多少企图、多少流言、多少谈判、多少猜疑、多少判决;还有人们在这么小的一个圈子内是如何像处理全欧洲的事务一样结成姻亲、联盟、反联盟,目的就是为了[在选举的过程中——格拉夫敦注]获得更多的黑豆儿;再把各种各样的因素纳入考虑:看法、规则、建议是如何产生的。如此,人们才能理解圭恰迪尼的著作所产生的根源。[14]

【42】兰克追踪了政治学和历史学之间的联系,表明一种单一的文化风格决定了佛罗伦萨式的政治举措和历史解释。后来,他的学生雅各布·布克哈特用相似的方法研究了从治理国家到舞蹈等更为广泛的文化形式。后者认为兰克的方法具有启发性也就不足为奇了。[15]在此之前,还没有人以如此的深度分析过史学的方法,或者如此出色地将分析结果呈现出来。然而,兰克的核心结论却是否定性的。写作技巧在为圭恰迪尼等文艺复兴时期的史家赢得高位、启发他们写出优秀的政治报道的同时,却产生了糟糕的史著。因为兰克认为,圭恰迪尼关心的只是行动者们的动机、意图、伎俩,这使得他的叙述从更大的范围来看变得毫无章

法可言。更糟糕的是，由于圭恰迪尼并不太重视对事实的确证，他没有做出系统性的努力去获取一手的信息。确实，圭恰迪尼从其他的史家们那里抄录了大量素材，不仅包括其著作所论述的早期历史——即他孩童时代的史事，关于他成年以后发生的事件也有这样的情况。[16]

圭恰迪尼的著作中还出现了很多错误。例如，他对各种条约的记述本来使他被当作研究家赢得了特别的尊重："弗朗切斯科的侄子阿尼奥洛（Agnolo）编辑了这部史书，他强调说，他的叔叔尤为勤勉地研究了官方遗存（史料——格拉夫敦注），而且有绝佳的渠道可以获取它们。"[17]然而事实上，诸多舛误让这些记述大为失色。甚至一些著名的演讲辞也缺乏历史的可信性。其中一些还和当时的演讲文本有所出入，而另一些又缺乏其他史料的佐证。兰克指出，圭恰迪尼笔下结构完备的演说中，没有一篇能够被证实是如他所记录的文本那样被演说出来的。倒不如说这些演讲辞为文艺复兴时期的史家们惯用的笔法作了例证，他们努力效法古人，尽量展示自己在形式修辞上的文采，亦如李维所为。他们不是在如实报道而是在创作那些演讲，这样的演讲可能会对某一局势提出犀利的政治性评论，却"与史料完全无涉"。[18]尽管圭恰迪尼拥有政治上的洞见，但他

【43】

【44】不是一位"文献型的"历史学家。所以,具有批判精神的现代学者如果希望像兰克一样,去挖掘和展示"当时的情况究竟如何"(wie es eigentlich gewesen),那么他就不应该引用圭恰迪尼。[19]

换句话说,只有脚注是不够的。西斯蒙蒂的著作中有大量的脚注。兰克甚至对西斯蒙蒂所使用的史料做过统计,证实在其著作的第104章中有27处援引的是弗朗索瓦·博凯尔[20],在第105章中又至少有27处,这位法国史学家位列被征引数的第二位,仅次于圭恰迪尼。但是,只提供了参考文献的著者、书名、页码的简短注释看似证明了西斯蒙蒂的研究工作具有责任心,而实际上只是暴露出了他首先根本就没有提出正确的问题:"在如此多的著者中,是谁提供了原始的知识,谁又能真正给予我们教益?"[21]一部将圭恰迪尼的著作视为证据来源的史著,其架构注定要坍塌,如果这不是最糟糕的结果的话:

让我们干脆坦白地承认吧。这部著作配不上它至今无条件享有的声誉。此书本身并非史料,而只是对史料做了加工处理,且漏洞百出。至此,我们的目标就算达到了:西斯蒙蒂等人必须终止在每页的页脚上引用、而且是一再地引用圭恰迪尼。他们必须知道，后者没有提供任何证据。[22]

只有那些注释得当的脚注，而不是对参考文献的任意堆砌，才能使正文在批判性的仔细查验之下傲然屹立。 [45]

与此相对，兰克的注释证实了他的研究是系统的、原创性的、具有批判性的。即便是在藏书贫瘠的奥德河畔的法兰克福教书的时候，兰克也设法从柏林的王家图书馆获得了有关文艺复兴的重要史著的印刷版，他也着实地考验了那里的工作人员的耐心（当兰克接受了柏林大学的聘任之后，流传过一则笑话：人们要么得将整座图书馆都搬到兰克那里，要么把他带到图书馆来；既然他的体积较小，第二种选择被证明更容易办到）。[23] 兰克还从一位学长兼友人、杰出的中世纪史学家古斯塔夫·施滕策尔（Gustav Stenzel）那里学习到了历史学家应该如何展开工作，即从对某个王朝或者某一时期的历史作系统的史料摘录着手。[24] 总之，这些用德文写下来的摘录汇总成了长长的、密密麻麻的文献概要。兰克将对开大小的记录本中的每页都分成了两栏，一栏留给圭恰迪尼的著作，另一栏则记录补充性的或者有异议的描述。系统的比较揭示出了这位佛罗伦萨

【46】史学家所倚重之处及其不足之处。当兰克准备阐明他自己的结论时,这些记录本几乎自然而然地就变成了一部彻头彻尾的考证集。兰克和他的出版商马上就明白了,这些材料本身要比兰克的叙述更令公众兴奋:它相当于把看起来像是史学基石的东西炸毁了。兰克在1824年10月致他弟弟的信中写道:

你一定还记得那部对开本的记录本(它当时还是空白的),我在里面写下了针对我研读过的史学家所作的笔记。现在,我有必要在自己的著作中为我对这些史学家所持的看法进行辩护。于是,我就将那部对开本的记录本转换成了四开,现在这个四开本又转为八开,并付梓印刷。人们预言,我从中将获得的巨大成功要甚于其他。[25]

【47】这些预言果然不虚。兰克的首批读者对他的叙述产生了很多疑虑。然而,他们几乎一致认为,他们从未见过这么年轻的一位学者提出过如此出色、有力、优雅的批判论证[26]:这些人包括施滕策尔、哥廷根大学的老学究阿诺尔德·黑伦(Arnold Heeren)、德国流亡学者卡尔·贝内迪

克特·哈泽（Karl Benedikt Hase）——他既是一位杰出的辞典编纂家也是一位熟练的造伪者，他的日记是用古希腊语写成的，为巴尔扎克笔下的巴黎城中的妓院和咖啡馆提供了独一无二的指南。有一位评阅人为兰克在《文学总论报》（*Allgemeine Literatur-Zeitung*）上撰写了积极的书评，文中强调了兰克对史料的分析在破除偶像方面的出色之处，认为兰克为那些被神化了的著作摘去了权威性的光环："他（兰克）以毫不妥协而且严厉的批判为火炬，照亮了一些史著，它们此前都被视为其所描述的那个时代的主要史料……也照亮了书写这些史著的史家的个性。他毫不留情地打掉了这两者头上的光环；或者说他至少精准地确定了，这些史著究竟在多大程度上值得信赖抑或不值得信赖，以及总体上来说它们在多大程度上可以被视为**可靠的史料**"。²⁷甚至连最犀利的批评家也承认了，"对现代历史学家的批判所做的贡献"是"兰克先生的工作中最杰出的部分，他的成果至少展示出了他在多种多样的摘录之间进行了各式各样的比较研究"。²⁸

【48】

在接下来的几年中，兰克在史学方面的兴趣渐消，对文献的热情却燃烧了起来。他的《近代史家批判》没有以对既有史著的总结性分析为结尾，书中的最后一章是以

"还需要做些什么"为题收笔的。他在该章中指出,历史学家们现在必须超越已经印刷成品的文献。在欧洲各地、而首先是在德国,原始的史料仍有待发掘而且难以获取:"有关这段历史时期,还存有很多极其重要的文献、书信、传记、年谱。可是对于它们来说,印刷术好像从未被发明过。"[29] 即便是最优秀的现代历史学家,其能力的重要性也不及一手史料——即揭示了政治家和将军们真实意图的文献。解开这些文献的工作必须成为某个被选中之人的使命,他要像18世纪的探险家卡斯滕·尼布尔(Carsten Niebuhr)探索阿拉伯世界那样勇往直前,只不过他的行程并非进入非洲或者近东的沙漠腹地,而是德国档案核心中的未知领域:

【49】

> 我们需要的是这样一个人,他具备理性的知识结构、源源不断的推荐信、身体还要健康,他能踏遍德国各方的土地,苦苦探寻已经消逝近半而又近在咫尺的世界所遗留的残余部分。我们能够直入利比亚的沙漠去追寻未知的草场;难道不值得为我们的祖先在我们自己的国度里所经历过的生活付出同样的热忱吗?[30]

毫无疑问，这个正确的人选就是兰克自己。他受到了一位年轻人格奥尔格·海恩里希·佩尔茨（G. H. Pertz）的一批早期著作的启发。后者是一位富有的学者，早就开启了德国学者对意大利各座图书馆的探索；且在不久之后就领导了德国史学界最伟大的出版工程《日耳曼历史文献汇编》。[31] 首部著作即获成功，这也鼓舞了兰克。他一股脑地给学者们和诸位部长写信并赠送样书，其中包括兼有学者和政治家身份的巴托尔德·格奥尔格·尼布尔，后者是驻罗马的前公使，也是一位历史学家。简而言之，兰克恳求他所想到的每一个可能帮助他的人，旨在谋取大学教席、获得差旅资助、以及通向德国乃至境外档案之国的钥匙。[32]

【50】

对一手史料的探究和使用成为了兰克学术生命的指导性原则——他从查看威尼斯的驻外公使们写给政府的报告开始，最终扩展到各种各样的官方以及私人文书。从1820年代的后期开始，兰克让自己浸润于原始的历史资料当中。他定期游历，到各地的档案馆阅档，在官方的协助之下获准进入很多早年间还被严格看护的档案收藏。[33] 他明智地利用了大革命之后的图书市场，因为很多出身意大利的家族都将他们的文书拿出来贩卖。兰克有组织地启用了人力复写机制,雇佣职业抄写员批量抄录了清晰的档案文献复本,这可比微缩相机和复印机的历史悠久得多。他还持续购入重要的新刊文献,例如《日耳曼历史文献汇编》系列之下的各种版本。由此而搜集起来的书籍和手稿堆积如山,现在都保存在纽约州的锡拉丘兹大学(Syracuse University)。在一张照片上,这位历史老学究在这些其博学之物质象征的映衬下,显得格外瘦小,几乎要被压垮了一样。[34]

【51】 兰克所做的不仅是将他所读到的、复写的、使用过的文献积累起来,还要再现它们。例如,他在1830年代至1840年代的主要工作就是再现了宗教改革时代的德国史,这是他访遍了德国各处的档案收藏之后的胜利果实。兰克的一段名言预告了他的这本大部头的新著不过是小试牛刀,只是吹响了一场史学革命的号角:"我能看到,一个时代就要来临了:那时,我们将不再把近代的历史建立在记述的基础之上,哪怕是过去同时代史家的记述——除非它们到达了提供一手知识的程度,更别提那些又是从这些记述衍生出来的作品。相反,我们要建基于目击者的报告和最真实、最直接的史料之上。"[35] 兰克为此而产生的激情支撑了他多年的辛勤工作,包括搜集、复写、评估、编辑,

以及比较编印的版本和手写的文本等。例如，当他为《宗教改革时代的德国史》一书准备文献附录时，他反复重写导论的草稿，并在其中呼唤"参与式的读者"，即那些"能与他共同思考研究的读者"。因为他坦承，他无法将所有的相关史料都刊印出来，哪怕只是他使用过的那部分也是不可能的："没有人愿意将整座档案馆刊行于世。"但是，兰克还是坚持认为，明智的读者们应该至少把他在附录里刊印的文献都研究一遍。他敦促他的读者克服在史料中出现的语言方面的困难——这在他看来是微不足道的，而去追寻原始文献提供的关于重大事件的"极为鲜活的"记述。如果可能的话，读者们应该将正文和文献结合起来研读——这一劝荐反映出兰克的方法并非如当今一些人所料想的那样单纯。[36] 对兰克本人来说，当有新的史料可供查阅的时候，那种由新发现所带来的激昂的喜悦从未消逝。他认为，每一个新的文献种类都拓宽了他的视野，都会使他更加客观。例如，当有一批本来保存在西班牙西曼卡斯（Simancas）的档案出现在巴黎王家档案馆（Archives du royaume）以供查阅的时候，他获得了激动人心的机会，去比较神圣罗马帝国驻法国宫廷的外交使节的报告与法国使节从帝国宫廷发回的报告。兰克认为，即使某人天

【52】

生就有不偏不倚的倾向,在他同时读到这些截然对立的文献时,也不可能不对双方代表的立场产生更深的认同,并由此以更公正的态度看待他们。[37] 与此同时,兰克并没有对自己事无巨细地重构所有重大事件的能力抱有幻想。数年过后,当兰克为《宗教改革时代的德国史》一书修订新版的时候,他仍旧坚持寻找新的史料。例如,新史料使他为在1530年代于再洗礼派(Anabaptist)的中心城市明斯特(Münster)发生的社会和宗教革命所写的精确而热情的叙述中加入了新的生动细节。然而,他又在这部著作的第四版中承认,导致这座城市陷落的一系列事件的准确的先后次序仍存疑问。[38] 通过这样的实例,兰克的脚注为我们上了一课:即便最具有科学精神的历史学家也并非绝对可靠。

【53】

兰克在教学当中也将大量的注意力集中于他的史料——特别是在他自己的寓所内开设的研讨班上。1825年,兰克在就任那一非正式却又至关重要的职位[39]时所作的拉丁语演讲中,曾经说明,他更愿意将全部精力都集中在一些拣选出来的问题之上,它们都是从一手史料中产生的。这对于最优秀的学生来说可能是理想的门径。兰克继续解释道,他们"已经决定将他们的一生贡献给以一种真正深入的方式进行的历史专业学习。我相信,是精神上的一种驱动和心智中的一项特殊才能将他们带入了这项学业。毫无疑问,他们想要知晓史家笔下历史的源流何在。他们不满足于只阅读常见的必读作家,而想要了解每一部历史叙述的渊源。"[40] 即便是那些不那么全情投入的历史学家,只要能力突出,"也不会满足于接受、相信、再去讲授、以及信任他人,而是想要在这些事务中运用他们自己的判断力"。[41] 兰克喜欢教学,严格地讲,是只为第一等的学生教学:"我将找出一系列的经典章句(*loci classici*)让他们阅读。我将会解决他们在阅读中产生的困难。我们会用相同的方式来处理中世纪历史。"[42] 兰克之所以最后下决心放弃这种方式,是因为学生们的能力和兴趣实在是相差太大了,对于其中的一部分来说,这种考证性的研究太难了。每一位参与过兰克的研讨班的人都能感受到他特别偏爱真正有天赋的学生:这些学生或是坚持亲自去揭开原始文献的宝藏,或是至少会拒绝简单地重复他们在二手著作中读来的信息而不去探究它们的史料。研讨班自然是致力于——虽然不是只专注于——对史料的考证,这种志趣被兰克的学生们带到了史学研究的其他中心,例如慕尼黑。在那里,兼具天赋和个人魅力的海恩里希·冯·聚

【54】

贝尔(Heinrich von Sybel)开设的研讨班就是以兰克的为典范。[43]

很多时候,兰克在开课伊始就细致描述一手文献及其所存在的特殊难题。[44]即便是在兰克暮年的时候,他当时已经无法授课,工作也很吃力,但每天仍旧坚持数小时从事他最热爱的史料研读。他坐在他私人的图书馆里——这是德国最大的一座——零乱得无可救药的资料中间,听取年轻的秘书们为他高声朗读文献的摘要,他自己已经无法阅读了。他们几乎是一张口就被兰克打断,他不寻常的第六感告诉他某个段落意义非凡且其意义何在。兰克坚信,只有他洞悉了未刊史料能够提供怎样的瑰宝。在结合侦探般的直觉与历史学的洞察力方面,无论是兰克在史学界的对手——那些只以经过了筛选的资料为研究对象的历史学家,还是档案的保管人自己,均无法与兰克匹敌。[45]

当然,比如此丰厚的博学素养更为重要的就是由它孕育而生的书籍:即有关欧洲中世纪和近代早期历史(以及其他许多领域)的汗牛充栋的系列史著。每一部当中既附上了一系列规整的、格式统一的文献,又用大量的脚注辅助论证,其中不但提供了参考文献,还有史料的整段摘抄。兰克缔造了一种史学的新理论,还以世界主义

(cosmopolitanism)的观念著史,这在之后的一个世纪内无人可与之匹敌。远在费尔南·布罗代尔因鸿篇巨著的形式和非同一般的细致再现了16世纪地中海世界的经济与社会而闻名遐迩之前,兰克就以威尼斯使节们的报告为基础,勾勒出了一幅活灵活现又可圈可点的社会画卷。在这幅画卷中,当时统治着地中海世界的西班牙哈布斯堡王朝和奥斯曼土耳其双雄并立。[46] 他大胆地尝试跨越时空的双重界限,捕捉丰富多彩的主题,如17世纪的英国革命、19世纪的塞尔维亚革命、宗教改革的历史以及近代早期的教宗史等。这些成就并不在我直接关注的范围之内。[47] 但是兰克确实开创并生动地演绎了一种新的研究实践,它基于一种新型的研究方式之上,通过一种文献引证的新形式而得以体现。从此,每一部严肃的史学著作都以配有装甲、无坚不摧的页脚为足前行,很像一辆坦克。如果达不到这种关于发掘与展示的理想方式,对传统方法的拥护者(或者对没有方法可言的人)来说就意味着灾难性的失败,就像弗劳德一样——这个听起来像是荷兰人的名字后来被用来代指一种明显的毛病。[48] 紧跟这一理想方式的步伐则意味着,首先要建构一个庞大且信息量丰富的注释机制,即一整套内容充实的脚注,使后续的学者能够从中汲

【56】

取丰硕的成果——亦如兰克所含蓄地示范的那样：他曾经让他的秘书大声地为他朗读德罗伊森（Droysen）的《普鲁士史》(History of Prussia)摘录，他要听取的不是正文，而是脚注；当时，他也正在准备同一领域的著述。[49]合适的人选、恰当的时机、正确的方法完美地集于一身，这立即就引发了猜疑。

【57】 兰克坚称，他的这种历史研究的方法并没有仿效任何既有的模式。[50]而我们将会看到，兰克在史料考证这方面夸大了属于他自己的原创性——大多数具有开创性的历史学家也经常如此。但是，在另外一层意义上他是对的：早先的史学家们并没能先兰克一步，将文献的滋味与纹理带入自己的叙述中去。当兰克利用账簿、使节们的报告以及教宗的日记描写了一位生性简朴、固执、果断的方济各修士——即后来的教宗西斯都五世（Pope Sixtus V），并再现了罗马城这座上演天主教节日和凯旋游行的华丽舞台时，他将自己的著作写成了一部档案集。兰克能够使读者分享到他直面史料时所感受到的冲击。[51]在兰克所处的时代，相应地，他的文笔也具有普遍的说服力。对柯尼斯堡（Königsberg）的史学家约翰内斯·福格特（Johannes Voigt）这类经验丰富的钻档案馆的老手来说，兰克似乎以

某种方式传达给了他们一种声音或是一种语言,有借于此才使他们第一次能够解释清楚他们长久以来所从事的工作的重要性。[52] 很多来自其他领域的专业人士也都承认,兰克的这种史学方法具有某些根本上的革新性。1863年,古典学家海恩里希·尼森(Heinrich Nissen)发表了他对李维及其史料的著名研究,他在书中展示出了,古代史家通常的著述方式并不似现代的历史学家,而更像是现代的记者。他认为,古代史家们从一种主要的史料中汲取信息,只是偶尔用些其他的文献来校正或者补充。尼森的这个论点部分地建立在对各种形式的辅助证据的巧妙运用之上——例如,他是基于这样的事实,即古代的书籍是卷成轴的,几乎不可能实现书卷之间的系统对照。[53] 然而,尼森的主要动力是得自于兰克——他认为,兰克指出了中世纪和文艺复兴时期的史家们仍是以同一种方式在著史,虽然他们可获得的文献的形制已大为不同。[54] "尼森法则"——这是它后来的得名——虽具有创见但也未免夸大其词,反映了它的发明人意图将大胆的假设制造成确凿事实的倾向。[55] 兰克本人对史学传统的观点则要复杂得多。而尼森对兰克的解读成为了古代历史研究领域多年的核心原则。在兰克的时代过后的近一个世纪里,兰克曾经亲自传

【58】

【59】

授过的信念被夸大了,由他的学生们像念叨咒语一般一再重复:"直到上个世纪初对历史的研究还不具有科学性,这种观点虽有少许例外但还是成立的……现在,科学的方法使博闻强记如虎添翼,而我们要将这一变化归功于德国。"约翰·巴格内尔·伯里[56]在1902年于剑桥大学的就职演说中就是以如此普世的口吻断言的,而此时正是英德两国进行帝国争霸的白热化时期。[57]

可以肯定的是,即便到了长寿的兰克生命中的晚年,对他的质疑仍旧不断——特别是他作为导师的吸引力开始减弱。有一点很明显,他不加辨别地将某些特定种类的文献——例如威尼斯的使节们写给他们城邦元老院的官方报告——视为观察昔日之国家与事件的透明的窗户,而没有意识到,这些文献本身就是对国家和事件的多姿多彩的重新建构,其作者们在写作时严格地遵照旧例,对其所报告的内容并不一定都是亲耳所闻或亲眼所见,而且其目的常常并不是为了简单陈述事实,而是试图说服读者相信某种个人理论。如同卡尔帕乔(Carpaccio)描绘的盛大的威尼斯游行场面一样,兰克所钟爱的丰富的威尼斯文献,反映的就是这座城市中社会精英们的价值观和信仰,以及精英们笔下的城中大事和各种风俗。更普遍的情况是,兰克明

【60】

显地信赖核心档案和各大家族的文书,在缺乏深刻反思的情况下,他接受了对历史本身的某种特定阐释:在这种阐释中,国家和君主的历史占据了优先地位,压倒了民众史或文化史,这种历史观从一开始就主导了兰克对历史的志趣。[58]

兰克自称研究方法独树一帜,人们对此的批判审视远晚于对他宣称的绝对客观性的质疑。自20世纪40年代以来,一批德国以外的学者开始以一种系统的路径研究史学思想的发展史。例如阿纳尔多·莫米利亚诺和赫伯特·巴特菲尔德(Herbert Butterfield),他们既不受缚于已成为新传统的那些预设,也远不像他们的前辈那样倾向于接受德国式"当时的情况究竟如何"的表述,他们拒绝接受在阿克顿勋爵和兰克看来是显而易见的东西:即对全部史料进行精确到细致入微的批判性仔细查验——这是1800年前后在德国的大学中发生的思想革命的组成部分,是由那场发生在巴黎街头的更为嘈杂的革命所引发的,并迫使当时欧洲一些一度保密的文书处和档案馆开放了大门。兰克自己对他所从事学科的发展史的描述,在科学史家们看来是"学科化的历史学"(disciplinary history),而不是学科史(history of discipline)。换句话说,兰克讲述自身的历史,是为了增强他自己所从事的那类历史研究在技术上和

【61】

情感上的吸引力，而不是对史学的发展史作全面而翔实的描述。而且，他在此过程中显著地夸大了自己著作中档案资料的比重。例如，英国学者亚瑟·杰弗里·迪肯斯（A. G. Dickens）专治宗教改革时期的历史，他在分析兰克有关宗教改革的史著时发现，书中的脚注只有不到百分之十是引自档案史料；而余下的大部分脚注所参引的丰富的一手史料，从16世纪开始至19世纪早期均已被早先的德意志学人刊印过了——这个结果一方面有力地证实了兰克充分掌握了史学文献，另一方面也影响了他作为一位档案深穴勘探者的声誉。[59] 而我们所面临的首要任务很简单：我们必须发扬这种批判性，不能听兰克自己的回忆和描述，而要回归到文献中去——就像他始终敦促的那样。幸运的是，已刊和未刊的文献都非常丰沛；而且，最近的学术研究已然对其中的很多文献加以了关注。将被忽视的史料与新颖的学术研究方式这两者相结合，就有可能讲述出另一部历史，这部历史将与兰克、以及他曾经宣称要彻底打破的那种传统都大为不同。

注释

1 有关柏林大学的创建及其早期历史,参见一篇补充性的描述U. Muhlack, "Die Universitäten im Zeichen von Neuhumanismus und Idealismus: Berlin", *Beiträge zu Problemen deutscher Universitätsgründungen der frühen Neuzeit*, ed. P. Baumgart & N. Hammerstein, Wolfenbütteler Forschungen 4 (Nendeln/ Liechtenstein, 1978), 299-340; C. McClelland, " 'To Live for Science': Ideals and Realities at the University of Berlin", *The University and the City*, ed. T. Bender (New York & Oxford, 1988), 181-197。有关德国文化机构在这一历史时期内的重建,参见一部翔实的著作T. Ziolkowski, *German Romanticism and Its Institutions* (Princeton, 1990)。

2 L. von Ranke, *Das Briefwerk*, ed. W. P. Fuchs (Hamburg, 1949), 131-132: "Nach drei Uhr begebe ich mich nach dem Archiv. Hier arbeitet noch Hammer (an den osmanischen Sachen) und ein Herr v. Buchholtz, der eine Geschichte Ferdinands I. schreiben will. Es ist eine völlige Kanzlei: man findet Federn, Federmesser, Papierschere usw. vorbereitet, hat seinen umzäunten Platz. Gewöhnlich wird es bald etwas dunkel, und ein angenehmer Augenblick ist mir, wenn der Vorsteher ruft: 'a Liecht', worauf der Diener für jeden, der da arbeitet, deren zwei bringt."兰克所指的两位同仁是历史学家Franz Bernhard von Buchholtz和Joseph Freiherr von Hammer-Purgstall。

3 Ibid., 194: "Ein grosser Genuss sind die frischen, kühlen, stillen Abende und Nächte. Bis Mitternacht ist der Corso belebt. Die Cáfes sind 2-3 Uhr nach Mitternacht eröffnet. Das Theater schliesst oft erst halb zwei. Dann nimmt man noch die Cena ein. Ich natürlich nicht. Ich eile ins Bett; ich möchte gerne des andern Morgens um sieben beim Palast Barberini anlangen. Dort benutze ich ein Zimmer des Bibliothekars, welches die Tramontana hat, wo meine Manuskripte aufgehäuft sind. Bald nach mir langt mein Schreiber an und huscht mit einem Ben

levato! zur Tür herein. Der Diener des Bibliothekars oder die Frau des Dieners erscheint und bietet mir mit dem gewöhnlichen: occorre niente? ihre Dienste an. Auch der Bibliothekar namens Razzi ist wahrhaft gut und hat mir und anderen Deutschen die besten Dienste geleistet. — Wenige Schritte von da ist die Bibliothek Albani, wo Winckelmann die Kunstgeschichte schrieb... Noch zwei andere Bibliotheken besuche ich mit gutem Fortgang. Wie bald ist ein Tag wegstudiert!"

  4 A. Farge, *Le Goût de l' archive* (Paris, 1989) 精彩地描述了在一个丰沛的国家收藏中进行阅档工作的情形。对于在其他地方进行阅档工作时的生动且深入的描述, 亦可参见S. Nievo, *Il prato in fondo al mare* (Rome, 1995); R. Hilberg, *The Politics of Memory* (Chicago, 1996)。

  5 Sir Walter Scott (1771—1832), 苏格兰诗人、作家, 擅写历史小说, 代表作有《撒克逊劫后英雄传》(*Ivanhoe*, 又译《艾凡赫》) 等。下文提及的《昆廷·德沃德》(*Quentin Durward*) 也译作《惊婚记》。——译者注

  6 Philippe de Commines (约1447—1511), 法国史家, 曾经担任国王路易十一的顾问。——译者注

  7 旧译《拉丁与条顿民族史》是根据该书的英文题名*History of the Latin and Teutonic Nations*译出的。——译者注

  8 Ranke, *Sämmtliche Werke*, 53/54 (Leipzig, 1890), 61-62: "Bei der Vergleichung überzeugte ich mich, dass das historisch Ueberlieferte selbst schöner und jedenfalls interessanter sei, als die romantische Fiction."

  9 Ranke, *Geschichten der romanischen und germanischen Völker von 1494 bis 1514, Zur Kritik neuerer Geschichtsschreiber* (Leipzig & Berlin, 1824), iv: "Wie einem zu Muth seyn würde, der in eine grosse Sammlung von Alterthümern träte, worin Aechtes und Unächtes, Schönes und Zurückstossendes, Glänzendes und Unscheinbares, aus mancherley Nationen und Zeitaltern, ohne Ordnung neben einander läge, so etwa müsste sich auch der fühlen, der sich mit Einem Mal im Anschaun der mannichfaltigen Denkmale der neuern Geschichte fände. Sie reden

uns in tausend Stimmen an: sie zeigen die verschiedensten Naturen: sie sind in alle Farben gekleidet."

10　G. Nadel, "Philosophy of History before Historicism", *History and Theory*, 3（1964）, 291-315.

11　有关西斯蒙蒂，参见P. B. Stadler, *Geschichtsschreibung und historisches Denken in Frankreich, 1789-1871*（Zurich, 1958）, chap. 5。

12　Varchi（1502—1565），生于佛罗伦萨的人文主义者、诗人和史家，著有16卷的《佛罗伦萨史》（*Storia fiorentina*）。——译者注

13　Nerli（1485—1556），佛罗伦萨的政治家，曾经对佛罗伦萨1215—1537年之间的史事作过著录。——译者注

14　Ranke, *Zur Kritik*, 47-48: "Was in jedem Fall zu erwarten, zu thun, was der eigentliche Grund einer Handlung gewesen, will er zeigen. Daher ist er in den Erläuterungen, in wiefern eine jede menschliche Handlung aus angeborner Leidenschaft, Ehrgeiz, Eigennutz, komme, ein wahrer Virtuos und Meister. Diese Discorsen sind nicht eine Hervorbringung von Guicciardini's Geist allein; sie ruhen, und zwar in doppelter Hinsicht, nur allzuwohl auf dem Zustand seiner Vaterstadt Florenz. Erstens nämlich, da die Macht von Florenz nicht selbständig war, und die Lage der öffentlichen Angelegenheiten zuweilen von dem einen Extrem zum andern schwankte, richtete sich die Aufmerksamkeit unwillkürlich auf die möglichen Erfolge der Dinge... Das ist das Eine. Aber auch in den innern Angelegenheiten pflegen sie derselben Art und Weise. Wenn man in Varchi un Nerli liest, wie viel vor einer Gonfalonierewahl gesonnen, geschwatzt, unterhandelt, vermuthet, geurtheilt ward, wie man in diesem kleinen Kreis, so gut als in den europäischen Angelegenheiten, Verwandtschaften, Bündnisse, Gegenbündnisse schloss, um einige schwarze Bohnen mehr zu bekommen, wie viel es da zu berücksichtigen gab, wie sich nun Beobachtungen, Regeln, Rathschläge entwickelten, so versteht man erst den Ursprung eines Werks, wie Guicciardini's

Werk ist."

15　W, Kaegi, *Jacob Burckhardt: Eine Biographie*, II（Basel, 1950）, 54-74.

16　Ranke, *Zur Kritik*, 8-20.

17　Ibid., 38: "Agnolo, der Neffe Franzesco' s, der Herausgeber dieser Geschichte, behauptet, sein Oheim habe mit besonderem Fleiss die öffentlichen Denkmäler（pubbliche memorie） erforscht, und habe vielen Zugang zu ihnen gehabt."兰克紧接着评论道:"我们已然了解了,让·博丹是多么看重这些决议和盟约的原始报告"（Wir sahen, wie Johann Bodin auf diese originale Kunde der Beschlüsse und Bündnisse einen besondern Werth legte）。有关兰克援引博丹的重要性,参见下文第三章。

18　Ibid., 27: "mit historischen Monumenten so gut wie nichts gemein hatten."

19　兰克在此处有些夸大其词了,参见E. Schulin, *Traditionskritik und Rekonstruktionsversuch*（Göttingen, 1979）, 48-50;更具总论性的一部名著是F. Gilbert, *Machiavelli and Guicciardini*（Princeton, 1965）。

20　François Beaucaire（1514—1592）,法国神学家、史学家,其著作以翔实著称。——译者注

21　Ranke, *Zur Kritik*, v: "wem von so Vielen eine originale Kenntniss beygewohnt, von wem wir wahrhaft belehrt werden können."

22　Ibid., 36: "Erkennen wir klar, dass das unbedingte Ansehen, welches diess Buch bis jetzt genossen, ihm mit Unrecht gewährt worden, dass es nicht eine Quelle, eine Urkunde, sondern allein eine Bearbeitung, und zwar eine mangelhafte zu nennen ist, so ist unser Zweck erreicht; so müssen die Sismondi aufhören, unter jeder Seite den Gucciardini und immer den nämlichen zu citiren; sie müssen wissen, dass er nicht beweist."

23　有关兰克对王家图书馆的使用情况,参见C. Varrentrapp, "Briefe an Ranke...", *Historische Zeitschrift*, 105（1910）, 105-131; Ranke, *Neue Briefe*, ed. B.

Hoeft & H. Herzfeld（Hamburg, 1949）, 22, 24-25, 39, 41-42, 44-45, 54-55。

24　参见Schulin, 49中出色的描述。

25　Ranke, *Das Briefwerk*, ed. Fuchs, 65: "Du wirst Dich wohl noch auf das geschriebene Foliobuch besinnen（vielmehr das noch nicht geschriebene）in das ich alle Notizen über die Geschichtschreiber, die ich las, eintrug. Nun war es unerlässlich, dass ich meine Behandlung dieser Geschichtschreiber in der Geschichte selbst einigermassen rechtfertigte. Da habe ich nun aus jenem Foliobuch eins in quarto gemacht, und daraus wird eins in octavo gedruckt; aus diesem prophezeit man mir einen grössern Erfolg als aus dem andern."布克哈特的学生们回忆说，他们的老师也同样以非同一般的活力和勤勉摘录过一手史料（W. Kaegi, *Jacob Burckhardt: Eine Biographie*, III [Basel, 1956], 383-396）；布克哈特那部论述文艺复兴的文化史著作也是通过对数量庞大的摘录进行再加工而写成的。参较布克哈特在1858年8月14日写给保罗·海泽（Paul Heyse）的一封著名的书信, ibid., 666:"例如，我昨天将写在一本书中的瓦萨里（Vasari）著作的摘录裁成了700张小纸条，以主题为纲重新作了组合粘贴。我还从其他作者那里摘录了1000多页四开本的有关艺术的笔记以及2000页有关文化的内容。我到底能对这全部笔记中的多少真正地进行研究处理呢？"（Gestern habe ich zum Beispiel 700 kleine Zeddel nur mit Citaten aus Vasari, die ich in ein Buch zusammengeschrieben hatte, auseinandergeschnitten und sortiert zum neuen Aufkleben nach Sachen. Aus andern Autoren habe ich noch etwa 1000 Quartseiten Excerpte über die Kunst und 2000 über die Cultur. Wie viel von all diesem werde ich wohl wirklich verarbeiten?）有关布克哈特的工作方法，参见P. Ganz, "Jacob Burckhardts *Kultur der Renaissance in Italien*. Handwerk und Methode", *Deutsche Vierteljahrsschrift für Literaturwissenschaft und Geistesgeschichte*, 62（1988）, 24-59; E. H. Gombrich, *In Search of Cultural History*（Oxford, 1969）。尚未被书写并收入史学图书馆的，是注释的发展史；与之相关，关于笔记的发展史想必会更加厚重，它也在悲叹无法登场示人。

参见目前较为丰沛的一部概览性著作，A. Moss, *Printed Commonplace-Books and the Structuring of Renaissance Thought*（Oxford, 1996），书中的考察范围远比书名所言明的要广泛得多。

26　相关的资料刊于Varrentrapp, *Historische Zeitschrift*, 105（1910），109（Heeren）, 112（v. Raumer）, 114（Schulze）, 115（Kamptz）; A von Hase, "Brückenschlag nach Paris. Zu einem unbekannten Vorstoss Rankes bei Karl Benedikt Hase（1825）", *Archiv für Kulturgeschichte*, 60（1978）, 213-221 at 215。有关哈泽的情况，则参见一篇诙谐且博学的论文，P. Petitmengin, "Deux têtes de pont de la philologie allemande en France: le *Thesaurus linguae Graecae* et la 'Bibliothèque des auteurs grecs'（1830-1867）", *Philologie und Hermeneutik im 19. Jahrhundert*, II, ed. M. Bollack & H. Wismann（Göttingen, 1983）, 76-98。

27　这篇对兰克的书评是匿名发表的，见*Ergänzungsblätter zur Allgemeinen Literatur-Zeitung*（February 1828）, nos. 23-24, cols. 183-189 at 183-184: "Mit der Fackel einer unbestechlichen, strengen Kritik beleuchtet er die Werke der bisher als Hauptquellen für die Geschichten der bezeichneten Periode... geachteten Historiker wie die Persönlichkeit ihrer Urheber, und beraubt beide schonungslos des Nimbus, worin sie bisher geglänzet, oder bestimmt wenigstens genau, in wie fern und in wie fern nicht sie wirklich Glauben verdienen, überhaupt in wiefern sie als *wahre Quellen* zu achten seyen"。

28　H. L. Manin（H. Leo）对兰克的书评，参见*Ergänzungsblätter zur Jenaischen Allgemeinen Literatur-Zeitung*, 16（1828）, nos. 17-18, cols. 129-140 at 138: Ranke's "Beyträge zur Kritik neuerer Geschichtschreiber" were "das Beste an Hn. *Rankes* Arbeit, und zeigen wenigstens zugleich von mannichfacher Vergleichung der verschiedenen Excerpte unter sich"。

29　Ranke, *Zur Kritik*, 177: "Es sind über diese Zeit Acten, Briefe, Lebensbeschreibungen, Chroniken von der grössten Wichtigkeit vorhanden, für die es aber ist, als wäre die Buchdruckerkunst noch gar nicht erfunden."

30　Ibid., 181: "Hier wäre ein Mann erforderlich, der mit leidlichen Kenntnissen, sattsamen Empfehlungen und guter Gesundheit ausgerüstet, Deutschland nach allen Seiten durchzöge, und die Reste einer halb untergegangenen und so nahe liegenden Welt aufsuchte. Wir jagen unbekannten Gräsern bis in die Wüsten Libyens nach; sollte das Leben unserer Altvordern nicht denselben Eifer in unserm eigenen Land werth sein?"

31　Ranke, *Das Briefwerk*, ed. Fuchs, 70. 有关佩尔茨，参见H. Bresslau, *Geschichte der Monumenta Germaniae Historica*（1921）; D. Knowles, *Great Historical Enterprises: Problems in Monastic History*（Edinburgh, 1963），chap. 3; H. Fuhrmann & M. Wesche, "*Sind eben alles Menschen gewesen*", *Gelehrtenleben im 19. und 20. Jahrhundert*（Munich, 1996）。

32　可参见Ranke, *Neue Briefe*, ed. Hoeft & Herzfeld, 56-59。

33　H. Chadwick, *Catholicism and History*（Cambridge, 1978）是一部引人入胜的著作，书中研究了被冰封的欧洲最丰富的档案收藏之一是如何被打开的。

34　有关兰克搜集史料的方式，参见U. Tucci, "Ranke and the Venetian Document Market", in *Leopold von Ranke and the Shaping of the Historical Discipline*, ed. G. G. Iggers & J. Powell（Syracuse & N. Y., 1990），99-107；卷首有一张兰克在他的私人图书馆中的照片。还可参见一部出色的编目，E. Muir, *The Leopold von Ranke Manuscript Collection of Syracuse University*（Syracuse & N. Y., 1983）。此外，有关在照相技术发明之前，公证人等职业抄写员精确复写文献的广泛历史背景，参见一部有趣的著作H. Levine, *The Culture of the Copy*（New York, 1996), chap. 6。

35　Ranke, *Deutsche Geschichte im Zeitalter der Reformation*, ed. P. Joachimsen et al.（Munich, 1925-26），I, 6*: "Ich sehe die Zeit kommen, wo wir die neuere Geschichte nicht mehr auf die Berichte, selbst nicht der gleichzeitigen Historiker, ausser insoweit ihnen eine originale Kenntnis beiwohnte, geschweige denn auf die weiter abgeleiteten Bearbeitungen zu gründen haben, sondern aus den Relationen der Augenzeugen und den ächtesten unmittelbarsten Urkunden aufbauen werden."尽管对兰克本人及其遗稿的研究取得了相当的进展，其中的一些成果已经对Joachimsen等编者的工作做了重要修订，但是Joachimsen为兰克的这部著作所写的引言依旧是对兰克的学术及思想的最细腻的论述之一，这篇引言重刊于*Gesammelte Aufsätze*, ed. N. Hammerstein（Aalen, 1970-83），I, 627-734；该书的第735-758页也论及了兰克的思想和学术。

36　Ranke, *Deutsche Geschichte im Zeitalter der Reformation*, VI, 3-4: "Wer will auch die ganzen Archive drucken lassen?"

37　Ibid., III, ix.

38　Ibid., 441-442, n. 1（自第441页始），此注的结尾为："我却只好接受，在此处——亦如在相似的情况下经常发生的那样——可能依旧存在某些疑问"（Doch bescheide ich mich, dass hier, wie oft in ähnlichen Fällen, immer noch gewisse Zweifel möglich bleiben）。

39　兰克在当年被聘为柏林大学的编外教授（außerordentlicher Professor）。——译者注

40　Leopold von Ranke Nachlass, Staatsbibliothek zu Berlin Preussischer Kulturbesitz（Haus II），38 II A, fol. 72 recto: "eorum, qui historiae rerum discendae penitusque imbibendae vitam suam dicare constituerunt. Istos animi quodam impetu ingeniique sui natura ad haec studia ferri credo. Hi sine dubio fontes, e quibus historiae hauriuntur, cognoscere volent. Non satis habentes scriptores perlegisse quos schola suppeditat, promos omnis relati volent cognoscere." 有关这段文字（以及兰克的研讨班），参见一部范例式的专著G. Berg, *Leopold von Ranke als historischer Lehrer*（Göttingen, 1968），51-56 at 52, n. 2。

41　Ranke Nachlass, 38 II A, fol. 72 recto: "Non tamen satis habent accipere ea, credere, docere, fidem aliis habere, sed suo ipsorum judicio in his rebus uti cupiunt."

42　Ibid., fol. 72 verso: "Si primum tantum genus hic adesset, rem ita instituerem – diger<er>em seriem locorum classicorum – eos legendos proponerem. Difficultates, quae legentibus offendunt, e medio tollere curarem. Eadem ratione historiam medii aevi tractaremus."

43　L. von Ranke, *Aus Werke und Nachlass*, ed. W. P. Fuchs et al.（Munich & Vienna, 1964-1975）, I, 83-84。参较更具总论性的*Geschichtswissenschaft in Berlin im 19. und 20. Jahrhundert*（Berlin, 1992）, 有关聚贝尔在慕尼黑开设的研讨班, 参见V. Dotterweich, *Heinrich von Sybel*（Göttingen, 1978）, 255-284。

44　参见Berg; Ranke, *Aus Werke und Nachlass*, ed. Fuchs et al., IV。

45　T. Wiedemann, "Sechzehn Jahre in der Werkstatt Leopold von Ranke's", *Deutsche Revue*, November 1891, 177-179。

46　参见L. Ranke, *Fürsten und Völker von Süd-Europa im sechszehnten und siebzehnten Jahrhundert. Vornehmlich aus ungedruckten Gesandtschafts-Berichte*, 2nd ed.（Berlin, 1837-1839）, I, translated by W. K. Kelly as *The Ottoman and the Spanish Empires in the Sixteenth and Seventeenth Centuries*（London, 1843）。对这部有预见性的著作的专业评价, 参见J. H. Elliott, *Europe Divided*（London, 1968; repr. 1985）, 418。

47　参见一部给予了该书卓越赏识的著作, F. Gilbert, *History: Politics or Culture?*（Princeton, 1990）。更具批判性视角的是P. Burke, "Ranke the Reactionary", in *Leopold von Ranke*, ed. Iggers & Powell, 36-44, 文中强调了18世纪史学的广度和创见（也揭示了这一传统的其他层面, 如对文化史和社会史的关注, 这些不在本书的讨论范围之内）。

48　有关"弗劳德病"（Froude's disease）, 参见Ch. V. Langlois & Ch. Seignobos, *Introduction to the Study of History*, tr. G. G. Berry（London & New York, 1898; repr. 1912）, 124-128。[詹姆斯·安东尼·弗劳德（James Anthony Froude, 1818—1894）, 英国历史学家。学界对他的批评是他的著述犯有习惯性不准确（chronic inaccuracy）的弊病。——译者注]

49　T. Wiedemann, "Sechzehn Jahre in der Werkstatt Leopold von Ranke's", *Deutsche Revue*, December 1891, 322。

50　Ranke, *Sämmtliche Werke*, 53/54, 62.

51　参见Ranke, *Die römischen Päpste in den letzten vier Jahrhunderten*, book IV, in Ranke, *Sämmtliche Werke*, 38（Leipzig, 1878） = *The Popes of Rome*（Glasgow & London, 1846-47）, I, 278-377。参较更具有泛论性质的C. Ginzburg, "Veranschaulichung und Zitat. Die Wahrheit der Geschichte", *Der Historiker als Menschenfresser. Über den Beruf des Geschichtsschreibers*（Berlin, 1990）, 85-102。

52　参见福格特写给兰克的书信，刊于Varrentrapp, 127-128。福格特为普鲁士编辑了整套的*Codex diplomaticus*，他还是两部文献丰沛并在方法论上有所创新的著作*Geschichte Marienburgs*（Königsberg, 1824）和*Hildebrand*（Weimar, 1815）的作者，而他在信中对兰克的态度谦卑得令人惊讶。我们在上文曾经引述了兰克有关以手抄本为基础书写史著的时代即将到来的论述，福格特也曾经策略性地引用过此句，见他编辑的*Briefwechsel der berühmtesten Gelehrten des Zeitalters der Reformation mit Herzog Albrecht von Preussen*（Königsberg, 1841）, [v]。福格特是公认的在开创性和考证能力上均远不及兰克的史学家，他的事业以失望而告终，他没能获得为研究工作而长期休假的许可，考证的方法也过于陈旧。可参见*Allgemeine Deutsche Biographie*中有关福格特的长篇词条，其中的资料颇丰。H. Prutz, *Die Königliche Albertus-Universität zu Königsberg i. Pr. im neunzehnten Jahrhundert*（Königsberg, 1894）, 186-188; G. von Selle, *Geschichte der Albertus- Universität zu Königsberg in Preussen*（Königsberg, 1944）, 278-280。然而，福格特的证言也正因为如此才更具有代表性。

53　H. Nissen, *Kritische Untersuchungen über die Quellen der vierten und fünften Dekade des Livius*（Berlin, 1863）, 70-79。有关古代的史家是如何利用先辈的著述的，参见一部近期的讨论S. Hornblower, "Introduction", *Greek*

Historiography, ed. S. Hornblower（Oxford, 1994）, 1-71 at 54-71，文中同时展示了尼森的视角的有效性和局限性。

54　Nissen, *Kritische Untersuchungen*, 77：李维"明显受到了同样的基本法则的影响，这一法则把持着所有的历史著述，直至近代学术开始发展。兰克率先用一种出色的方式并通过15和16世纪的一系列史家为例，证明了他们是如何使用前人著作的，即直接摘抄"（steht unter dem Einfluss desselben Grundgesetzes, welches die ganze Historiographie bis auf die Entwicklung der modernen Wissenschaft beherrscht. Ranke hat zuerst in glänzender Weise an einer Reihe von Geschichtschreibern des 15. und 16. Jahrhunderts nachgewiesen, wie sie die Werke ihrer Vorgänger in der Art benutzten, dass sie dieselben einfach ausschrieben）。当然，兰克从未将修昔底德与他那个时代的记者混为一谈，也没有将历史著述的全部传统都视为始终如一的。

55　"这归因于他长着石勒苏益格—荷尔斯泰因人的头脑"（Das liegt in seinem schleswigholsteinernen kopf），赫尔曼·乌泽纳（Hermann Usener）如此哀怨地写道。乌泽纳以此为由解释了自己是如何徒劳地规劝这位老友，不要提出拉丁姆（Latium）地区的古代君王在某程度上象征了《圣经》中的创世时代这个观点。H. Diels & H. Usener & E. Zeller, *Briefwechsel*, ed. D. Ehlers（Berlin, 1992）, I, 425。乌泽纳所指的著作是Nissen, *Das Templum*（Berlin, 1869）, 127。尼森受到了不少尖锐的批评，可参见L. O. Bröcker, *Moderne Quellenforscher u. antike Geschichtschreiber*（Innsbruck, 1882）。然而，重视史料研究（*Quellenforschung*）的时代就肇启于他的著作问世之时，这个时代在很大程度上也受到了他这种不计后果地将问题简单化的思想的左右：参见C. Wachsmuth, *Einleitung in das Studium der Alten Geschichte*（Leipzig, 1895）, 55-56；以及一篇博学的（但结构和行文也略显古怪的）博士论文B. A. Desbords, *Introduction à Diogène Laërce*（Diss., Utrecht, 1990）。

56　J. B. Bury（1861—1927），爱尔兰历史学家，他在1902年成为了剑桥大学的近代史教授。——译者注

57 参见The Varieties of History, ed. F. Stern, 2nd ed.（London, 1970），211。

58 尤要参见E. Fueter, Geschichte der neueren Historiographie（Munich & Berlin, 1911），480-482; H. Butterfield, Man on His Past（Cambridge, 1955; repr. Boston, 1960）; G. Benzoni, "Ranke' s Favorite Source", Leopold von Ranke, ed. Iggers & Powell, 45-57。

59 A. G. Dickens, Ranke as Reformation Historian, Stenton Lecture 13（Reading, Eng., 1980），12-17；相关概述见Dickens & J. Tonkin & K. Powell, The Reformation in Historical Thought（Cambridge, Mass., 1985），174-175。参较E. Armstrong, "Introduction", L. von Ranke, History of the Latin and Teutonic Nations（1494 to 1514），tr. G. R. Dennis（London, 1909），ix-xxiv at xiii-xvi。

第三章

历史学家的缪斯：兰克的通向脚注之路 【62】

当兰克学会了以戏剧化的方式凸显档案文献在历史学家工作中的核心重要性的时候，他所踏上的道路从某些方面来看是一条坦途，而从另外一些方面看来，则比他自己在暮年时所追忆的要曲折得多。为了回溯兰克的新德国史学的起源，我们必须从美国中西部的中间地带开始讲起。在19世纪和20世纪之交，许多美国的大学开始自我改造，它们跟随的是人们认定的德国模式。很多美国教授都曾经醉心于越洋研习的经历，包括去学术气氛浓郁的哥廷根、或者充满浪漫气息的海德堡、又或国际化的大都市柏林。之后，这些教授开始在自己的大学招收研究生并开设专业化的研讨班。他们为这些高等课程开辟了新的园地——很多时候是在当时修建得如堡垒一般令人印象至深的大学图书馆中，研究室内还配备了参考书和一手史料。从西海岸的伯克利到东海岸的巴尔的摩，学生们能够学到已经消失的语言、掌握论著目录，还能像他们的老师一样运用业已成熟的研究技巧。而且，学生们不必为此远赴德国，在那里大灌啤酒，也不必像德国教授对研讨班的学员所要求的那样，将哥特文献与盎格鲁—撒克逊文献当场互译。

【63】 对过往真相的发现——这种发现是通过德国式的学术研究取得的——获得了一种十字军东征一样的道德声望以及一种时尚的文化诱惑力。它贯穿东西海岸，捕获了美国的学术心智。[1]在第一次世界大战之前，伊利诺伊大学（University of Illinois）的历史学家决定创建一个德国式的史学研究所。为了装饰所内的会议室，他们买来了所有能想到的最优秀的美国史学家以及最杰出的外国史学家的肖像：前者如弗朗西斯·帕克曼[2]，后者如爱德华·吉本。兰克虽然没能在墙上为自己的画像争得一席之地，却也得到了一份安慰奖。人们从法兰克福的一位商人手中购得了他的一封书信，镶上镜框挂到了墙上，兰克自然就成为了这个研究所的守护神。多年之后，该大学将这间会议室另作他用，兰克的书信却不翼而飞了。或许是某位兴趣广泛但道德水准不高的历史爱好者将它偷走了。

幸运的是，这封手札留有复本。兰克在早年的通信只有少许已经出版了，这就是其中的一封。收信人是格奥尔格·赖默尔（Georg Reimer），一位杰出的出版商，他为德语的文学和学术所出版的都是奠基性的著作，如格林兄弟的《童话》等。兰克怀着可以理解的忧虑在信中提出了一个微妙的问题，即他的首部著作能否毫发无伤地通过政府的审查。[3]而他更为忧虑的则是脚注的问题。令人惊讶的是——特别是对于20世纪末的读者来说，他们会以为是博学的作者们要求为脚注留下版面，而吹毛求疵的出版社拒绝如此——兰克坚持认为，他感觉有必要采用注释，只是因为年轻的著者必须要引证史料。总之，他已经将这些讨厌的脚注尽可能地缩短了："我小心翼翼，避免真刀真枪地作注释。但我感觉在一部新手的著作中，引用还是必不可少的，因为他首先要开创局面并赢得信任。"兰克仍旧希望找到一条途径，既避免脚注的提示破坏正文的全貌，也防止臃肿得像陶罐一样的注释影响页面的美观。他的建议是，人们或许可以给每页乃至每段中的每一行编上号码——这在古代作家的编本中已经是通行做法，注释则放在著作的末尾，与正文相对应。在兰克看来，他著作中的注释充其量不过是一种必要的弊病（necessary evil）。[4]

【64】

历史学家们——无论老少——给出版社写信，不必言出必践。而当年轻无名的兰克表明了自己在文献引证的形式方面不感兴趣、而且也厌恶卖弄学问的时候，他并没有装腔作势——尽管他自己也知道，出版社对文风和科学性均很在意。在位于柏林的兰克文稿收藏中，不仅有他工作时用的记录本，还有一部分他首部著作的手稿。就像这部著作的定稿一样，兰克草稿中的参考资料都是他喜欢用的短注：作者、题名、页码，仅此而已。书中有些页面根本就没有脚注；另一些页面只有寥寥几个编号，但有些没有填入注释内容。而且，很多脚注只写明了著者姓名和书名，没有页码。关键在于，所有的注释都是兰克在完成了全部正文之后补充上去的。⁵这份文献给出了至少两点明显的推论。首先，兰克作为现代历史学家技艺的奠基人，他在实践中并不比这个专业领域中的后人更守规范。他将正文作为一个整体去书写。然后才在他的藏书、笔记、摘录以及概要中间找寻支持正文的证据：他添加参考资料就像把肉炖好了再往上撒盐。而且，这看起来已经成为了兰克的惯用手法。即便是在年事已高、需要通过秘书的辅助来工作的时候，兰克的方法也没有彻底地改变过。兰克只是给出提示，年轻的秘书则必须为此寻找参考资料，而有时候一些参考资料根本就不存在,"在这一点上,兰克也常常很难令人信服"。[6]

实际上,兰克的《罗曼与日耳曼诸民族史》在注释方面的不足使他事业中最尴尬的局面暴露于众目睽睽之下。1828年,他发现自己为对他抨击最激烈的人提供了有力的武器。海恩里希·莱奥(Heinrich Leo)也是柏林的一位年轻的历史学家,面对自己的对手以如此快的速度升到了学术界的最高层,他的反应是可想而知的嫉妒——还有一种强烈的诉求,即从兰克在文风和思想方面犯下的种种罪行之中,拯救自己所珍爱的"历史乃文学"这一理念。莱奥尽其所能地把在他看来是兰克所谓学术研究中的热气球都一一戳破了。他在带有轻蔑性的长篇书评中批评了兰克的文风和哲学,还预言说兰克的这部既幼稚又脆弱的著作,只会在"略通文墨的妇女中间"(bey gelehrten Weibern)最受欢迎。更有甚者,莱奥还找出了很多段落,兰克在其中的叙述与脚注所引用的史料并不严格对应。[7]如此"恶毒的书评"令兰克既惊骇又愤怒,它所攻击的是兰克的"研究中最为敏感的部位"。[8]兰克在一篇长长的回应中反驳道,莱奥所争辩的每一个论断都能够在兰克自己引用的文献中找到支点——虽然并不一定是在任何一个脚注所涉及

【66】

的那个段落之中。读者如果想要检验兰克对原始文献的使用，则必须对所有这些文献作出系统的比对，而莱奥显然没有这么做。兰克在一则愤慨的脚注中写道："我的引用是写给那些想要把它们找出来的人看的，而不是给这些旨在找**不**出来的人的。顺便说一句，喝着咖啡、手里只拿着我的引用资料的某一个版本，是无法仔细查验我这部著作的。"[9] 莱奥对这篇辩驳的答复比他原来的书评更为轻蔑，他对《罗曼与日耳曼诸民族史》一书的负面评价甚至更为夸张。但莱奥毫不费力地运用了他的攻击对象本人的原话来展示，兰克在撰写脚注方面真是问题重重。莱奥建议兰克，以后干脆就放弃脚注算了。给书中每个部分所使用的史料列一张简明的清单，这对读者而言要好于在正文各部分中胡乱地附上注释，在这些正文"里面所能找到的东西与所征引的内容截然不同"。[10] 米夏埃尔·贝尔奈斯将兰克首部著作中的脚注视为范例："凡有资格读兰克的人，无不想写出这样的注释；而每个人都明白，这些注释中所包含的资料不能搬到正文中去。"[11] 没有任何溢美之词能比这样的语言更取悦于人了。然而，兰克最初的读者并不都对此表示赞同。

兰克的博学是现代人所特有的，但关于历史应怎样写，他明显忠实于古典观念。他并不愿意接受一部史著应该同时讲述两个故事——即史事本身与历史学家的研究过程，从而避免用那些难看的技术性的学术工具破坏其强有力的叙述和论辩的攻防套路。在这方面，兰克绝对称不上是在德国的史学革命中孤军奋战。巴托尔德·格奥尔格·尼布尔也持修正的态度，他坚持认为必须用史料考证去剖析有关罗马早期历史的传统叙述，并将这段历史重构为对罗马城崛起过程的一种社会层面的分析，尼布尔因此赢得了美名。他钟爱史学探索中的细节之处，还将这些传授给了他在柏林的学生们。[12] 但是，尼布尔也认为古典式的、没有注释的历史叙述形式是最优的。如果他能够解决所有技术上的难题并将它们彻底甩开，他还是渴望书写没有学术性注释的史著："我一直被这样一种念头所吸引，在完成了这部将材料做了重新整理的学术著作之后，去写一部有关罗马人历史的直白叙述，没有研究过程、证据、学究气；就像人们在1800年之前那样去著史。"[13] 尼布尔也好、兰克也罢，他们的希望被证明是不可能实现的：历史学家只要是吃了史料考证这棵树上的果子，就无法再回到书写单纯叙事的原初状态了。但是，他们对修辞和文学性的渴望，其程度可能会让后辈的专业历史学家大感意外。一些老一代的

【68】

美国学者确信有权宣称,自己是秉承了兰克教诲的专业人才,他们认为行文优美与历史学家的专业职责不可兼具。[14] 在这方面,他们可算不上继承了导师的衣钵。

【69】 兰克最终是想要——如他在一句被太多地引用、而又太缺少分析的名句中所言——"单纯说明,当时的情况究竟如何"(nur sagen, wie es eigentlich gewesen)。[15] 但是,这到底意味着什么呢?就如同哈约·霍尔博恩[16]以及其他一些人所展示的,兰克针对历史学家的理想所说的这句著名格言,其实是对修昔底德的一段更为知名的段落(I. 22)做了策略性调整后引用过来的。[17] 一个人若是在严肃与精确的阐释方面将最深刻的古希腊政治史家引作楷模,那他就不太可能急于在自己的著作中添加评注,因为若是如此,他就与自己的楷模背道而驰了。

不止一位当代的批评家指出,脚注妨碍了叙述。兰克和很多19世纪的历史学家都期望创造真实和直接,这一幻想被参考资料扰乱了,因为它们不停地打断一位全知型的叙述者笔下的单一叙事(诺埃尔·科沃德以令人印象至深

【70】 的方式表达了同一种观点,他曾经将被迫去阅读脚注比喻为中断性爱而下楼去给别人开门)。[18] 兰克模仿古典史著楷模的愿望以及他的现代品味,都与倚重注释这一点相抵

触。那么，他为保持叙述的连贯性而做出的努力也就不足为奇了——他甚至还尝试在正文的后面附上全部的文献，以此来让读者体验两种真实性，即文学方面的和文献方面的。怪不得现代的学者们不能确定，该将兰克视为第一位科学化的历史学家，还是最后一位浪漫主义历史学家。[19] 很多优秀的后辈历史学家也都不认为有必要大张旗鼓地做文献引证。菲斯泰尔·德·库朗热[20] 热忱地坚信完整且精确运用史料的重要性，慢慢地才很不情愿地接受了翔实而正式的文献引证这一做法，这在他看来只是一种新的时髦。[21] 正如我们已经提及的，恩斯特·坎托罗维奇的畅销名著《皇帝弗雷德里希二世》(*Kaiser Friedrich II*) 引起过公愤，因为这本书在最初完全没有注释。[22] 库朗热、坎托罗维奇以及其他一些人在一定程度上都是兰克的后继者，对这一点他们自己和他们的批评者都毫不怀疑。

【71】

在当时，兰克已被脚注所累。然而，他的渊博的注释中另一个更为重要的组成部分——即对史料的详尽评注——又将以何种形式示人呢？是写成一篇论史家的文章，还是一部附上了评注的一手文献选编？事实是，附录在兰克对正文的评注中是更为出色和独特的组成部分。它们体现了兰克作为研究者和作家所做的最优秀的工作。它们使聪颖的读者明白,在对过去的描述是否可能获取绝对的精确性这一点上,兰克本人的见解远非从现代视角对其思想所做的种种解读那么简单——无论这些解读意在赞颂或是讽刺。附录为对兰克的阅读体验添加了一些东西,与交响乐中的层次如出一辙,即以年代为顺序的叙述与系统性的反思不断地轮奏,这也正是吉本曾经呈现给读者的。

【72】

尽管兰克的附录具有原创性和影响力,然而他的这种文本型的注释也以一种与他自己所宣称的相迥异、且更为复杂的方式呈现了出来。在兰克后来的口述中,他将自己向考证的转向描写成了一种皈依的经历,充满了这样的时刻通常都具有的未可预知与冲击力。就好像貌似牢固的地板上有一处比较脆弱,某人从那里踏空掉落了一样,他稍一回想就能顿时明白,历史研究必须建立在粗大的梁柱之上,而只有史料考证才能造就它们并将之安置到位。这样的洞察力成为兰克《罗曼与日耳曼诸民族史》副卷的基石,他在书中对史料以及它们的问题都做了处理。兰克以为,在他之前,没有人有过这样神启的瞬间——哪怕是古典学的学者们,虽然他们论述古希腊和古罗马历史与文学的革命性著作,明显地呈现了某些与兰克的著述相似的品质。兰克期望获得尼布尔的支持,却又认定自己对于后者的方法根本就无所亏欠:"我在此处既没有考虑尼布尔,也完全将戈特弗里德·赫尔曼置之度外:前者其实想要赋予传统以更大的意义,后者则在细节之处批评其他作家——尽管我本人期望此类杰出的人物会为我喝彩。"[23]

这句出自兰克晚年的声明事实上与兰克自己视作更具有权威性的证据——即更久远的原始史料——相冲突。首先,兰克之前的历史学家们并不都是无知而毫无批判意识的编写者。新近的研究表明,兰克所运用的许多考证手法在文艺复兴时期已然成型:即为某一事件而系统地比对所有相关的史料,认定那些在产生时间上与事件发生最接近的史料、或者是建立在引证了官方文献这一基础之上的史料,剔除其中信息是衍生出来的晚出史料。意大利以及阿尔卑斯山以北的人文主义者们追踪着古典楷模的提示,通过系统地运用上述的实践手法,揭穿了实乃伪作的权威文献的真面目。例如洛伦佐·瓦拉(Lorenzo Valla)就粉碎了《君士坦丁的赠礼》(*Donation of Constantine*)的真实性。这篇长久以来被教廷视如珍宝的文献大意是说,皇帝君士坦丁由于被教宗治愈了麻风病,充满感激地将整个罗马帝国的西半部分交付给教宗作为回报,自己则迁往君士坦丁堡。瓦拉不但深谙拉丁语的习惯用法、还是一位古代修辞

【73】

传统的大师,他运用自己的知识展示了,《君士坦丁的赠礼》不可能是由一位生活在公元4世纪的罗马人写的。一篇古代文献中的用语——即便是出自古代晚期——应该在它同时代其他作者的语言中有所体现,依照文体得当的原则,文本的编写会与它的作者、它的受领者以及当时的情形相匹配。而《君士坦丁的赠礼》的不幸在于,它违反了所有这些原则。这些瓦拉都可以轻而易举地确定、揭露并嗤之以鼻:"你以野蛮人的用词与我谈话;难道还想让我相信这是君士坦丁或者拉克坦修斯[24]所说的语言吗?"瓦拉还指出,在本该提及《君士坦丁的赠礼》及其后果的史料当中,竟然全都对它只字不提。瓦拉利用这个机会,还顺

【74】便澄清了在涉及古罗马历史的史料中,博学的古代学人瓦罗所提供的有关罗马早期传统的信息要比爱感怀的史家李维更可靠;而李维的信息则要优于瓦列留斯·马克西姆斯(Valerius Maximus)编写的轶事。瓦拉还认为,若对现在的传统用同样不留情面的方式加以批判,可以揭示出在罗马几十座教堂中向朝圣者们展示的所谓圣物和圣像乃虚造

【75】之物。[25] 当然了,瓦拉也有夸大其词之嫌:他将整部著作写成了一篇檄文,对教宗和《君士坦丁的赠礼》都发起了控诉,不给罪犯留下争辩的余地。而正如里卡多·富比尼

(Riccardo Fubini) 所展示的，瓦拉的部分论点得自于库萨的尼古拉斯（Nicholas of Cusa），后者早已指出《君士坦丁的赠礼》在理应出现的史料中均无迹可寻。但在尼古拉斯之后，再没有其他人的著作比瓦拉的论述更具戏剧性地展示出，考证的锋利白刃是如何能够在传统的种种自相矛盾以及舛误之中开辟出一条道路来的。

在16世纪，弗朗索瓦·博杜安[26]以及让·博丹[27]等人写出了详尽的手册，讲解如何释读和使用古代及近代的史料。其中对如何拣选可以信赖的史家也做了指导——在这方面，修辞传统的古代典籍通常还占据着权威的地位。然而，他们也提出了一些更激进的东西，例如博杜安。他承认很多历史文献已经佚失了，而一些中世纪的编年史又充斥着讹误。但是他又坚持认为，对史料流传的考证研究可以缔造出一部囊括全部已知过去的连贯性史著。能够供近代学者利用的史料可以列成一张蔚为壮观的清单：其中有像西塞罗的书信这样的文学性文献，碑铭和其他实物遗存，口头传说——例如查理大帝的传记作者艾因哈德（Einhard）以及欧洲的观察家们对新世界各个社群的记述中所提到的那些，非原创性——但是保留了已佚古老文献的要旨——的史著，以及保存在法兰西王家档案馆中的原

【76】始文献等等。博杜安严肃地指出,任何一位研习历史的有志之士都必须要认清,"过往的记忆所遗存下来的东西既伟大又丰富"。虽然博丹在语文学的问题方面远不如博杜安稳健,但他指明了,读者必须将每一位史家都置于批判性的仔细查验之下,找出可能有失偏颇或被遗漏的史料。[28] 换句话说,博丹和博杜安都认为历史学既是一种调查的形式又是一种叙述的方式;他们两位也都提供了阅读和书写

【77】方面的技艺,还阐明了现代读者必须依靠对所有史料的批判性研究去构建一套对过去的描述。事实却是,并非每一位古代历史方面的博学之士都接受了这些见解。托马斯·霍布斯(Thomas Hobbes)是修昔底德著作的英文译者,他认为"要是按照这样一种方式写'历史',就显得意见过多,也太自负了,其他人的著述中已经充分地暴露过这一缺点"。霍布斯最爱读的除荷马和维吉尔之外,还有"色诺芬,或者一些可信的史书"——早在修昔底德、波利比乌以及西塞罗定下道德和传记原则之前,色诺芬就已达到了这些要求。然而,其他人却都领会并运用了法国理论家们开创的新历史主义解释学(the new historical hermeneutics)。[29] 在整个17世纪,历史研究成为了传统方法与新方法产生相互碰撞和冲突的诸多领域之一。

兰克自己在讨论圭恰迪尼所记录的演讲时，开篇伊始就引用了博丹："在圭恰迪尼的著作问世五年之后，让·博丹在其《历史研究简明入门》（*Methodus ad facilem historiarum cognitionem*）中对此书有过描述：'作者想要发现真相的热诚是显而易见的。据说，他从原始史料中搜集并复写了很多信件、法条、契约等。所以，作者常用的句式有"他就是这么说的"；如果原始文本佚失了，就用"他的意思就是"。'博丹的观点很明确：圭恰迪尼所记录的演讲都是真实的……而且，这一观点虽然不乏矛盾之处，却被视为确论，保持至今。"[30] 无可否认，兰克引用博丹的观点就是为了驳倒它。而实际上，鉴于兰克援引了最早的一批系统论述如何释读历史文献的著作之一，这已然表明，当他批评圭恰迪尼在史料运用上的问题时，他知道自己并非进入了无人之境。后来，兰克对修辞学能够表现政治议题的精妙之处——这出自圭恰迪尼笔下的演讲者之口——开始表露出了欣赏，此时，他不但引用了博丹，还有博丹的读者米歇尔·德·蒙田。[31]

【78】

而且，这种史学争辩中的晚期人文主义传统，在18世纪至19世纪早期的德国远没有消亡。[32] 哈勒（Halle）的神学家约翰·扎洛莫·泽姆勒（Johann Salomo Semler）

【79】

在一篇赢得了广泛读者的文章中分析了德国中古史的史料。哥廷根的学者约翰·克里斯托夫·加特雷尔（Johann Christoph Gatterer）创建了德国第一个史学研讨班，班上的学生们接受了将普通和高级的考证手法应用到实践中的训练。他的同事奥古斯特·路德维希·冯·施勒策（August Ludwig von Schlözer）曾经写下了论述最早的俄国史家的典范式著作，还为史料的搜集和分析制订出一套令人印象至深的总体规划。[33] 在兰克的著作问世之前不久，百科全书式的学者、马尔堡（Marburg）的教授路德维希·瓦赫勒（Ludwig Wachler）出版了一部五卷本的历史著述史，书中的脚注繁密。该书的时间上起文艺复兴，下讫作者生活的时代；在方法论方面，从影响广泛的叙事史到古物研究者的专论；而地理范围则从芬兰讲到了葡萄牙。兰克对这部著作持推崇的态度。瓦赫勒并没有预见兰克对圭恰迪尼作为一位可信赖的学术作家的地位将发起的攻击："圭恰迪尼是以一种非常严肃且率直的方式在叙述，很多时候他自己就是事件的目击者和积极的参与者，通常对人物和情形都有准确的了解。因此，他有资格声言自己有高度的可信性。"但瓦赫勒认为，圭恰迪尼将自己对事态和动机的看法强加给了他笔下的人物，而不是让人物表达他们自己的观

【80】

点和感觉。而瓦赫勒还是赞誉了圭恰迪尼，最主要的是因为后者的著作强有力地表现了其所产生的时代的特征："当我们放下这部史著时，那个时代的轮廓就会以画面的形式出现在我们的脑海里，既清晰又具有表现力。"兰克对此肯定是赞同的，在他看来，圭恰迪尼对自己周围环境的敏感性决定了他的成就和缺失。在瓦赫勒的书中，兰克已然能够找到他自己对圭恰迪尼的部分批评和赞誉的核心内容，以及一些他所抨击的得到公认的观点。[34]

兰克也了解历史著作领域中的其他一些作品。更泛泛地来讲，这些著作促使他比其前辈们更清楚地认识到，圭恰迪尼的方法和目的与他自己的截然不同。例如，兰克知道詹巴蒂斯塔·维柯（Giambattista Vico）的《新科学》（*Scienza nuova*）为一部人类的文化史提出了一个复杂且有深刻见解的规划，该书早在兰克之前一个世纪就以犀利的批判审视了对古代历史的传统描述。顺便说一句，兰克在讨论另一位意大利史学家保罗·乔维奥（Paolo Giovio）的时候，还引用过《新科学》的德文译本。[35] 此外，正如我们已经提及的，认为德意志的历史、以及更广泛的中世纪的历史和近代早期的历史等必须在文献引证的基础上重新构建和书写的年轻的德国史学家，绝非只有兰克一人。

【81】

所有年轻的德国史学家都读过德语历史著述的第一部经典之作——即约翰内斯·冯·缪勒（Johannes von Müller）的瑞士史，藉此至少是部分地习得了他们的技艺。这部著作建立在大量文献的基础之上，正是出自一位和兰克一样，将无穷无尽、未被触及的档案馆视为天堂本身的作者的笔下。³⁶

人们首先要牢记一个被兰克的很多学生所忽略的简单事实。兰克曾经投身于文艺复兴时期的意大利史。这个领域吸引了很多18世纪最博学的意大利学者，那是一个盛行手抄本编目、史料编纂，以及其他形式的学术活动的伟大世纪。³⁷ 在18世纪末，比萨大学（University of Pisa）的校长安杰洛·法布罗尼（Angelo Fabroni）出版了他为美第奇家族的科西莫（Cosimo de' Medici）、洛伦佐（Lorenzo）以及洛伦佐的儿子乔万尼（Giovanni）——即后来的教宗利奥十世（Leo X）——所写的博学的传记。在每一部传记的尾注中都附有大量的系列文献。在洛伦佐的传记中，法布罗尼甚至先行说出了兰克有关历史学的一些早期知名论断。法布罗尼坚持认为，自己著作的出众之处并非在于解决史学阐释中那些有争议的问题，而是呈现了大量的档案文献，这使他的著作本身就成为了一种名副其实的档案馆。³⁸

此时的兰克还没有研究档案的任何经验，他更多的是抱怨法布罗尼舍弃了大量文献——这一点，法布罗尼本人也承认实属无奈之举——而不是认可法布罗尼的功绩。[39] 法布罗尼，还有利物浦的业余历史学家威廉·罗斯科（William Roscoe）——后者承继了前者对美第奇家族的研究——两人均没有以兰克式的批判眼光去释读史料。尽管如此，他们的著作为兰克呈献了很多至关重要的一手材料，还为兰克提供了一种陈述的方式，这在后来成为他的标准模式——即在正文之后缀上长长的文献附录。[40]

【83】

更重要的还有，那些将考证的方法应用于中世纪以及近代早期史料的德国历史学家们，仿效了德国古典学家们在古代文学史、政治史的史料上已经下过的功夫。[41] 从1760年代开始，德国的古典学家们，像克里斯蒂安·戈特罗布·海涅（Christian Gottlob Heyne）和弗雷德里希·奥古斯特·沃尔夫（Friedrich August Wolf）等人，为了拆除新古典主义（neoclassicism）的偶像而日以继夜地辛勤工作。他们并不批评古人的文化权威。与此相反，他们强调古希腊的精神——正如在建筑、雕塑、诗歌和宗教中所表现出来的——毫无疑问是鲜活的、富有创造性的；对后世的读者来说——特别是对德国的读者而言，它承载着独一无二的

【84】

道德和教育价值。然而，这些古典学家也强调，那些希望抓住古希腊精神真谛的后世读者们，在他们有能力带着真正的敬意施行跪拜礼之前，必须先破除偶像崇拜。古代的学人和史家曾经做出的努力是，对他们各自的文明史中上古时代的遗迹进行粉饰，而不是原封不动地保存。因此，晚近的好学之士除非扯掉后世作家编织的面纱，否则是不能洞悉《荷马史诗》或者罗马早期社会真实的原貌的。沃尔夫指出，研习古希腊史诗的后学者必须认清，《伊利亚特》和《奥德赛》最初的流传方式与后来的截然不同：它们起初都是歌咏，而不是写定的文本。在遭受了口头传诵的复杂变化之后，它们在公元前6—前5世纪的雅典经历了重新编整和篡改。编定它们的雅典政客们还出于政治目的在其中加入了一些内容。在此之后，《荷马史诗》获得了西方历史上第一批专业学人更大幅度的编辑，他们就是希腊化城市亚历山大里亚城缪斯馆（Museum）里的学人。这些学人所努力的方向并不是重构荷马文本的原貌，而是将他们继承下来的史诗校正得更符合他们自己所处时代的审美和伦理标准。"我们现在拿在手中的《荷马史诗》并不是荷马生活的时代古希腊人口口相传的版本，而是从梭伦的时代开始直到亚历山大里亚时代，被学人们做过各种改动、

【85】

篡写、校订、修正的版本。"[42]

尼布尔轻而易举地推翻了罗马城是由罗慕路斯（Romulus）和雷姆斯（Remus）——一对由母狼哺育成人的兄弟——所建的传说，沃尔夫也毫不费力地破除了精练、古朴和连贯的《荷马史诗》是由荷马本人所写的观念。[43]总之，他们二位都强调，他们的破除工作只是拉开了对古代世界做出真正鉴识的序幕。他们还反复指出，具有批判意识的读者有责任摒除自己的偏见，按照时间顺序和历史语境去释读史料，在动笔修史之前先倾听历史自己的声音。在沃尔夫的著作问世之后，作家们和语文学家们都意识到，学术正在经历着一场革命。歌德、赫尔德、施莱格尔（Schlegel）兄弟、洪堡都因沃尔夫和尼布尔的发现而心驰神往；以至于忘记了，沃尔夫与尼布尔其实也是在重复16世纪至18世纪早期具有批判精神的人文主义者、神学家和哲学家们早已做过的工作。[44]

【86】

兰克曾经坚称，他既没有效仿也没有采用尼布尔和戈特弗里德·赫尔曼的方法，但从上述的语境来看，兰克的声明需要接受特别的仔细查验。可用来质疑这一声明的第一份材料是兰克在1824年12月写给尼布尔的一封信，他还随信赠送了一套他的《罗曼与日耳曼诸民族史》。作为近代史学者的兰克在信中将自己描述为尼布尔这位古代史专家的学生。他直言自己曾经像对待一手的史料那样，倾注了所有的注意力去阅读、研习、抄录并剖析尼布尔的著作："阁下的《罗马史》是我最早认真研习的德语史学著作之一。当我还在大学[读书]时就在摘录其中的内容，想方设法将它转化为我自己的东西。"兰克解释说，他后来在高级中学教书时也一直在参考尼布尔的著作。他希望"随信附上的拙作不至于完全配不上您的指教，尽管您并不知道我受过您的教诲"。[45] 兰克不可能直接仿效尼布尔。他的出发点不是重新诠释某一流传下来的史书——这是尼布尔所为；兰克是要辨析史料，使自己的史著能取代传统著作。然而兰克不可能表达得再明确了：他对人们普遍认可的说法和广泛尊敬的权威所持的怀疑态度，至少有部分来自于这个人的影响，兰克称他为"新考证方法的开创者"。[46] 无可否认，这封信必须配合着相关的语境来解读。兰克当时想获得差旅的资助，目的是为了去罗马查阅阿尔菲耶里（Alfieri）家族图书馆中的手稿——这是格奥尔格·海恩里希·佩尔茨给他的提示。他希望尼布尔能够给予自己帮助，因为尼布尔既是政治家又是学者。[47] 然而，兰克亏欠尼布尔一份答谢是再明显不过了。兰克的仰慕者以及揭短

【87】

者都反复地承认了这一点——虽然他们这么做时不得不修正了兰克自己的声明。⁴⁸

兰克还否认了另一位前辈戈特弗里德·赫尔曼对他的影响,而后者在这位历史学家的成长过程中扮演了至少是同等重要的角色。兰克在1814年进入莱比锡大学伊始,就去聆听了赫尔曼讲授埃斯库罗斯(Aeschylus)和品达(Pindar)的课程。赫尔曼富有才气并严守康德的哲学,人们现在记得他,是因为他在古希腊诗歌格律和校勘学方面尤具创见的著作。但是,赫尔曼被视为对更广泛的史学问题兴趣寥寥,对与他偏好和观点不同的学者也缺乏容忍。而事实上,兰克在赫尔曼课上的笔记显露出,后者给学生们讲授了很多历史考证所带来的痛楚与愉悦。⁴⁹

兰克遗留下的赫尔曼讲授埃斯库罗斯《波斯人》【88】(*Persae*)的笔记始于1814年5月26日,这门课程在当时已经讲到了这部悲剧的四分之三处。而一个历史问题几乎立即浮现了出来。波斯国王大流士的灵魂在哀悼,其子薛西斯的战败是自宙斯建立了他们家族的王系以来,降给波斯人的最严重的灾难。大流士此时言道:"因为梅多斯(Medos)是波斯大军的首任领袖"(765);然后他又列举了其他首领。居鲁士在其中位列第三。然而,希罗多德给出的波斯王表与此不同（I. 98）。应该相信谁呢：是剧作家还是史家？赫尔曼告诉他的学生们："有些人视埃斯库罗斯的著作为精准且可靠的史料，因为他们认为他比希罗多德更为久远。我们则在这里看到了这些人的错误之处。作为一名诗人，埃斯库罗斯可以在此处或者任何地方根据情节需要，随意改写每件事物。"[50] 赫尔曼在之后的一节长篇大论中讲明了这样的一种判定是多么困难：埃斯库罗斯有关波斯历史的诗作，到底是符合谁的散文式记述，希罗多德的还是色诺芬的？而赫尔曼的另一段补充说明则描述了，波斯史的学者们为了弄清楚一行稍晚时代的诗句中出现的王室名姓，是如何"自我折磨"的。[51] 这些细节问题内中的含义很明显：只有通过对能够证明它的史料进行考证和比较研究，历史的真相才能被构建出来，而这样的研究反过来又可能得出让人意想不到的结论。

【89】

当赫尔曼讲授品达献给古希腊奥林匹克胜利者的颂诗时，兰克从一开始就参加了这门课程并作了笔记。这一次，特别是在导言部分，赫尔曼不但讨论了具体的历史问题，还提出了一些总论性问题，包括史学方法；以及，确切说来，人们能够有望获得的历史知识的性质和范围。他从一开始就沮丧地告诉学生们："我们所能见到的古希腊诗作，不过是从一场严重的海难中救回的残骸而已。"[52]他所唤起的，是被他悲恸而又极富表现力地描述为"我们所无缘得见的古希腊诗歌之丰碑"——这句话所在小节的标题后来被赫尔曼或是他的学生改写了，读起来更加一语中的："论有志于书写古希腊诗歌史的人所面临的种种难题"。[53]就品达而言，赫尔曼明确指出，他所遗留下来的作品在流传的过程中间遭到了彻底的改编，以至于人们无法奢望能够读到品达到底写了些什么。希腊化时期亚历山大里亚城中的文法家们在编订文本的时候做了万劫不复之事，他们故意将品达的文本修改得符合他们自己为品味和高雅所立下的标准。只有学术研究能够擦去伪装的锈色，将下面的文本真颜公布于世："品达的作品在古代被亚历山大里亚学派中的阿里斯塔尔科斯（Aristarchus）等文法家们改编过了。他们不仅诠释了那些作品也对它们做了改动，为的是使它们与语法规则和伦理标准相吻合——而这些规则和标准是这些先生们为自己量身定做的。他们是如何改写的，我们完全不知道，因为他们所写的评注中很大一部分已经佚失了。因此，不能相信我们手中这些诗歌的文本就是品达笔下之作，它们被文法家们的修订篡改过了。所以，我们必须重构真实的文本，去除文法家们的那些臆造。"[54]流

【90】

传下来的品达的作品只不过是从大量原作中拣选出来的一部分,而做出选择的人也并非诗人自己或他同时代的人,却是希腊化时代的学人拜占庭的阿里斯托芬(Aristophanes of Byzantium),这距品达的时代已几个世纪了。在文本传诵的过程中,可以清晰认定的最早的一个阶段,并没有反映出诗人在灵感迸发的白热化创作过程中曾经写下了什么,体现的却是亚历山大里亚缪斯馆中专业文法家们既冷淡又平静的学术工作。而即便是这一个阶段也不能被完整地重构,因为相关的手抄本分出了两条截然不同的支系,又都在诗歌格律方面错误百出,它们均不可能源自品达笔下(大概也不是出自亚历山大里亚的编者之手)。[55] 兰克当时是一位刚从高级中学毕业的青年大学生。他在中学里学到的是,阅读古代作家,就像他们在直接为他写作一样。对于兰克来说,以及对于认为古代作家的著作基本原封不动地保留了下来的臆断来说,赫尔曼的课程一定产生了爆炸性的冲击力。兰克从聆听古希腊学家的课程,以及从阅读沃尔特·司各特勋爵作品的过程中学会了,要以未经掩饰的事实和史料为先,而不是晚出的、衍生出来的叙述——无论这些叙述写得多么优美。

【91】

赫尔曼所考虑的这些也并非全是他的原创。虽然他非常不喜欢他的对手、另一位古希腊专家奥古斯特·博伊克（August Böckh），但还是从后者新编的品达诗作的第一卷（1811年）中学到了很多东西。它在提供了文本流传方面的新信息的同时，当然也产生了刺激作用或引发了愤怒。赫尔曼告诉他的学生们，博伊克运用品达著作手抄本时的考证方法堪称范例，即对这些手抄本之间的联系一一做出系统的研究——至此，这已然触及了后来兰克的史学方法中的核心信条。[56]更广而言之，赫尔曼梳理的品达文本的流传简史明显是以荷马文本更为复杂的流传史为范式的。后者是博伊克的老师沃尔夫在20多年前完成的《荷马研究绪论》中重构出来的。[57]就像兰克的学生们仿效兰克对文艺复兴时期的史家所作的考证一样，赫尔曼也效仿了沃尔夫对荷马以及《荷马史诗》的流传所作的研究。但是，赫尔曼自身所产生的影响力要甚于他研究的史料。他为年轻的兰克展示了有批判意识的史学家是如何思考的：他提醒了兰克，在审视流传下来的作品和文本的时候要持怀疑的态度，还要思考史料的年代和价值。兰克在自己后来的著作中会提出类似的问题，几乎就是注定之事了——无论那个以浪漫的笔调追忆充实的青年时代的老年兰克如何否认这一点。就像沃尔夫乃至尼布尔一样，兰克不由

【92】

自主地坚称自己具有原创性（人人都想取得原创性）——甚至不惜以对记忆中那个造就了他自己的传统进行筛查（censoring）为代价。⁵⁸

兰克在很多方面都有开创之功。从宏观上看，他将叙述性的史学与分析性的史学结合了起来。他凸显了考证方法的威力，就像他运用此一方法所重构的那些事件一样震撼人心。他还为各种新式的研究项目以及诸多阐释方式搭建了舞台——其中有很多都是由他自己设计并实现的。他的《罗曼与日耳曼诸民族史》是前无古人的著作。然而，兰克以及他的首部著作并不能代表以文献为基础的考证史学的开端。既然不是在1824年，那又是在何时呢？既然不是兰克，那又是从何人开始的呢？像很多族谱一样，脚注的谱系所产生的分支与曲折比人们所能想象的要多。在下一章里，我们将脱离历史主义（historicism），回到启蒙运动时期；离开这位经济拮据、为图书和差旅费用乞求资助的教师，进入18世纪的几位绅士那丰富的私人藏书中去。

【93】

注释

1 可参见B. Perry, *And Gladly Teach*（Boston & New York, 1935）。

2 Francis Parkman（1823—1893），美国历史学家，曾任哈佛大学教授，北美殖民史和开发史的名家。——译者注

3 有关赖默尔，参见G. Lüdtke, *Der Verlag Walter de Gruyter & Co.*（Berlin, 1924; repr. Berlin, 1978），51-62。

4 G. Stanton Ford, "A Ranke Letter", *Journal of Modern History*, 32（1960），143: "Sorgfältig habe ich mich vor der eigentlichen Adnotation gehütet: das Citat schien mir in dem Werk eines Anfängers, der sich erst Bahn machen und Glauben verdienen soll, unerläszlich."

5 Ranke Nachlass, Staatsbibliothek zu Berlin, Preussischer Kulturbesitz（Haus II）, Fasz. 1, I.

6 T. Wiedemann, "Sechzehn Jahre in der Werkstatt Leopold von Ranke's", *Deutsche Revue*, December 1891, 333: "wovon Ranke immer nur sehr schwer überzeugt wurde."

7 "H. L. Manin" [H. Leo], review of Ranke, in *Ergänzungsblätter zur Jenaischen Allgemeinen Literatur-Zeitung*, 16（1828）, nos. 17-18, cols. 129-140, esp. 136: "还须罗列更多吗？——只要打开书看看，几乎在每页都能找到要么颠三倒四、要么言之无物或者是引证不当之处。这叫直截了当的真相吗？这是细致入微的研究吗？"（Doch wozu noch mehr anführen? – Man schlage nach, auf jedem Blatte fast wird ein verdrehtes, ein nichtssagendes oder nachlässig benutztes Citat zu finden seyn. Heisst das nun nackte Wahrheit? Heisst das gründliche Erforschung des Einzelnen?）有关莱奥和兰克之间这场论辩的哲学层面，参见G. G. Iggers, *The German Conception of History*（Middletown, Conn., 1968），66-69; S. Baur, "Rankes Historik, Teil I: Der junge Ranke"（Diss., Freie Universität Berlin, 1996），125-138。

8 L. von Ranke, *Das Briefwerk*, ed. W. P. Fuchs（Hamburg, 1949）, 156-161, 165, 168, 240: "auf dem kitzlichsten Punkt der Forschung."

9 L. Ranke, "Replik", *Intelligenzblatt der Allgemeinen Literatur-Zeitung*（May 1828）, no. 131, cols. 193-199, at 195-196 n.: "Ich citire für die, welche finden wollen, aber nicht für solche, die da suchen, um *nicht* zu finden. Bey einer Tasse Kaffee, mit einem einzigen der citirten Ausgaben in der Hand, lässt sich übrigens diess Buch nicht prüfen"；参较*Das Briefwerk*, ed. Fuchs, 159。

10 H. Leo, "Replik", *Intelligenzblatt der Jenaischen Allgem. Literatur-Zeitung*（June 1828）, no. 39, cols. 305-312 at 310: "in denen ganz andere Dinge zu finden sind, als in den Citaten."

11 M. Bernays, "Zur Lehre von den Citaten und Noten", *Schriften zur Kritik und Litteraturgeschichte*, IV（Berlin, 1899）, 333: "Keiner, der Ranke zu lesen verdient, möchte Noten dieser Art entbehren; jeder aber sieht ein, dass ihr Inhalt sich in den Text nicht schicken würde."

12 参见一部值得关注的当代研究，G. Walther, *Niebuhrs Forschung*（Stuttgart, 1993），书中对较早的文献多有参考。

13 B. G. Niebuhr, *Briefe. Neue Folge, 1816-1830*, ed. E. Vischer, IV: *Briefe aus Bonn*（*Juli bis Dezember 1830*）（Bern & Munich, 1984）, 117: "Es war für mich ein reizender Gedanke, wenn dies gelehrte Werk, wodurch der Stoff wieder geschaffen wird, vollendet seyn würde, eine ganz erzählende Geschichte der Römer zu schreiben, ohne Untersuchung, Erweis und Gelehrsamkeit; wie man sie vor 1800 Jahren geschrieben haben würde." 参较W. Nippel, "'Geschichte' und 'Altertümer': Zur Periodisierung in der Althistorie", *Geschichtsdiskurs*, ed. W. Küttler et al., I（Frankfurt, 1993）, 310-311。

14 有关兰克作为一名作家的品质，参见P. Gay, *Style in History*（London, 1975），chap. 2中的杰出描述。对于撰写脚注的必要性，还有另外两种更为深入的反对意见，均来自杰出的历史学家，而且他们都对自己所用的文献有着细致入微的了解。一篇尤为雅致的文章对此做出了描述，J. H. Hexter, "Garrett Mattingly, Historian", *From the Renaissance to the Counter-Reformation*, ed. C. H. Carter（London, 1966），13-28 at 15-17，而截然不同的看法则见G. H. Selement, "Perry Miller: A Note on His Sources in *The New England Mind: The Seventeenth Century*", *William and Mary Quarterly*, 31（1974），453-464; P. Miller, *Sources for "The New England Mind: The Seventeenth Century"*, ed. J. Hoopes（Williamsburg, Va., 1981）；有关第二种情况，参较D. Levin, *Exemplary Elders*（Athens & London, 1990），30-32。

15 有关这句名言中的用词，参见W. P. Fuchs, "Was heisst das: 'bloss zeigen, wie es eigentlich gewesen'?", *Geschichte in Wissenschaft und Unterricht*, 11（1979），655-667，文中展示了兰克1874年在文中引用这句话时将原来的用词改为"bloss zeigen, wie es eigentlich gewesen"（仅仅展示，当时的情况究竟如何）。

16 Hajo Holborn（1902—1969），流亡美国的德国历史学家，专治德国近现代史。——译者注

17 H. Holborn, *History and the Humanities*（Garden City, N. Y., 1972），90-91; K. Repgen, "Ueber Rankes Diktum von 1824: 'Bloss sagen, wie es eigentlich gewesen'", *Historisches Jahrbuch*, 102（1982），439-449; R. S. Stroud, "'Wie es eigentlich gewesen' and Thucydides 2.48.3", *Hermes*, 115（1987），379-382（此文对Repgen的分析多有驳斥）。参较F. Gilbert, *History, Politics or Culture?*（Princeton, 1990）。

18 L. Gossman, *Between History and Literature*（Cambridge, Mass. & London, 1990），249-250; F. Hartog, *Le XIXe siècle et l'histoire*（Paris, 1988），112-115; G. Pomata, "Versions of Narrative: Overt and Covert Narrators in Nineteenth Century Historiography", *History Workshop*, 27（1989），1-17. 科沃德的评论可以说是对John Barrymore评论的加强版：C. Lesley, *Remembered Laughter*（New York, 1976），xx。[诺埃尔·科沃德（Noel Coward, 1899—1973），英国作

家、演员、作曲家。——译者注]

19　Pomata, 12, 14认为他似乎兼而有之。

20　Fustel de Coulanges（1830—1889），法国历史学家。过去常译作"古朗士"。——译者注

21　参见菲斯泰尔的声明，由Camille Jullian于1891年出版，刊于Hartog, 360："我所属的一代人已经不再年轻了，在这代人中间，研究者们遵守两条规则：首先，在对所有的史料作过直接且谨慎的查验之后才开启对某一主题的研究。其次，仅向读者呈现研究的结果，而略去对研究过程的繁琐演示，这部分只留给作者自己而不是读者。脚注中的一些提示已经可以满足一位受邀亲自查证的读者。二十年之后，这些通常的做法已有所改变：当下的惯例是，向读者展示繁琐的研究过程要比呈现研究结果更重要。人们更在意的是脚手架而不是建筑物。学术研究也改变了它的形式和方法：它不再深刻，对精确度的追求也不合时宜了；它想要的却是更多地展示自己。学者们首先希望的是以博学示人。"（J' appartiens à une génération qui n' est plus jeune, et dans laquelle les travailleurs s' imposaient deux règles: d' abord d' étudier un sujet d' après toutes les sources observées directement et de près, ensuite de ne présenter au lecteur que le résultat de leurs recherches; on lui épargnait l' appareil d' érudition, l' érudition étant pour l' auteur seul et non pour le lecteur; quelques indications au bas des pages suffisaient au lecteur, qu' on invitait à vérifier. Depuis une vingtaine d' années les procédés habituels ont changé: l' usage aujourd' hui est de présenter au lecteur l' appareil d' érudition plutôt que les résultats. On tient plus à l' échafaudage qu' à la construction. L' érudition a changé ses formes et ses procédés; elle n' est pas plus profonde, et l' exactitude n' est pas d' aujourd' hui; mais l' érudition veut se montrer davantage. On veut avant tout paraître érudit.）

22　可参见Y. Malkiel, "Ernst H. Kantorowicz", in *On Four Modern Humanists*, ed. A. R. Evans, Jr.（Princeton, 1970）, 150-151, 181-192。Malkiel指

出，坎托罗维奇的见解在晚年的时候有了很大的改变。他当时多用英语著述，没有了艺术家的抱负，却对并非源自历史文献的史学论题所带来的危险保持着敏锐的警觉。他对在美国中世纪史研究的核心期刊《镜子》(*Speculum*) 上刊登的一篇有关消灭脚注的倡议提出过批评，并在自己于伯克利和普林斯顿完成的著述中都配上了阐述详细、技术出色的注释部分。

23　Ranke, *Sämmtliche Werke*, 53/54（Leipzig, 1890）, 62: "Ich habe hier weder auf Niebuhr, der eigentlich mehr der Tradition einen Sinn verschaffen will, noch vollends auf Gottfried Hermann, der die Autoren im einzelnen kritisirt, Rücksicht genommen, obwohl ich mir bei grossen Männern dieser Art Beifall versprach."

24　Lactantius（约230—320），早期教会作家，曾经担任过皇帝君士坦丁一世的顾问。——译者注

25　L. Valla, *De falso credita et ementita Constantini donatione*, ed. W. Setz, *Monumenta Germaniae Historica*, Quellen zur Geistesgeschichte des Mittelalters, 10（Weimar, 1976）, 117-118: "Quis unquam phrygium Latine dici audivit? Tu mihi dum barbare loqueris videri vis Constantini aut Lactantii esse sermonem?" 有关古罗马的历史传统，参见该书第148—151页；有关罗马教堂对虔诚信徒的欺骗，在书中第141—144页。Setz, *Lorenzo Vallas Schrift gegen die Konstantinische Schenkung*（Tübingen, 1975）一书回顾了早期的文献，提出了作者独到的见解。还可参见M. P. Gilmore, "The Renaissance Conception of the Lessons of History", in *Facets of the Renaissance*, ed. W. H. Werkmeister, 2nd ed.（New York & Evanston & London, 1963）; P. Burke, *The Renaissance Sense of the Past*（New York, 1969）; D. R. Kelley, *Foundation of Modern Historical Scholarship*（New York & London, 1970）, chap. 2; J. M. Levine, "Reginald Pecock and Lorenzo Valla on the *Donation of Constantine*", *Studies in the Renaissance*, 20（1973）, 118-143; R. Fubini, "Contestazioni quattrocentesche della Donazione di Costantino: Niccolò Cusano, Lorenzo Valla", in *Costantino il Grande dall' antichità all' umanesimo*, ed. G. Bonamente & F. Fusco（Macerata, 1992）, I, 385-431（英文概要见 "Humanism and Truth: Valla Writes against the Donation of Constantine", *Journal of the History of Ideas*, 57 [1996], 79-86）。有关修辞学在瓦拉的论据中所起到的作用，参见H. H. Gray, "Renaissance Humanism: The Pursuit of Eloquence", *Journal of the History of Ideas*, 24（1963）, 497-514，此文重刊于*Renaissance Essays from the Journal of the History of Ideas*, ed. P. O. Kristeller & P. P. Wiener（New York, 1968）, 199-216; G. Most, "Rhetorik und Hermeneutik: Zur Konstitution der Neuzeitlichkeit", *Antike und Abendland*, 30（1984）, 62-79; V. de Caprio, "Retorica e ideologia nella *Declamatio* di Lorenzo Valla sulla Donazione di Costantino", *Paragone*, 29, no. 338（1978）, 36-56; S. I. Camporeale, "Lorenzo Valla e il 'De falso credita donatione': Retorica, libertà e ecclesiologia nell' 400", *Memorie Domenicane* n.s. 19（1988）, 191-293（英文概要见: "Lorenzo Valla's *Oratio* on the Pseudo-Donation of Constantine: Dissent and Innovation in Early Renaissance Humanism", *Journal of the History of Ideas*, 57 [1996], 9-26）; C. Ginzburg, "Préface", in Lorenzo Valla, *La Donation de Constantin*, tr. J.-B. Giard（Paris, 1993）, ix-xxi。有关修辞学在解释学层面的用法，还可参见K. Eden, *Hermeneutics and the Rhetorical Tradition*（New Haven & London, 1997）。有关瓦拉的著作所受到的欢迎，参见G. Antonazzi, *Lorenzo Valla e la polemica sulla Donazione di Costantino*（Rome, 1985）; R. K. Delph, "Valla Grammaticus, Agostino Steuco, and the Donation of Constantine", *Journal of the History of Ideas*, 57（1996）, 55-78。

26 François Baudouin（1520—1573），法国法学家、史学家，人文主义者。——译者注

27 Jean Bodin（1530—1596），法国政治哲学家、法学家，以其主权理论而闻名。——译者注

28 F. Baudouin, *De institutione historiae universae et eius cum iurisprudentia coniunctione prolegomenon libri ii*, in *Artis historicae penus*, ed. J. Wolf（Basel, 1579）, I,

640-662, at 653: "Magnae et uberes sunt reliquiae veteris memoriae, si iis ipsi non defuerimus"; J. Bodin, *Methodus ad facilem historiarum cognitionem*, ibid., 35-78. 有关博丹的这部书，参见F. von Bezold, "Zur Entstehungsgeschichte der historischen Methodik", *Internationale Monatsschrift*, 8（1914）, reprinted in *Aus Mittelalter und Renaissance*（Leipzig & Berlin, 1918）; L. Strauss, *The Political Philosophy of Hobbes*, tr. E. M. Sinclair（Oxford, 1936; repr. Chicago & London, 1952, 1963）, chap. VI; J. L. Brown, *The Methodus ad facilem historiarum cognitionem of Jean Bodin: A Critical Study*（Washington, D. C., 1939）; G. Spini, "I trattatisti dell' arte storica nella Controriforma italiana", *Quaderni di Belfagor*, I（1948）, 109-136（英译见*The Late Italian Renaissance: 1525-1630*, ed. E. Cochrane [New York, 1970], 91-133）; B. Reynolds, "Shifting Currents in Historical Criticism", *Journal of the History of Ideas*, 14（1953）, 471-492, reprinted in *Renaissance Essays*, ed. P. O. Kristeller & P. P. Wiener（New York, 1968）, 115-136; J. G. A. Pocock, "The French Prelude to Modern Historiography", in *The Ancient Constitution and the Feudal Law*（Cambridge, 1957）; J. Franklin, *Jean Bodin and the Sixteenth-Century Revolution in the Methodology of Law and History*（New York & London, 1963）; D. R. Kelley, "François Baudouin's Conception of History", *Journal of the History of Ideas*, 25（1964）, 35-57; G. Cotroneo, *Jean Bodin teorico della storia*（Naples, 1966）; G. Huppert, *The Idea of Perfect History: Historical Erudition and Historical Philosophy in Renaissance France*（Urbana & Chicago & London, 1970）; D. R. Kelley, *Foundations of Modern Historical Scholarship: Language, Law, and History in the French Renaissance*（New York & London, 1970）; Cotroneo, *I trattatisti dell' ars historica*（Naples, 1971）; E. Kessler, *Theoretiker humanistischer Geschichtsschreibung*（Munich, 1971）; R. Landfester, *Historia magistra vitae*（Geneva, 1972）; C.-G. Dubois, *La conception de l'histoire en France au XVIe siècle*（Paris, 1977）; E. Hassinger, *Empirisch-rationaler Historismus*（Bern & Munich, 1978）; U. Muhlack, *Geschichtswissenschaft im Humanismus und in der Aufklärung: Die Vorgeschichte des Historismus*（Munich, 1991）。

29 T. Hobbes, "A Discourse upon the Beginning of Tacitus", in *Three Discourses*, ed. N. B. Reynolds & A. W. Saxonhouse (Chicago & London, 1995), 39; J. Aubrey, *Brief Lives*, ed. O. Lawson Dick (London, 1949; repr. Ann Arbor, 1957), 154.

30 Ranke, *Zur Kritik neuerer Geschichtsschreiber*, 20-21: "Fünf Jahr, nachdem das Werk Guicciardini's zuerst erschienen, schrieb Johann Bodin im methodus ad facilem historiae cognitionem cap. iv. von demselben: Est mirum in eo studium veritatis inquirendae. Fertur epistolas, decreta, foedera, ex ipsis fontibus hausisse et expressisse. Itaque frequenter occurrit illud: 'locutus est haec verba,' aut si ipsa verba defuerint: 'locutus est in hanc sententiam.' Man sieht, die Meynung Bodins ist: die Reden bey Guicciardini seyen ächt... Diese Meynung, obwohl nicht ohne einigen Widerspruch, hat sich jedoch bis auf den heutigen Tag erhalten."有关另一段有批判意味且更直白的对博丹的引用，参见ibid., 73, n. 1。兰克对博丹和蒙田（有关后者，参见下一则注释）的引用很早就出现在《近代史家批判》一书的部分手稿中了，见Ranke Nachlass, Staatsbibliothek zu Berlin, Preussischer Kulturbesitz, Haus II, Fasz. 1, I。

31 Ibid., 46-47:"对公共生活的参与，甚至包括每一个最微小的事件，在16世纪下半叶达到了前所未有的活跃程度。尽管各具独立性，双方仍然紧密地联系在一起，使得史著非写成一部世界通史不可。圭恰迪尼笔下的演讲从各个角度考察每个事件，出现得正是时候。博丹的评论是，'当有非常复杂的情形必须要讨论时，圭恰迪尼总能首先展示出讨论中的精妙之处。'人们马上就能明白，这是这部著作最重要的特点。蒙田的评论则是：'圭恰迪尼的著作中最能够体现其抱负的部分，就是由他的离题而谈和他笔下的演讲组成的。'"(Es ist wohl nie eine Zeit gewesen, welche in lebendiger Theilnahme an dem öffentlichen Leben, an jedem kleinsten Ereigniss die letzte Hälfte des 16. Jahrhunderts übertroffen. Allenthalben Selbstständigkeit, und doch durch die beyden Partheyen eine so enge Vereiningung, dass fast keine

Geschichte geschrieben werden konnte, sie wäre denn allgemeine Weltgeschichte geworden. Da kamen denn die Discorse Guicciardini's, diese Betrachtungen jeder Begebenheit von allen Seiten zur rechten Stunde. 'Ubi quid in deliberationem cadit', sagt Bodin, 'quod inexplicabile videatur, illic admirabilem in disserendo subtilitatem ostentat'. Man fühlte sogleich, dass diess die Hauptsache in dem Werk sey. 'La partie', sagt Montaigne, 'de quoi il se semble vouloir prévaloir le plus, sont ses digressions et ses discours'.)

32　尤要参见P. H. Reill, *The German Enlightenment and the Rise of Historicism* (Berkeley, 1975); H. W. Blanke, "Aufklärungshistorie, Historismus, und historische Kritik. Eine Skizze", in *Von der Aufklärung zum Historismus*, ed. H. W. Blanke & J. Rüsen (Paderborn, 1984), 167-186, 书中第188—189页是W. Weber 的评论，第189—190页则是Blanke的回应。

33　"Schlözer über die Geschichtsverfassung (Schreiben über Mably an seinen deutschen Herausgeber)", in J. G. Heinzmann, *Litterarische Chronik* (Bern, 1785), I, 268-289, 此文的英语译本附有大有助益的注解，见H. D. Schmidt, "Schlözer on Historiography", *History and Theory*, 18 (1979), 37-51。还要参见Reill; N. Hammerstein, "Der Anteil des 18. Jahrhunderts an der Ausbildung der historischen Schulen des 19. Jahrhunderts", *Historische Forschung im 18. Jahrhundert*, ed. K. Hammer & J. Voss (Bonn, 1976), 432-450; G. Wirth, *Die Entwicklung der Alten Geschichte an der Philipps-Universität Marburg* (Marburg, 1977), 114-116, 141, 146-155; H. E. Bödeker & G. Iggers & J. Knudsen, *Aufklärung und Geschichte* (Göttingen, 1986)。

34　L. Wachler, *Geschichte der historischen Forschung und Kunst seit der Wiederherstellung der litterärischen Cultur in Europa*, I, pt. 1 (Göttingen, 1812), 174-175: "Da er oft als Augenzeuge und thätiger Theilnehmer, stets mit genauer Kenntniss der Personen und Verhältnisse, würdig ernst und freymüthig erzählt, so kann er auf einen sehr hohen Grad von Glaubwürdigkeit Anspruch machen... Das Bild des Zeitalters tritt in reinen Umrissen, scharf und ausdrucksvoll gezeichnet, vor unser Gemüth, wenn wir dieses Geschichtsbuch aus der Hand legen." H. W. Blanke, *Historiographiegeschichte als Historik*, Fundamenta Historica 3（Stuttgart-Bad Canstatt, 1991）, 193-204是对瓦赫勒赞赏性的讨论, 其中强调了他为将过去的历史学家们安置到他们各自的历史语境中所做出的努力。

35　Ranke, *Zur Kritik neuerer Geschichtsschreiber*, 76, n. 1.

36　Bernays, 334-336; 有关兰克对缪勒的挪用, 尤要参见L. Krieger, *Ranke: The Meaning of History*（Chicago & London, 1977）, 81, 366-367, n. 33。

37　参见总论性的E. Cochrane, "The Settecento Medievalists", *Journal of the History of Ideas*, 19（1958）, 35-61; S. Bertelli, *Erudizione e storia in Ludovico Antonio Muratori*（Naples, 1960）。

38　参见A. Fabroni, *Laurentii Medicis Magnifici vita*（Pisa, 1784）, "Lectori", I, vii-viii: "我们在对事件的叙述之后, 加上了没有被歪曲的事件记录, 我们以此为荣。这些记录将成为本书第二卷的内容。我们提到的大多数卷册或曰文档（*Filze*）都保存在佛罗伦萨的档案馆中, 习惯上被叫作美第奇档案或者老秘书处（Segreteria Vecchia）, 你会觉得自己仿佛亲眼目睹了这些档案。"（ea gloria contenti, quod in narrandis rebus incorrupta rerum gestarum monumenta secuti fuerimus. Ex his secundum operis volumen conflabitur; quodque eorum pleraque asserventur in Florentino tabulario, quod Mediceum vel *Segreteria Vecchia* appellari solet, quae nominavimus volumina, seu *Filze*, ad illud spectare existimabis.）还可参见A. Fabroni, *Leonis X Pontificis Maximi vita*（Pisa, 1797）。

39　法布罗尼在他的*Laurentii vita*, II, 399, n. 227之后附加了总结性的警示: "致最和善的读者, 您不应相信, 我们将悉心收集起来的所有与洛伦佐相关的记录都收入了本卷。因为我们还忍痛放弃了将无数的文献编进来, 以免使本卷过于庞大。我们希望的是, 这些已经编入的记录至少没有使公正的评判人感到不满。"（Cave putes, lector humanissime, nos omnia monumenta, quae ad Laurentium pertinent, quaeque nos studiose collegimus, in hoc volumen retulisse. Innumera enim pene sunt, quae, dolenter sane, edere praetermisimus, ne nimium excresceret magnitudo voluminis. Utinam quae praestitimus, aequis iudicibus minime displiceant.）兰克在 *Zur Kritik*, 173-174 中强调，即便是有关佛罗伦萨外交事务的文献数目也远远不够（关于内政的文献情况稍微好些）。兰克如此评论法布罗尼："法布罗尼承认，将近乎数不胜数的史料全部纳入，对他来讲是不可能的。他在撰写洛伦佐的传记时就有此限制，在写利奥十世的时候更是如此。从一位传记作家的角度来看，这一点是可以接受的……然而，如果人们想要准确地了解这些事务，那肯定是极度不满意的。"（Fabroni bekennt, es sey ihm nicht möglich gewesen, alle seine Urkunden aufzunehmen, als deren eine fast unzählbare Menge sey; und wenn er sich in seinem Lorenzo beschränkt hat, so hat er's im Leben Leo's X. noch mehr gethan. In Hinsicht auf den Zweck eines Biographen muss man diess billigen ... Doch wem an der genauern Kenntniss dieser Dinge gelegen ist, der wird hiemit nicht befriedigt.）这似乎有些无礼，但又确实反映出兰克当时在文献引证的实践问题上缺乏经验。

40　尤要参见罗斯科书中的前言，W. Roscoe, *The Life and Pontificate of Leo the Tenth*（Liverpool, 1805）, I, [i]-xxxvii, 页 viii：罗斯科早在兰克之前就指出，乔维奥"抓住一切机会为他书中的题材获取最精准和最可靠的信息"；页 xi-xiii：罗斯科夸赞了法布罗尼对"大量原始信息"的采用；页 xv：罗斯科论及文献问题时宣称，"只要条件允许"，他只引用原始史料；页 xvff.：罗斯科谈到了他自己对佛罗伦萨档案馆以及梵蒂冈等地"原始文献"的使用。罗斯科热忱地赞誉了那些在他之前对这个国度做出了探索的意大利学者们。他向 A. M. Bandini 致以谢意，因为后者为罗斯科提供了"数份稀有且珍贵的文献，有印刷本也有手抄本"（页 xviii-xix）——Bandini 还为洛伦佐图书馆（Laurenziana）中的手抄本收藏编写了一部杰出的目录；罗斯科感谢的还有J. Morelli在威尼斯给予他的帮助（页xx-xxi），以及一位英国的友人——他为罗斯科从教宗利奥十世日志的一位撰写人Paris de Grassis保存在巴黎的手稿收藏（Parisian MSS）中，弄到了"不少有趣的摘录"（页xxv-xxvi）。在罗斯科四卷本的书后附有218篇史料摘录，它们在之后一代更具批判精神的历史学家手中获得了频繁的使用。还可参见Roscoe, *Life of Lorenzo de' Medici, Called the Magnificent*（Liverpool, 1795）。

41　在这些方面所作的更广泛的论述，参见U. Muhlack, "Von der philologischen zur historischen Methode", *Theorie der Geschichte*, Beiträge zur Historik, V: *Historische Methode*, ed. C. Meier & J. Rüsen（Munich, 1988）, 154-180。

42　F. A. Wolf, *Prolegomena ad Homerum*, I（Halle, 1795）, chap. XLIX: "Habemus nunc Homerum in manibus, non qui viguit in ore Graecorum suorum, sed inde a Solonis temporibus usque ad haec Alexandrina mutatum varie, interpolatum, castigatum et emendatum"; *Prolegomena ad Homer（1795）*, tr. A. Grafton & G. W. Most & J. E. G. Zetzel（Princeton, 1985; rev. ed., 1988）, 209（略有改动）。

43　参见Walther。

44　参见A. Grafton, *Defenders of the Text*（Cambridge, Mass., & London, 1991）, chap. 9。

45　L. von Ranke, *Das Briefwerk*, ed. W. P. Fuchs（Hamburg, 1949）, 69-70: "Ew. Exzellenz eigene Römische Geschichte ist eins der ersten deutschen historischen Werke, die ich eigentlich studiert habe. Schon auf der Universität habe ich dieselbe exzerpiert und mir auf alle Weise zu eigen zu machen gesucht... dass gegenwärtige Bücher des Unterrichts, den ich ohne Ihr Wissen von Ihnen genossen, nicht völlig unwürdig erscheinen mögen." 兰克在莱比锡大学读书的时候，的确阅读并摘抄过尼布尔的罗马史著作，他当时刚开始撰写史学文章，并思量方法论的问题。参见"Das Luther-Fragment von 1817", ed. E.

Schweitzer, in Ranke, *Deutsche Geschichte im Zeitalter der Reformation*, ed. P. Joachimsen et al. (Munich, 1925-26), VI, 370-371, 375, 383-384。

46 Ranke, *Das Briefwerk*, 70: "der Urheber einer neuen Kritik."

47 参见E. Vischer, "Niebuhr und Ranke", *Schweizerische Zeitschrift für Geschichte*, 39 (1989), 243-265; 最终, 阿尔菲耶里的文件被证明对兰克的研究目的没有太大的价值, 但正如Vischer通过运用新发现的文献所展示的, 这其中的关系令人着迷。

48 有关兰克的仰慕者, 参见C. Varrentrapp, "Briefe an Ranke...", *Historische Zeitschrift*, 105 (1910), 108; 有关揭短者, 则见W. Weber, *Priester der Klio* (Bern & New York, 1984), 213。

49 有关兰克后来对赫尔曼以及自己在莱比锡大学其他业师的追忆, 参见Ranke, *Neue Briefe*, ed. B. Hoeft & H. Herzfeld (Hamburg, 1949), 476-477; 他是这么说的, "不朽的赫尔曼在课上讲授了古典作家, 例如品达, 其阐释不乏睿智"(die geistvollen Interpretationen der Klassiker, z. B. des Pindar, welche der unsterbliche Hermann vortrug)(页476)。还可参见Baur, 92-101。

50 Ranke-Nachlass, Staatsbibliothek zu Berlin, Preussischer Kulturbesitz (Haus II), 38 II C: "Kollegnachschriften aus Leipzig", 1: "Observationes Godofredi Hermanni ad Aeschyli Persas a v. 758 usque ad finem, a die XXVI mensis Maii ad diem XIV mensis Iulii MDCCCXIV", fol. 2 verso: "Hic frustra ii sunt, qui historicam fidem et certitudinem in Aeschylo quaerunt, cum, ut putant, antiquior sit ipso Herodoto: sed ut poetae ei licuit ut in omni re ita hic res ad consilium suum adtemperare."

51 Ibid., fol. 3 verso – 4 recto.

52 Ibid., notebook 2, "Godofredi Hermanni Prof. Lips. Praelectiones in Pindarum", p. 3: "Quae nobis restant graecae poeseos monumenta, rudera sunt ex magno naufragio servata."

53 Ibid.: "Historia graecae poeseos quam non habemus", 后来换成了

"De difficultatibus quae se historiam graecae poeseos scripturo obiiciunt"。

54　Ibid., p. 13: "Pindari scripta in antiquitate et Aristarchus et alii scholae Alexandrinae grammatici tractarunt, ita ut tum ea explicarent, tum ad grammatices et ethices, quam sibi finxerant, praecepta corrigerent. Quod quomodo fecerint, non cognitum habemus, cum pleraque ex eorum commentariis interierint. Hinc quam nunc in manu habemus horum carminum recensionem, ea non putanda est ita esse a Pindaro instituta, sed Grammaticorum correctionibus interpolata. Genuina ergo eruenda sunt, eiicienda haec Grammaticorum figmenta."

55　Ibid., 13, 16.

56　Ibid., pp. 15ff. 赫尔曼在批评博伊克对品达的诗歌格律所发表的意见之前，先称赞了博伊克研究手抄本流传的门径（ibid., 16）："没有人能否认，博伊克是首位开启了正确路径的编辑者。因为他认清了，这些手抄本分属不同的支系，其中一系被篡改得很多，另一系则少些；而校勘时是无法将它们以同等价值来看待的；博伊克还掌握了很多新发现的手抄本，在对它们进行比对时，印证了上述的观点。然而，博伊克在诗歌格律方面的见解却与此前的编辑者们大相迥异。"（non potest negari, Bockhium primum ex editoribus veram viam esse ingressum. Recte enim intellexit diversas esse codicum familias, quarum alia magis, alia minus interpolata sit, neque his aequum pretium concedendum esse a Critico, id quod novos, quorum erat ei copia, codices conferens confirmavit. Multo magis tamen a prioribus metri ratione differt.）一些人文主义学者已在15和16世纪对古典文献和法学文献手抄本的谱系做出了研究，18世纪的德国学者也已经认识到了，需要对《新约》的各种手抄本作系统性的查验。沃尔夫在借鉴了神学家们之后，在他的《荷马研究绪论》（*Prolegomena ad Homerum*）里强调，对手抄本的系统查验必须先于任何文本编辑工作。这一门径是文本校勘的基础，但它在19世纪早期仍处在逐步成形阶段。因此，博伊克的成果在当时是颇具新意的。有关系统性查验的发展史，参见S. Timpanaro, *La genesi del metodo del Lachmann*, new ed., repr. with corrections（Padua, 1985）。在 *Pindari opera quae supersunt*（Leipzig, 1811-1825）, I, vii-xxvii中，博伊克对他使用过的37部品达诗作手抄本作了讨论，也以哀叹的口吻评论了拜占庭的学人们为修订文本所作的努力。

57　在兰克的第二本笔记中，赫尔曼的导言也以"绪论"（Prolegomena）为题（页3）。博伊克则只简要触及了品达文本的早期流传史（*Pindari opera*, I, ix）。

58　参见Walther, 319-320中对尼布尔的有趣分析；这段分析吸收了W. Lepenies, "Fast ein Poet. Johann Joachim Winckelmanns Begründung der Kunstgeschichte", in *Autoren und Wissenschaftler im 18. Jahrhundert*（Munich & Vienna, 1988）, 91-120的研究。兰克对自己的方法所做的苦心思考，更适于被当作一种在德国青年中催生爱国精神的教育手段；也让他借机表明了对语文学家把持着高级中学这一情形是怎样的厌恶和不耐烦：参见"Luther-Fragment", ed. Schweitzer, 374。

第四章

脚注与哲学：一段启蒙时代的插曲 【94】

显而易见，雄辩的史学与博学的史学之间的婚礼，并不是由兰克主持的。那么，是时候做出一种新的假设了：叙述与反思在历史研究中的结合与确立，必然是在19世纪——或者说在兰克——之前完成的。确实，人们的第一感觉是这个论点看上去自相矛盾。18世纪最具影响力的史学名家之一伏尔泰就曾经反复言明他对学术研究中的细节持嫌恶的态度。他在准备《路易十四的时代》(*Age of Louis XIV*) 中涉及国王私人生活的段落之时，曾经这样对修道院院长迪博[1]言道："我有当若侯爵[2]的四十卷回忆录，但我从中只摘取了40页。"伏尔泰是从宏观上书写历史，"将时代的重大事件绘于壁上"，他的努力是：

追踪人类的心智在哲学、演讲、诗歌和校勘等方面的前行轨迹;展示绘画、雕塑和音乐领域的进步;以及首饰、织毯、玻璃吹制、锦缎纺织、钟表制造等行业的发展。在此过程中,我只想描写在这些领域中出类拔萃的天才人物。上帝保佑我别为伽桑狄[3]献上三百页的篇幅!

【95】

作为一名哲学家,伏尔泰笔下有关文化史及其政治背景的文章让人耳目一新;学术中的技术层面对他所看重的研究而言,自然就不啻为一种干扰:"悲乎那些细节之处!后代会把它们全部遗忘;它们是一种害虫,暗暗地侵蚀鸿篇巨著。"[4]作为一名敏锐的历史批评家,伏尔泰对史料缺乏尊重是众所周知的;他对这门"由事实和年代组成的空洞而贫瘠的科学"的轻视更是臭名昭著。[5]

伏尔泰不但反映了、也设定了思想时尚。例如,当萨米埃尔·奥古斯特·蒂索(S. A. Tissot)于1768年出版他的力作《论学者的健康》(*The Health of Scholars*)时,感到有必要在书的前言中为自己辩护一番,因为他"保留了引文,尽管它们在法语的著作中经受着日趋严格的放逐";蒂索的解释是,只有那些绝对完满、不再需要后人继续发展其著作的作者才可以弃绝引文。就蒂索自己的著作而言，因为他期望读者们能继续追问相同的问题，感觉还是有必要指明自己用过的史料。他认为，列出所引用的作者们毕竟"不是坏事"，"他应该将荣耀还给他们，在页边处缀上几笔根本无伤大雅"。[6]蒂索自辩的口吻所彰显出来的，并不亚于其前言中的内容。在环境与制度之间的关系、物质文化与艺术文化的演进、以及人类社会发展中的阶段次序等18世纪诸多魅力四射的新理论的映衬下，枯燥卑微的脚注似乎有些局促不安。

【96】

然而，上一代学者其实已经厘清了，庇荫于18世纪的史学不止一种。社会史和文化史与政治、军事视角的叙事史竞相争艳。在兰克出生前或者进行思考之前，虚构作品和史著是交织在一起的，而且这两者相遇的形式不一定就是冲突。新的阅读品味关注家庭生活与人际关系的细节，启发了英国小说的读者和作家，正如马克·菲利普斯（Mark Phillips）已经指明的，这种品味不仅表现在各种新式的分析性史著中，也体现在做了文献引证的新式出版物中。[7]博学的文献收藏家和破除对传统史书之迷信的批评家们，与对社会和文化的发展进行哲学性思考的有学之士共存，有时相互争辩，有时却也相当和谐；其中也不乏像

【97】

威廉·罗伯逊（William Robertson）这样的人物，同时具备双重身份。在18世纪广为流传的埃及、中国、以及印度历史中长得令人不安的年表等资料，显然引发了对《圣经》中相对较短的年表的质疑。这些资料吸引了博学的古物研究者和不拘常礼的哲人们（*philosophes*）的注意力。一些古物研究者用尖锐的哲学利凿塑造了——或者说推翻了——对古代历史的复杂多样而又相互矛盾的各种描述；我们将会看到，另一些哲人则热衷于炫耀自己对治学手段的精通。[8]关于文献引证与史学写作中出现的新方法有哪些征兆，史学界有过生动的交流与讨论。那么，对这一鲜活场景进行审视，看起来就再合理不过了。学者们已然简化了进入史料的路径，以便于志在求学之士通行。例如，莫米利亚诺在一篇开拓性的论文中认为，本书开篇论及的爱德华·吉本融合了既有的多种传统，从而创造了一部现代的、批判性的古代世界史。吉本的《罗马帝国衰亡史》结合了哲人式的讽刺和广阔视野，与古物研究者们细致入微的学问——后者研究古代和中世纪的世界，用拉丁语写作，性格乖戾又迂腐，是哲人们热衷于奚落的对象。吉本写作时用的是传统史学中最为古典的语言，而他所致力的则是史料中尘封的细节以及皇帝们骇人听闻的生平。书中

【98】

的页脚挤满了吉本所参考的广博的文献，在现代读者看来，它们在精确性上非常诱人，而在信息量方面却又少得令人沮丧。吉本经常援引近代早期学术界的翘楚们：如博学的马费伊（Maffei）和穆拉托里，可信赖的莫斯海姆和德蒂耶蒙（Tillemont），以及过分学究气的利普修斯（Lipsius）等。这些用小号字刊印的简短段落可能揭示了两种史学的大融合。[9]

而且，也只有吉本能实现这一点。他年轻时在牛津度过了不愉快的大学时光，还于16岁时在当地皈依了天主教。吉本的父亲将他送到了洛桑（Lausanne），与一位加尔文教派的牧师同住。他不但从不寻常的信仰断裂中恢复了过来，而且精进了拉丁语水平，又开始学习古希腊语，还彻底掌握了法语文献和法文——他的法语书面和口头表达都既流利又文雅。因此，吉本直接掌握了法国人认定品味和高雅的标准，这一标准统治着启蒙运动时期的文坛。之后——或者说至少吉本坚持认为——作为一名即便说不上英勇，但也算热爱交际的志愿军官，这段生活为他积累了一名古典式历史学家所需的军事经验。然而，吉本最钟爱的还是博学研究。他十几岁时就痴迷于研读古代世界的年表，"亚述和埃及的朝代史就是我的陀螺和板球游戏；《圣经七十子译本》(Septuagint) 与希伯来纪年如何协调一致的难题也令我夜不能寐。"¹⁰ 吉本在从欧洲大陆返回英格兰的途中就动笔写了一篇论文,为了说明"在研习古代文献的过程中,头脑中的所有能力都会得到锻炼和展示"——这个观点可谓惊世骇俗,尤其对于法国来说,在那里,"古希腊和古罗马的学问和语言被一个属于哲学的年代忽视了"。¹¹吉本在开始写作《罗马帝国衰亡史》之前数年,就已经饱览了在他之前三百年中最具技术性的学术著作。他在日记中写下了大量评论,既有尖酸刻薄的,也有充满敬意的,记载了他对诸如古代年表和地理这类棘手且冷僻的课题做现代型讨论的过程。¹² 吉本对罗马的衰亡所做出的解释大体上还是传统式的。但是,他将此前的学术传统中的海量知识与18世纪文人的高雅文风结合到一起的能力,依然博得了人们的赞誉。而且,正是这一能力,使吉本得以开创在他的时代似乎完全不可能的哲思式史学与博学式史学的综合。我们将会看到,这个工整而诱人的论点向吉本的历史地位投射出了一道具有穿透力的光芒。但是,脚注绝非始自吉本,也并不肇启于他那一代人。

【99】

我们来看看吉本最知名的论战文章中的一篇《为〈罗马帝国衰亡史〉第15和16章中的一些段落辩护》(*A Vindication of Some Passages in the Fifteenth and Sixteenth Chapters of the History of the Decline and Fall of the Roman Empire*，1779）。有一位牛津贝利奥尔学院（Balliol College）的戴维斯（Davis）先生——除了《罗马帝国衰亡史》一书的读者之外，现在已经无人能识此君了。他轻率的抨击不但指向了吉本的正文，还有书中的脚注——就此而言，这无异于攻击吉本的名誉：

> 吉本先生惯用的引文方式是值得注意的，它对每一位去阅读注释的人肯定都是当头一棒。吉本只是时而提及作者姓名或许还有书名，而总是让读者去苦苦找寻甚至猜测具体的段落。然而，如此手段并非无的放矢。他竭力剥夺我们将他与他所征引的权威著作进行比较的工具，毫无疑问，他自以为可以**歪曲**（*misrepresentation*）事实而安然无恙。[13]

【100】

戴维斯指责吉本破坏了作脚注的所有基本规矩：堆砌引文，却不考虑所引权威作者之观点彼此不合；断章取义，旨在压制不利于自己的史实或观点；依赖二手材料，却不明确引用；还有就是剽窃。在戴维斯看来，吉本的引用方法似乎一开始就有意设计成"一种狡猾的诡计……以此来逃避查验"。[14]

吉本毫不费力地回应了这种被他恰当地描述为"既粗暴又偏执"的抨击。戴维斯对琐碎细节的看重被吉本转化成了一种下层社会的象征,吉本邀请他的对手"在任何一个我**不**在家的下午"登门造访。吉本保证,"我的仆人将带他参观我的私人藏书,他会发现那里的图书相当齐全,那些用得上的作家,无论古今、也无论是不是基督徒,凡为我的史著**直接**提供过资料的都收录于此。"而吉本的回应也包括自己精细的论据。他查验并历数了在书中第15和16章里加入的383处注释之后指出,这些注释包含了百余处精准的引文。他强调,每当从早先的学人那里借用证据的时候,他都"明确地履行了答谢的义务"。吉本还指出,戴维斯的批评中有很大一部分其实要归咎于戴维斯自己的讹误。这位无知的批评家没能确认出吉本的参考资料是因为,例如,他所查看的是页码有别的不同版本,或者根本不了解这些资料出处的全文。吉本甚至坦承,不存在一种完美无缺的学术性注释。他承认,所有383处脚注并没有完整清楚地呈现出他使用和组合史料的根据。吉本还指出——其率直的态度值得尊敬——如果要使他引用的文

【101】

献足以写出一篇连贯的叙述，或者得出对一个政治机制抑或一种社会发展的合理分析，那么就必须对很多文献加以"润色"。只有专业的读者——而不是戴维斯这样的——才能够从引文和论据出发，真正返回到产生它们的思考和研究中去。[15]

这里的问题并不是在于将一位愚人击得粉碎，也无关吉本文章的漂亮，而是在于一点，即争论的双方有着共通之处。他们二人都认为——而且无需论辩——一部严肃的史学著作必须有注释。两者都鲜明地指出，注释必须引导读者回到原始的史料中去，还必须准确无误地表现史料。而且双方都含蓄地接受，注释为检验一位历史学家在考证方面的专业能力提供了测试手段。这些共识更多地显示了吉本的立场和方法。显然，脚注在被启蒙时期英国杰出的历史学家们据为己有之前，就已经成为了历史学家规范的工作程序中的一个组成部分。这也有助于解释，为何一位来自哥廷根大学这所开明的新式学府的德国评论家在点评《罗马帝国衰亡史》第三卷的时候，称赞吉本为史学考证的熟练的践行者，而不是开创人。这位评论家认为，吉本从最优的史料中提炼了信息，既辅以完备的考证，又用合理的论证对史料做出了解释。至少从德国人的角度来看，

【102】

吉本更像是一位掌握既有技艺的大师，而不是一门新技艺的发明家。[16]

更进一步的确证则出自有关脚注这一微不足道的问题最著名的资料：即大卫·休谟于1776年4月8日写给出版商威廉·斯特拉恩（William Strahan）的一封信。斯特拉恩曾经发行了《罗马帝国衰亡史》的第一卷，当时正在刊印休谟的《英格兰史》（History of England）。哲学家休谟言称，他自己"非常喜欢吉本先生的罗马史一书"，并且"欣闻它大获成功"。他恳请出版商，"将我的新著寄送给吉本先生一本，因为我希望，这位我非常敬仰的先生能细读一下拙著中差强人意的注释体例"——这清晰地证明了休谟对吉本的学识和敏锐的尊敬。但是，休谟还是在技术方面发了一些牢骚，并希望吉本在准备第二卷的时候能对此有所考量，主要是为了更适合读者阅读：

> 他肯定应该将篇章号印在页顶的空白处，再加上些内容提要就更好了。根据此书现有的刊印方式，读者会因注释而苦恼：当碰上一个注释时，你要翻到书的末尾；而在那里经常找见的只是一则对某部权威著作的引用信息而已。所有这类对权威著作的引用应该

统一印在页边上或者页脚处。[17]

这段文字揭示了很多东西。它首先提醒了我们，吉本著作中的脚注最初是尾注，只是在休谟抱怨了一番之后，才在吉本的书页上占据了显著的位置，而我们现在以为它一直以来就是脚注。而这段文字还确认了，吉本所写的脚注中的技术性和引证性的一面，并没有在陈列方式或是版面体例上表现出一种彻底的革新。引文应该在一部史学著作中指明所下论断的史料出处——休谟并没有视这一观念为根本上的除旧布新。他倒是力主，这类注释应该占据一个适宜的位置，要么在页脚，要么在页边上。休谟本人毕竟在十来年前就知道了要用参考资料支持自己的论断；那时，霍勒斯·沃波尔（Horace Walpole）等人就批评他没能在《英格兰史》中这么做。[18] 休谟并没有要求吉本把长篇的注释——它们汇总成了含有讽刺意味的评注——也移为脚注，但吉本还是采纳了这一解决方案。或许休谟认为，必须到正文后面去寻找这些讽刺性的评论反而能实实在在地增强它们的冲击力。无论如何，由此看来吉本的方法也不是全然无根而生的，而是一项正在进行中的事业的一部分——虽然吉本将参考资料和评注混在一起的独到做法专属于他自己。

【104】　　吉本——就像休谟及其同道、哲人式的历史学家威廉·罗伯逊一样——在书写双线的批判性叙事史方面是英语学界的先驱。然而，这些善于创造的英格兰和苏格兰作家们的同道却是在欧洲大陆。[19] 让我们来观察一位远不如吉本那么善于哲思的作者——甚至在德国也还不如吉本知名，即奥斯纳布吕克（Osnabrück）当地的名士尤斯图斯·默泽（Justus Möser）。他与吉本一样，具有深厚的文化底蕴，法语说得像德语一样流利；与吉本不同的是，默泽在哥廷根大学接受了当时最新式的教育。他在那里研习的是法律，法理学的博学传统从16世纪末至18世纪末盛行于神圣罗马帝国，默泽从中学会了如何将对一桩社会事务或者法律事务的描述奠定在充实可靠的史料之上，并详加引用。[20] 公法和王室家系中复杂的技术性问题使研习神圣罗马帝国制度的学子们疲于应付，这样的问题要求他们掌握、比较、引用历史文献和法学文本。这些学子是未来的官吏，他们在年少时就学会了"古代作家们的证言"的价值要高于"晚近作家关于谱系的形形色色的聪明论据，后者只依靠推测，不过是利用了一些特定姓名的一致之处而已，就好像这种一致之处能为他们的证明提供牢固的根基

一样"。未来的官吏们所获得的训练是将他们的历史性论据建基于一系列长长的"证据"(probationes)之上，即对一手史料的直接引用和一丝不苟的整理。²¹

默泽将其一生奉献给了奥斯纳布吕克教会公国，他既是当地的官员，也是一位地方史专家。他逐渐地确立了如下的信念，即在神圣罗马帝国这处老旧的角落里，旧式的体制对其中的居民所起到的作用，是革新做不到的：历史将这些体制深植于这一群体的土地、人口以及传统之中。在默泽自己的描述中，他着手于展示社会与体制成型的过程，以此来帮助读者在外部（*in vitro*）观察历史的进程。他像吉本一样——却又是从一个完全不同的视角——将传统的人文主义式的博学与哲思式的史学，和圣—埃夫勒蒙（Saint-Evremond）以及孟德斯鸠的政治思想结合到了一起。²² 默泽研究过大量的资料，包括古代、中古和近代的史书，以及饱学的古物研究者们在16和17世纪搜集刊印的史料。他从史料当中复写了大批的摘录，还曾经希望将其中的一部分拿去出版。

【105】

默泽并非一位锋芒毕露的史学考证家。他在出处和可信性等问题上的表态都留有余地，因为他通常没有机会去评估那些可疑文献的材质和手迹，而不是文本中的内容。

【106】　默泽自己复写的文本经常因大意而有一些细节方面的瑕疵。而且，他也时常揶揄自己有在庞杂的笔记中将性质和出处毫不相干的资料粘在一起的习性。在默泽的笔记中，他不仅与一手的史料对话，也对17世纪枝蔓丛生的史学著作给出了自己的回应，与这些著作的每一次遭遇都使他沿着另一条学术小径飞奔而去。例如默泽在1765年6月给托马斯·阿布特（Thomas Abbt）的信中写道：

> 我昨天在笔记中引用了一个希伯来语的单词——而我并不能读懂这门语言。这是不是在卖弄学问呢？而我却不能弃之不用。其实，我在通读了博沙尔的《圣地地理》（*Geographia sacra*）之后，就想试试给这部书写上一百条注释，校正作者的希伯来语和阿拉米语（Aramaic）——至于我本人，我甚至不识这门语言中的字母。[23]

尽管默泽有这些自嘲，他已然开始着手撰写双线的历史了，甚至比吉本更有系统性。像一位优秀的律师一样，默泽在其史著中几乎为每一条对事实的陈述都提供了脚注而非尾注，脚注中援引了史料，并对有分歧的意见都做了描述和评估。在吉本以尾注为注释的《罗马帝国衰亡史》第一卷出版之前十年，默泽就已经刊印了他开辟性的、以引证丰富而广受关注的《奥斯纳布吕克地方史》（*Osnabrückische Geschichte*）的第一版。20世纪早期的史学史专家爱德华·菲埃特（Eduard Fueter）更愿意去关注那些特立独行、卓尔不群的成果，但也并不抛弃这些成果所挑战的传统范畴。他认为默泽的成就在方法上和表现上具有令人惊讶的现代性乃至颠覆性（虽然内容上高度保守）。他承认，默泽并没有试图去隐瞒而是竭力展示自己所使用的史料。[24] 简而言之，18世纪的历史学家们尽管生活和工作于不同的领域、不同的社会乃至不同的图书馆，但是他们都撰写脚注。悖谬的是，清楚地呈现历史文献这一需求，是在属于哲人的时代确立的，而哲人却对卖弄学问不屑一顾，视其为一种世俗的迷信。

【107】

　　如果说启蒙运动目睹了脚注剧增的话，那么19世纪的知识分子们并没有像人们所期待的那样，怀着纯粹的赞叹与喜爱去看待脚注。例如，黑格尔就鲜明地抵制哲学家的著作需用脚注来做佐证，展开辩证讨论的观点。他确实视脚注为瘟疫，就好像它是博学传染病的外在症候，唯恐避之不及。黑格尔赏识迪特里希·蒂德曼（Dietrich

Tiedemann）这位前辈学者，后者提供了对稀见书籍"颇具价值的摘录"。但黑格尔更沾沾自喜的是自己有机会指出，另一位学者威廉·戈特利布·滕纳曼（Wilhelm Gottlieb Tennemann）将丰富的脚注用于射进了一脚学术乌龙球："滕纳曼是如此诚实地将从亚里士多德那里摘录的内容置于自己的译文之下，结果原文与译文经常是相互矛盾的。"[25] 以这种修辞的手法和其他很多方式，黑格尔想使自己与康德这位最具有压迫性和挑战性的前辈拉开距离。康德是一位运用脚注为思想的模糊性赋予物质形式的大师。正如沃尔弗特·冯·拉顿（Wolfert von Rahden）指出的，康德有意识地将所有认为理性可能有一种历史的渊源或者可能经历进一步发展的内容，限定于其著作的上层建筑之下，那里是一片阴沉灰暗。[26]

【108】

即便是在更偏向于语文学的领域内，19世纪实证主义的思想景象也并不是始终装点着智识的花坛，里面挤满了多彩烂漫的脚注之花。一篇新近的、富有才智的文章指出了，在美国当下的古典学界，脚注常常用来证明作者是某个协会的成员，而不是阐明或是支持一个具体的观点。引文堆积如山，却无视它们的出处和适用性，只是为了使其上的正文看起来是构建在了夯实的桩基之上。该文的作者将这种实践与德国语文学长久以来在美国所享有的权威联系了起来,这无疑是非常正确的。他尤其强调了学界引用乌尔里希·冯·维拉莫威兹—默伦多夫(Ulrich von Wilamowitz-Möllendorff)的习惯。后者是古希腊文学和宗教领域的学者,他对文本的编辑和分析在其去世数十年之后依然保持着深远的影响力。[27]

史蒂芬·尼米斯(Stephen Nimis)正确地指出,很多参考资料在其应该支持的论证中并没有起到实质性的作用。但是,他对一个有趣的事实却只字未提,即维拉莫威兹几乎不怎么为某一主题在脚注中详尽引用二手文献;如果可以的话,他更愿意书写一气贯通、没有间断的正文。虽然维拉莫威兹经常在正文和注释中丰富地引用一手史料,他却料想,读者们应该对语文学的文献有了足够的掌握,可以自己补足他所预设的参考资料。这也并非全然出人意料。在贵族出身的维拉莫威兹的学生时代,为数不多的几位他真正钦佩的语文学导师之一,就是雅各布·贝尔奈斯。尽管贝尔奈斯本人是一位学术史的专家,还为自己简短而雄辩的著作编写过丰富且博学的附录,他却对这种炫耀博学的文字性附属物并没有多少好感。在他的一部著作中,详细的尾注占据了全书四分之三的篇幅,贝尔奈

【109】

斯将这些尾注描绘为一座毒药柜（*Giftschrank*），表明自己并没有任何意愿要遵从其志同道合的杰出同仁们提出的请求：即对注释做一种更细致的呈现。贝尔奈斯的挚友、古罗马史学家特奥多尔·蒙森（Theodor Mommsen），以及杰出的古典学家、音乐理论家奥托·雅恩（Otto Jahn），二人均未能说服贝尔奈斯在其著作中填充普通形式的注释。"雅恩期望的是更多的细节，所以我不能对此'无限制地'答应。如果他和蒙森一同认为，注释中所有的细节之处应该直接与正文编织在一起，而引文要按部就班地覆盖住书页的下半部分；那么我只能如此反驳他们：这不是我的方式。全部这些东西可能会由此呈现一种博闻广识的样子，实在吓人。我很难想象读者们的肺能强壮到一口气啃完20张这样的书页。"[28] 简而言之，即便是在19世纪实证主义的中心舞台上，脚注最多不过饰演了一个身份不明的角色。一些19世纪最有学识的学者隐匿了他们在文献方面的雄心，避免了在展示自己所汲取之学识这种费劲的事情上疲于奔命。20世纪的模仿者们的罪责不应该累及19世纪的英杰们——毕竟，这些英杰们自己犯下的过失就已经足够多了。

【110】

鉴于有证据表明兰克自己在写脚注的时候也情非得

已，上述的那些事实看来也并非全然令人匪夷所思或是倍感惊讶。如果我们暂时后退一步，从史学的传统转而去检验脚注在启蒙时代的欧洲文学领域中所广泛扮演的其他角色，那么上述的事实就更不会显得那么不可思议了。因为，在那个言谈斯文的时代，当哲学家们热衷于在常识水准上为绅士们——特别是淑女们——展示牛顿物理学中最为深奥的问题时，脚注作为一种写作形式惊人地大受欢迎。正如瓦尔特·雷姆（Walter Rehm）很久以前就已经指明的，从拉伯雷和塞万提斯开始，很多作者都倾向于用某种注疏或者参考文献去支持自己作品中的每一句话，抑或阐明他人著述中的每一个句子。这种倾向为讽刺性的愉悦提供了丰沛的源泉。[29]

在18世纪，文学作品中的脚注急速地增长，繁殖得像威廉·莫里斯墙纸（William Morris wallpaper）中的枝叶一样茂盛。[30]甚至在启蒙后的法国，一些可能不怎么上得了台面的畅销著作也用脚注来装点自己。巴黎版的格拉布街（Grub Street）阁楼的住客、贫穷的文坛恶棍们，利用了历史学科的配件，佯称他们笔下有关王室成员淫荡生活的色情小说确实是严肃的宫廷"秘史"，都是基于真实的信件、秘密的回忆录或是其他无懈可击的史料写出来

【111】

的。1775年的时候出现了一本名为《杜·巴里伯爵夫人轶事》(Anecdotes about Mme. la comtesse du Barry) 的书,编写者称,之所以将这部作品冠名为"轶事",是为了使他能够在书中写入"一众细节,它们会玷污一部史著的威严"。不然的话,他会被迫将这些"猛料""略去或者贬谪到注释当中"。路易—塞巴斯蒂安·梅西耶(Louis-Sébastien Mercier)运用了详尽、唠叨的脚注,目的是为了展示他那本一共刊印了约25版的畅销书《2440年》(The Year 2440),实际是作为对1771年的法国的"强有力的控诉"。[31]

在英格兰,传统与哲学、博学研究与语文学、真学问与伪学术,它们之间有着尖锐的冲突,展开这些冲突的地点则是18世纪一些最有才气的文学作品的书页底边。在英格兰专门研究文本的学者当中,包含了一些当时最时髦的知识分子——例如理查德·本特利(Richard Bentley),剑桥三一学院(Trinity College)院长。他是拉丁语诗歌专家,也是艾萨克·牛顿在科学领域的盟友和笔友。这些知识分子对待传统文献的态度是毫无虔敬的。本特利表示,应该是由"理性与恰当的例证"而不是古老刊本乃至手抄本中的措词去判定,人们该如何排印和解释一位古代作家的文本。据此,本特利着手改写了贺拉斯和马尼留斯

(Manilius)的拉丁语诗篇,以使它们迎合他自己对于逻辑和连贯性的准则。更为骇人的是,他还计划对《新约》的古希腊语版本故技重施。本特利声称,他可以还原《新约》在公元4世纪第一次尼西亚公会议(Council of Nicea)时期的状态。他对弥尔顿的《失乐园》这部近代英语经典著作所做的研究更加偏激。他坚持认为,失明的诗人在口述这部作品时,誊写人员篡改了文本,而一位后世的"编者"给文本平添了更多的舛误,还插入了自己编写的愚蠢诗句。弥尔顿无力去检验那些人的工作,人们根本就没有读到过他原本想要表达的——直至本特利校勘的弥尔顿诗作的刊本复原了佚失的、从未被写下的原始文本。[32]

本特利对文学经典大胆狂妄的处理为他招来了不少劲敌——特别是那些笑里藏刀的聪明家伙,他们于1714年聚在一起成立了"半吊子文人社"(Scriblerus Club),在此前后多年以用本特利自己的方法去攻击本特利为乐。乔纳森·斯威夫特(Jonathan Swift)站在"古人"的立场上与代表"今人"的本特利作对,他在1710出版的《书籍之争》(Battle of the Books)一书中就嘲弄了对手。斯威夫特为此动用了一整套各式武器,其中包括对近代科学的讽刺态度,这还激发他写出了《格列佛游记》(Gulliver's Travels)。斯威

【113】

夫特将本特利表现为"现代型愚蠢"的完美化身,无法与自己所支持的新观念保持审慎的距离。他在《书籍之争》中写道,当本特利试图抨击两位古代的圣贤时,他"自以为是,自视过高,实为前进的障碍。'今人派'都有此病。他们头脑轻浮,在玄想方面机巧百变,以为没有不能攀越的高峰。而一旦付诸实践,则不免发现,自己实际上身体笨重,不免还是会一屁股跌到地上"。[33] 而斯威夫特因本特利的特殊"人性"而嘲笑其为"王家图书馆的那位卫士"时,展示了他对本特利的语文学事业也了如指掌(本特利曾经拒绝让年轻的查尔斯·博伊尔[Charles Boyle]长期借阅王家图书馆的一部手抄本,因为他本人是保管者,而且想保管多久都行。博伊尔反过来在出版的著作中说,本特利拒绝了自己的请求是"因为其独一无二的人性"[pro singulari sua humanitate])。[34] 斯威夫特也在自己的作品中留了白,填以星号,并在页边处做了说明——就像"手抄本中的脱漏之处"(hiatus in MS),这显示出了他通晓语文学技艺中的很多细微之处。[35]

然而,对本特利最有力的抨击和挪揄来自亚历山大·蒲柏(Alexander Pope),其《荷马史诗》译本也被前者嘲笑过。蒲柏是一位坚定的新古典主义学者,他憎恶本特利及其友人们认为今人在很多问题上比古人更有见识的信条。身为英国诗人，蒲柏被区区一位学者竟胆敢重写英语诗歌正典中的栋梁之作这一举动激怒了。而作为莎士比亚作品的编纂者，蒲柏又因像刘易斯·西奥博尔德（Lewis Theobald）这样更现代、更专业的编纂者对自己确定和解释文本的能力提出质疑而愤慨，后者正是以本特利为楷模的。蒲柏惊骇于格拉布街的潦倒文人竟能成势，以及居然有那么多冒牌学者敢于评论和批评自己的作品。蒲柏本身就是一位学者，他不仅嘲笑古物研究者，也掌握了他们的一些技巧。尽管他奚落那些在图书馆中耗费数小时、灰头土脸地勘对不同版本的文本校勘家们，他也相当详细地指出，这些人的修订不可能改善流传下来的莎翁文本中已经无法补救的损毁。[36] 蒲柏针对真假学者的愤怒表现为多种形式，但首当其冲、也最令人印象深刻的，就是脚注。他的叙事诗《群愚史诗》（*Variorum Dunciad*）就是抨击他那个时代可怕的"愚人"，他在诗中详尽地评价了自己作品的卓越之处，以及对手们的愚不可及和无药可救。该诗通篇都用了脚注，就像美国恐怖电影中头戴面具的恶人手里拿的电锯：目的是要肢解他的对手们，把他们血淋淋的肢体撒得满画面都是。

【114】

蒲柏为自己尤为喜爱的讽刺方式选择了一个特定种类的脚注,这种脚注恰好在他的时代之前才刚刚时兴。在15至17世纪时,古典学的学人们在处理手中的古代文本时,致力于改正里面每一处错误、阐释每一种修辞手法、指明古典作品中出现的每一种名物或习俗,他们将古希腊语或者拉丁语散文及诗篇里的每一个重要片段都嵌入了由注释和讨论组成的过分雕琢的结构当中。争论激烈,注疏纵横,近代二手文献犹如浓密的苔藓般覆盖了古希腊和罗马文学的断壁残垣。对一位学人而言,这种情形很快就使他难以找出——更不用说独力承担——核心文本的主要评注了。到了15世纪晚期,维吉尔诗作的正文已经被其他文字包围了起来,它们占了比正文更宽的页面,用难以识读的小字号刊印。这些评注文字辑古、论今,辨析字意,提示隐喻,就维吉尔诗作的含义与功用展开争辩。不久,普罗佩提乌斯(Propertius)、马提雅尔(Martial)、奥维德以及李维的著作就有了多重评注,收入了这些评注的大版面刊本也不难找到。这些16世纪和17世纪早期的版本"附有不同校勘家的评注"(cum notis variorum),在1650—1730年之间成为了从佩特洛尼乌斯(Petronius)到菲得洛斯(Phaedrus)等一些次要作家著作的许多刊本的范例。在所

【115】

有这些刊本中，评注者们众声喧哗，几乎要淹没原始文本那单薄的古典式独奏。[37]

蒲柏运用此种文学研究，其用意并不在于模仿，而在于摧毁对手。翻开《群愚史诗》，书里面的每一个专题及其假想的作者，都成为了附有大量文献的讨论对象：在书的前言中，马丁·半吊子[38]就对读者说道：

> 我们打算从他[蒲柏]的生平、出身和教育开始。但这些事情，即使他的同代人也有巨大的分歧。有人说他是在家里接受的教育；也有人说他是在圣奥默学院（St. Omer's）由耶稣会士们抚养成人的；还有人说他的成长之地不是圣奥默学院而是牛津大学；更有人说他根本就没上过大学。在那些认为他是在家中受教育的人中间，对于他的导师是谁，也同样意见不一……不止一位作家认为这位诗人的父亲乃是一位精灵（Daemon），正如阿普列尤斯（Apuleius）曾说柏拉图、扬布里科（Iamblicus）曾说毕达哥拉斯、很多人曾说荷马一样：于是，吉尔顿（Gildon）先生说："可以肯定的是，他的祖上不是出自亚当，而是出于魔鬼；而且，他要是有犄角和尾巴，就和他的魔鬼父亲一模

【116】

一样了。"[39]

蒲柏针对对手的著作所下的每一处论断均配有脚注；正如蒲柏自己的著作中几乎每一行都有注释一样，它们提供了信息，嘲笑了伦敦格拉布街上愚钝的三流作家，或者——好戏是——让蒲柏的对手本特利露面了，他通过建立在推测之上的修订，傻乎乎地试图重写蒲柏自己的这部诗作。有趣的是，这本书甚至成为了一种通常意义上的集注版。蒲柏邀请朋友们投稿，为书中的评注加入他们自己对学问的揶揄。这些诙谐的诗文就像对佩特洛尼乌斯或者维吉尔的任何一部真正的评注选编一样，在形式上是零碎跳跃的，在内容上有着自相矛盾和歧异之处。[40]

就连蒲柏诗作的标题用词 *Dunciad*，也成了一场论战首当其冲的借口。虚构的参与者们自然就作为评注者，被置于书页的底部。西奥博尔德评论道："或许应该好好讨论一番，这个词的拼法是否正确？把它拼写成 *Dunceiad* 不是显得更符合词源学的要求吗？"马丁·半吊子回应说："我对字母 E 也同样看重，前面那位批评家喜欢诗人的名字，而我也一样喜爱这首诗的标题。但是，这并不能促使我赞同那些偏要再加上一个字母 *e*、把标题改为 *Dunceiade* 的人，这样就成了一个法语式的外来词尾，这对于一个纯粹的英语单词和方言词来讲是完全行不通的。"校勘家们的卖弄学问马上沦为了笑柄：如果本特利援引了理性（ratio）作为他在修订贺拉斯的过程中的权威凭据，马丁·半吊子则强调要遵从他所谓的《群愚史诗》的手稿："（我）在这部权威著作（手稿）的指引之下得出了上述（有关字母 e 的）结论，无论何时，校勘即便不优于理性也与之相当。在这一实践方法上，我对我的好友、这位赫恩先生（Mr. Tho. Hearne）怎么赞颂都不为过。如果在他看来、以及对所有人来说，有任何一个词是明显错误的，他仍会带着应有的尊重，在正文中保留这个词，只是在页边上注明：手稿原文如此（sic M.S.）。"[41] 有悖于常理的是，富有学识的文本校勘家因此而发现自己在扮演一个无知傻瓜的角色，但这个角色是早先学术界的讽刺作家为人文主义学术和文献校勘的反对者们预留的——就像伊拉斯谟笔下的那位神父，他坚持用"mumpsimus"这个词去替代正确的"sumpsimus"，就是因为他自己这么说了二十多年。[42]

当蒲柏邀请斯威夫特为自己的《群愚史诗》添加一些注释的时候，他写信给斯威夫特说注释可以采取多种形式："可以是有关文风的、以及那些琐碎的批评家所用的评论方式的冷笑话；或是拿诗文中的作者们插科打诨；或是对人物、地点、年代的史学注释；或者只是解释；还可以是古人笔下类似章节的集成。"[43] 事实上，这本著作中，注释涉及的内容从蒲柏影射的神话和类似经典的作品，广泛到被他猛烈抨击的伦敦文坛景象。但是，对卖弄学问的憎恶作为核心主题是经常出现的。热衷于展示不必要的古物研究学问的人被视同为名字恰如其分的克罗阿西娜[44]："掌管公用下水道的古罗马女神。"[45] 书中一篇附录名为"Virgilius restauratus"（再现维吉尔），通篇都是用拉丁语写就的一系列滑稽的注释，这显然是蒲柏的友人约翰·阿巴斯诺特博士（Dr. John Arbuthnot）在数年前就已完成的。这些滑稽注释展示了，本特利如何武断地修改了维吉尔最为人熟知的诗句。埃涅阿斯[46] "被命运放逐"（*fato profugus*）被改成了"被埃厄罗斯[47]吹起的大风放逐了（*flatu profugus*），如下"。[48] 显然，不仅蒲柏和他的合作者们，也包括他们所设想的读者，都对学术性注解的过程和手段了如指掌，从而能品尝这些内容详细、技术老到的诙谐短文的滋味。而后在1729年，当《群愚史诗》的第一版问世的时候，脚注在整个欧洲成为了一种时尚。对它感兴趣的或许不单有伦敦咖啡馆中的才俊，还有维腾堡（Wittenberg）

高级中学的副校长。一个相当大的有鉴识力的读者群是能够破译其中的学术符号的。

德国的读者似乎认为脚注有独特的魅力。大学和学术界、神圣罗马帝国的宫廷和学校在整个17世纪直至18世纪的早期，为博学之士们（polyhistors）提供了庇护，这些人如同行动笨拙、又注定要灭绝的一种富有学识的恐龙。他们置活跃在法国和英格兰的笛卡儿和培根的现代思潮于不顾，却坚持认为，作为世界性的学人仍旧必须视所有的知识为自己的普遍领域。博学之士对普世性学问的理想在启蒙的时代既受到嘲弄，也有人追捧。在启蒙运动的早期，现代型的学者约翰·布尔克哈特·门克（Johann Burckhard Mencke）——他是莱比锡的一本先驱性的科学期刊《博学通讯》（Acta eruditorum）的编辑——就在他的演说集《论博学之士的吹嘘》（On the Charlatanry of the Learned）中，毫不留情地展示并讽刺了博学之士们不合时宜的愚昧以及在学术上的幼稚。[49] 在启蒙运动的末期，大众作家让·保罗·里希特（Jean Paul Richter）把自己1780年代以来的作品写成了将各种博学的知识编织在一起的消遣品。他将一生奉献给了一项艰苦的工作，即把他所能找到的最古怪的收藏中的最稀奇古怪的细节都摘录、重述、援引、影射出

【119】

来。他最喜爱的书籍，标题听起来都像是怪味的自我打趣：例如潘奇罗利（Pancirolli）的《论发明和失传的事物》（De rebus inventis et deperditis）、哈普尔（Happel）的《奇异的联系》（Relationes curiosae）、霍夫曼（Hofmann）的《显微镜下的嬉戏》（Mikroskopische Belustigungen），以及武尔皮乌斯（Vulpius）的《在物理、艺术、历史的前生与后世中的怪事》（Curiositäten der physisch-artistisch-historischen Vor-und Nachwelt）等。[50] 让·保罗自称以塞满了其私人图书馆的记录本和索引为荣，就算是用20万卷藏书他也不会交换。兰克大概会把他视为精神上的老大哥。[51] 他在一部接一部的著作中对上述的素材进行无尽的反复利用，既拿它打趣、也对它含沙射影，既享受学问、也对之进行讽刺。至此，脚注扮演了一个滑稽的角色——不过并非最后一次，同时进入了主流作家著作中的核心位置。

那么，也毋需惊讶于脚注不但使德国作家们写出了讽刺作品，还成为了这些人的讽刺对象——就像戈特利布·威廉·拉贝纳（Gottlieb Wilhelm Rabener）在1743年发表的《欣克马尔·冯·雷普柯夫没有正文的注释》（Hinkmars von Repkow Noten ohne Text）。[52] 这篇论文通篇都是由脚注组成的，作者在开篇伊始就坦白承认，自己写作就是为了名誉和财富。他认为，当时的人们已经无法通过自己的著述去赢得这些，而只能借助于评注他人的著作。所以他就决意丢开掮客，干脆给自己写脚注并以此闻名，而无需再等待和攀附某部著作了。最终，脚注显然成为了成名之路，甚至也成就了那些名不副实的人："人们应该诅咒说，老天可以让那些人成就任何事，唯独不是作学者；那些人自己不思考，而是阐释古人或者其他名人的思想；这些人把自己弄得既伟大又令人生畏，依靠的是什么呢？就是注释！"[53]拉贝纳的这本著作取悦了读者们，而现实比幻想更加精彩，就像利希滕贝格[54]所谈到的："人们以拉贝纳的《没有正文的注释》为乐，而拉瓦特尔[55]其实更加过分。他呈现给我们的注释需要用正文去评注。这是先知们的真言，人们只有在他们预示的事件发生之后才能理解他们的语言。"[56]

简而言之，脚注在18世纪的史学中快速地蔓延了开来，这部分是因为它已然在当时的小说中成为了时髦。在文学领域的食物链中，业已包括了卓尔不群、牙尖嘴利的注释者，以及温和软弱的作家；而评注也已经被视作一种成型了的写作类型，它易于被做艺术加工和用来引人发噱。然而，史学不仅仅是文学——瓦赫勒在近两个世纪

【121】

以前就这么强调过了，他当时称自己的著作为《史学研究与史学艺术的历史》(Geschichte der historischen Forschung und Kunst)。脚注在吉本和默泽的时代兴起，一定与史学传统的内在发展以及外界的钟爱都有关系；与此相伴随的是如下这一观点的兴起、或者说接受、复兴：历史学家们不但要叙述史事还要援引证据。兰克的足迹还会引导我们向更早的年代追溯：回到文艺复兴时期那些杰出的法学家和收藏家们美观的城中豪宅里去，或者径直回到古代的世界。我们将会看到，虽然脚注的最终形式具有鲜明的现代性，但是它也拥有一些出人意料的古代原型。

注释

1　Abbé Dubos也写作Du Bos（1670—1742），法国启蒙运动时期的史学家、美学家、神学家。——译者注

2　M. Dangeau（1638—1720），他从1684年开始坚持写日记直至去世，记述了大量凡尔赛宫廷的生活。——译者注

3　Gassendi（1592—1655），法国神学家、哲学家、自然科学家。——译者注

4　Voltaire to Dubos, 30 October 1738; tr. J. Barzun in *The Varieties of History*, ed. F. Stern（New York, 1973）, 38-40（信的原文则见Voltaire, *Complete Works*, ed. T. Besterman, 89 [Geneva & Toronto, 1969], 344-345）。参见G. G. Iggers, "The European Context of Eighteenth-Century German Enlightenment

Historiography", *Aufklärung und Geschichte*, ed. H. E. Bödeker et al. (Göttingen, 1986), 225-245, esp. 229。

5 Voltaire to Maffei, 1744, 转引自K. Pomian, *Collectionneurs, amateurs etcurieux. Paris, Venise: XVIe-XVIIIe siècle* (Paris, 1987), 198: "cette science vague et stérile des faits et des dates."

6 S. A. Tissot, Vorrede, in *Von der Gesundheit der Gelehrten*, tr. J. R. Füesslin (Zurich, 1768), sig. [ ) 8 ( ] recto-verso: "Die Citationen habe ich beybehalten, weil sie mir nützlich scheinen, obgleich sie täglich mehr aus den französischen Schriften verbannt werden. Schriftsteller die ihren Gegenstand erschöpfen, und ihren Nachfolgern nichts mehr zu sagen übrig lassen, können derselben entbehren; ihre Werke sind vollendete Gebäude, an die man niemals mehr Hand legen wird; zum Unglück ist das mein Fall nicht, so wenig als vieler andern ihrer, und dennzumahl, dünkt mir, soll man citiren, damit man denen welche die nämliche Arbeit einmal für die hand nehmen wollen, die Entdeckung der Quellen erleichtere, woraus sie schöpfen können. In Werken die der Erfolg meiner eigenen Bermerkungen sind, habe ich es nicht gethan, allein wenn man sich anderer ihrer bedient, so find ich nichts böses darinn, wenn man ihnen durch einige unten an der Seite hingesetzte Worte wo sie niemandem nichts schaden, dieserwegen die schuldige Ehre beweiset."

7 M. S. Phillips, "Reconsiderations on History and Antiquarianism: Arnaldo Momigliano and the Historiography of Eighteenth-Century England", *Journal of the History of Ideas*, 57 (1996), 297-316 (这是一篇缜密的论文, 只是审视古物研究这一传统的视角过于狭窄了)。

8 参见C. Grell, L'*histoire entre érudition et philosophie* (Paris, 1993)。

9 尤要参见A. Momigliano, "Gibbon's Contribution to Historical Method", *Contributo alla storia degli studi classici* (Rome, 1955), 195-211。

10 E. Gibbon, *Memoirs of My Life*, ed. G. A. Bonnard (New York, 1966), 43.

11　Ibid., 99.

12　*Gibbon's Journal to January 28th, 1761*, ed. D. M. Low（New York, n. d.），22-23, 42, 44, 81, 87, 95, 104, 105, 108-109, 123-125, 163, 166-169, 173, 181-182, 187, 197-198.

13　H. E. Davis, BA, *An Examination of the Fifteenth and Sixteenth Chapters of Mr. Gibbon's History of the Decline and Fall of the Roman Empire*（London, 1778），ii, 转引自Gibbon, *Miscellaneous Works*, ed. John, Lord Sheffield（London, 1814），IV, 523（着重号是吉本加的）。吉本说戴维斯"妄自抨击的不是信誉，而是历史学家的真诚"，见Gibbon, *Memoirs of My Life*, ed. G. Bonnard, 160。

14　Davis, *Examination*, 230 n.

15　*A Reply to Mr. Gibbon's Vindication*（London, 1779）是戴维斯的一篇无力的回应。

16　*Göttingische Gelehrte Anzeigen*, 18 October 1783, 1704.

17　*The Letters of David Hume*, ed. J. Y. T. Greig（Oxford, 1932），II, 313.

18　F. Palmeri, "The Satiric Footnotes of Swift and Gibbon", *The Eighteenth Century*, 31（1990），245-262 at 246. 并参见下文第七章。

19　18世纪的英国史学界越来越多地进行系统的文献引证，参见D. Hay, *Annalists and Historians*（London, 1977），175-181。

20　有关这种学术传统，参见一部经典之作，N. Hammerstein, *Jus und Historie*（Göttingen, 1972）。

21　*Dissertatio genealogica de familia Augusta Franconica quam sub praesidio Io. Davidis Koeleri P. P. publice disceptandam proponit Carolus Gustavus Furer de Haimendorf et VVolkersdorf ad d. xxv. Septembris a. MDCCXXII*（Altdorf, 1722），Praefatio, sig. [*4] recto: "Plus enim apud nos valent tot antiquorum scriptorum testimonia... quam variae et ingeniosae [ed. ingeniosa] recentiorum autorum deductiones genealogicae, quae nudis innituntur coniecturis, et solam convenientiam quorundam nominum pro solido fundamento demonstrationis adhibent." 这本书是由一系列

第四章　脚注与哲学：一段启蒙时代的插曲　　163

的谱系表外加66页文献性的"证据"组成的。

22　参见通论性的J. Knudsen, *Justus Möser and the German Enlightenment* (Cambridge, 1986)。

23　Möser to Abbt, 26 June 1765; Möser, *Briefwechsel*, ed. W. F. Sheldon et al. (Hanover, 1992), 365: "Allein, wie wird man das alles in einer ossnabrückischen Geschichte vertragen? Doch es sind 12 Bogen Einleitung, und ich kann mir nicht helfen. Gestern führte ich in einer Note ein hebräisch Wort an und kann doch diese Sprache nicht lesen. Ist das nicht pedantisch? Und doch konnte ich es nicht lassen; ja, ich war sogar in der Versuchung, nachdem ich des Bochart Geographiam sacram durchgelesen hatte, einhundert Anmerkungen darüber zu machen und ihm im Hebräischen und Arabischen zurechte zu weisen, ich, der die Buchstaben nicht kenne."17世纪的博学之士萨米埃尔·博沙尔 (Samuel Bochart)以其渊博的学识著述了《圣经》中的地理和年谱。

24　参见E. Fueter, *Geschichte der neueren Historiographie* (Munich & Berlin, 1911), 393-397 at 396-397; P. Schmidt, *Studien über Justus Möser als Historiker* (Göttingen, 1975)细致地分析了默泽的研究方法。

25　G. W. F. Hegel, *Vorlesungen über die Geschichte der Philosophie*, I: *Sämmtliche Werke, Jubiläumsausgabe*, XVII (Stuttgart-Bad Canstatt, 1965), 147-148: "Dabei ist Tennemann so aufrichtig, die Stelle aus dem Aristoteles unter den Text zu setzen, so dass Original und Uebersetzung sich oft widersprechen."

26　有关康德，参见W. von Rahden, "Sprachpsychonauten", *Sprachwissenschaften im 18. Jahrhundert* (Munich, 1993), 111-141 at 118-127。

27　S. Nimis, "Fussnoten: das Fundament der Wissenschaft", *Arethusa*, 17 (1984), 105-134.

28　Bernays to Paul Heyse, 9 March 1855，转引自H. I. Bach, *Jacob Bernays* (Tübingen, 1974), 128 ("Giftschrank"); Bernays to Friedrich Ritschl, 29 July 1855，转引自ibid., 130, n. 23: "Was Jahns Wunsch nach mehr Detail angeht, so kann ich nicht 'simpliciter' darauf antworten. Meint er, mit Mommsen, dass alles Detail der Noten gleich in den Text hätte verwebt werden und die Citate, nach der gewöhnlichen Manier, die untere Hälfte der Seiten bedecken sollen: so kann ich dagegen nur sagen, dass dieses nicht meine Weise ist, dass das Ganze dadurch ein viel zu abschreckend gelehrtes Ansehen bekommen hätte und dass ich mir ein kurzathmigeres Publicum gedacht habe als dasjenige sein dürfte, welches im Stande wäre, 20 Bogen solcher Art in einer Tour durchzuackern."

29 W. Rehm, "Jean Pauls vergnügtes Notenleben oder Notenmacher und Notenleser", *Späte Studien* (Bern & Munich, 1964), 7-96.

30 参见通论性的H. Stang, *Einleitung – Fussnote – Kommentar* (Bielefeld, 1992)。

31 参见R. C. Darnton, *The Forbidden Best-Sellers of Pre-Revolutionary France* (New York, 1995), 76-77, 115-136, 139, 337-389（该书中有《杜·巴里伯爵夫人轶事》的部分节译[有关前言部分，参见书中第337-338页]）; 有关梅西耶著作的英文译本的范例，参见ibid., 300-336。

32 有关当时背景的这一说法，我最要感谢的是J. Levine, *Doctor Woodward's Shield* (Berkeley, 1977); *Humanism and History* (Ithaca, N. Y. & London, 1987)。R. C. Jebb, *Bentley* (London, 1882) 中有一段对本特利的学术研究的出色导论；还要参见S. Timpanaro, *La genesi del metodo del Lachmann*, 3rd ed. (Padua, 1985); C. O. Brink, *English Classical Scholarship* (Cambridge, 1986); L. D. Reynolds & N. G. Wilson, *Scribes and Scholars*, 3rd ed. (Oxford, 1991)。

33 J. Swift, *A Tale of a Tub. To which is added The Battle of the Books and the Mechanical Operation of the Spirit*, ed. A. C. Guthkelch & D. Nichol Smith, 2nd ed. (Oxford, 1958), 225.

34 Ibid., 224, n. 2.

35 Ibid., 244, 247, 248, 250.

36 S. Jarvis, *Scholars and Gentlemen* (Oxford, 1995), 51-62.

37 参见A. Grafton, "Petronius and Neo-Latin Satire: The Reception of the *Cena Trimalchionis*", *Journal of the Warburg and Courtauld Institutes*, 53（1990）, 117-129中的个案研究。

38 Martin Scriblerus，这是斯威夫特等人为他们成立的"半吊子文人社"虚构的创立人。——译者注

39 Pope, *The Dunciad Variorum, with the Prolegomena of Scriblerus. Reproduced in Facsimile from the First Issue of the Original Edition of 1729*, ed. R. K. Root（Princeton, 1929）, 2.

40 蒲柏在1728年6月28日写给斯威夫特的信中说，诗作中"将有诗文（*Proeme*）、绪论（*Prolegomena*）、征引的著作（*Testimonia Scriptorum*）、作者索引（*Index Authorum*）、以及各种注释（Notes *Variorum*）。对于最后一项，我期望您能对文本过目，并用任何您最喜爱的方式写几条。"转引自Root所写的导言，参见ibid., 12。

41 *The Dunciad Variorum*, pt. II, 1。

42 *Opus Epistolarum Des. Erasmi Roterodami*, ed. P. S. Allen et al.（Oxford, 1906-1958）, II, 323；参较 Jarvis, chap. 1。

43 Pope to Swift, 28 June 1728，转引自Root所写的导言，12。

44 Cloacina，拉丁语中的阴沟一词为cloaca，克罗阿西娜是古罗马神话中掌管罗马城排水系统的女神。——译者注

45 *The Dunciad Variorum*, pt. II, 30.

46 Aeneas，维吉尔的名著《埃涅阿斯纪》（*Aeneid*）中的主人公。——译者注

47 Aeolus，古希腊神话中的风神。——译者注

48 Ibid., 99: "*Flatu*, ventorum Aeoli, ut sequitur."有关这些注释的年代和作者，参见A. Pope et al., *Memoirs of the Extraordinary Life, Works, and Discoveries of Martinus Scriblerus*, ed. C. Kerby-Miller（New Haven & London, 1950）, 267-269。

49 J. B. Mencke, *De charlataneria eruditorum declamationes duae*（Leipzig,

1715）= *On the Charlatanry of the Learned*, tr. F. E. Litz, ed. H. L. Mencken（New York, 1937）.

50　Rehm, 43.

51　Ibdi., 51. 还要参见W. Schmidt-Biggemann, *Maschine und Teufel*（Freiburg & Munich, 1975）, 104-111。

52　参见通论性的W. Martens, "Von Thomasius bis Lichtenberg: Zur Gelehrtensatire der Aufklärung", *Lessing Yearbook*, 10（1978）, 7-34。

53　G. W. Rabener, *Satiren*, III（Bern, 1776）, 6: "Leute, von denen man schwören sollte, dass sie Natur zu nichts weniger, als zu Gelehrten, geschaffen hätte; Leute, welche, ohne selbst zu denken, die Gedanken der Alten und anderer berühmten Männer erklären; solche Leute sind es, die sich gross und furchtbar machen; und wodurch? Durch Noten!" 拉贝纳还言明了："而我敢用100个例证断言，在这个世界上，人们把自己弄得与名家比肩的最简单的方法，莫过于用注释去充实和完善他人的著作。"（hingegen getraue ich mir, durch hundert Exempel zu behaupten, dass man durch kein Mittel in der Welt leichter zur gehörigen Autorgrösse gelangen kann, als durch die Beschäffigung, die Schriften anderer Männer durch Noten zu vermehren, und zu verbessern.）

54　Lichtenberg（1742—1799），德国科学家、讽刺作家。——译者注

55　Lavater（1741—1801），瑞士诗人、哲学家。——译者注

56　Rehm, 12, n. 7: "Man lacht über Rabeners Noten ohne Text, aber Lavater ist in der That noch viel weiter gegangen, der hat uns Noten gegeben, wozu der Text der Commentar seyn muss. Das ist die wahre Sprache der Seher, die man erst versteht, wenn sich die Begebenheiten ereignet haben, die sie verkündigen." J. F. Lamprecht, *Der Stundenrufer zu Ternate*（1739）是一部关于脚注等问题的讽刺作品，它在利希滕贝格的圈子中挑起了一场争论（参较利希滕贝格通信集编号2452的信札）。有关文学作品中的脚注后来的发展史，参见Stang。

第五章

返回未来（一）：
德图给细节提供文献证明

【122】

在我们的这番考察当中，关于史学编撰史有一个被普遍接受的信条基本上还未经质疑。大多数研究史学编撰的学者都同意兰克及其追随者的看法，认为以宏大叙事的传统方式书写历史的史学家并不做具体研究，更别说将其叙事奠基于经过系统甄选与分析的史料之上了。诚然，吉本、默泽、冯·缪勒以及18世纪其他一些作者对这一规律来说有些例外。但他们也在许多其他方面违反了历史书写的旧有规则。他们坚持认为应该把社会、政治与宗教状况的系统分析与重大事件的叙事结合在一起。他们把人口增长、经济繁荣看得和战役同样重要，若将之与演说讲话相比，则更为重要。他们甚至对私人生活中的细枝末节兴致盎然。我们会很容易就认为他们既发明了考证史学,也发明了文化史,然后我们就止步于此,不再深究了。

人们当然可以批评说,兰克及其追随者挪用了上述作者的考证方法并因此而享誉(19世纪一些知识人也是这样,把18世纪的许多发现与原理挪为己用并因此而享誉的)。或者也可以为兰克公司的创始人辩护,而把账算到之后几代经理的身上。和其一些门徒不同,那位年迈的大师承认,整个18世纪的旧史学一直都走考证的路数。他敬佩路易·德博福尔(Louis de Beaufort),这位荷兰学者完全推翻了关于罗马起源的传统故事,他也敬佩吉本,后者给出了关于罗马衰亡的第一个现代故事。[1]

然而,比之上述惯常的简单说法,实际上史学传统发展的诸多线索要错综复杂得多。德国历史学派(the Historical School)内部在对待史学传统时的态度就不一致。与追随者不同,兰克即使在初出茅庐、极为严厉挑剔的时候,也没有说过,所有前现代的历史学家都是不做考证的。正如我们已经看到的那样,他视吉本为同道中人。更重要的是,他也承认——甚至是坚称——一些文艺复兴时期的作家(圭恰迪尼肯定不在其列)是"有文献依据的"(urkundlich)历史学家(即根据目击者证言和文献证据工作的历史学家,因此,之后重考证的历史学家就能引以为可靠的来源)。兰克抨击圭恰迪尼,而赞扬16世纪上半叶的另一位意大利历史学家保罗·乔维奥——在赞扬乔维奥的时候,他又批评了让·博丹。乔维奥的拉丁文在文辞上过于精美,而且绝口不提他朋友干过的坏事。但他对地形、地势了解甚多。而且他就住在梵蒂冈,那时候此处正是政治网络的一个中心点;他有机会截取和解读数以百计的信息。乔维奥对于事件所做的描述,依据的是他由此接触到的许多口头或书面的一手报告。[2] 兰克在对米兰历史学家贝尔纳迪诺·科里奥(Bernardino Corio)的分析中投注了更大的热情。[3] 有一种说法,说17世纪的德国编者约翰内斯·乔治·格雷菲乌斯(Johannes Georgius Graevius)在编辑卷帙浩繁的意大利历史著作《汇编》(*Thesaurus*)时,因为科里奥的著作中满是错误而拒绝将之编入。兰克不相信这个故事。他说:"格雷菲乌斯不可能会否定这些著作。凭这些著作,他就是重要历史事件绝佳的史料来源;他逐字逐句地眷录了许多文献。"[4] 与对待圭恰迪尼的态度相反,兰克在这里紧跟路德维希·瓦赫勒对史学编撰旧有的标准看法,瓦赫勒此前已指出,科里奥在档案馆中做了大量工作,在其著作的后半部分,"他报告了最琐屑的情形,笔触

【124】

极为精细，费尽严肃研究者那种力求面面俱到的苦心。这里的许多描述是第一次根据史料做出的，其他人的许多叙事也得到了仔细的订正。"[5]

【125】　　实际上，意大利文艺复兴时期用拉丁文写作的人文主义[6]的历史学家所使用的手法随环境不同而改变，在某种程度上也随时间的推移而发展。例如，莱奥纳多·布鲁尼（Leonardo Bruni）那本大部头的《佛罗伦萨人史》(*Histories of the Florentine People*)，其中大部分叙事取自14世纪的意大利编年史家，布鲁尼用古典的笔调对之进行了重写。他除去了其中许多显眼的、别具当时当地的特色之处以及暴烈的细节，用古典拉丁文的美学标准约束了时或显得杂乱无章的暴动与暗杀故事。布鲁尼是佛罗伦萨共和国的文书长（chancellor），他完全可以自由进出市档案馆，但却没怎么见他从其中征引文献。[7]然而到了15世纪下半叶，正如加里·扬齐尼（Gary Ianziti）说明的那样，汇编官方信函的，与书写官方历史或为之搜集素材的，常常是同一群官员。例如乔万尼·西莫内塔（Giovanni Simonetta）的斯福尔扎家族（the Sforzas）史，等于是在他所保管的档案文件的基础上"创造性地重编与综合"。[8]来自档案馆系统之外的历史学家要靠"指导者"的协助。所谓"指导者"

是指为历史学家搜集相关文件的一位当地官员，这些文件或是以其原始面目出现，或是被编写成一种纯然陈述事实的叙事。⁹ 颇有影响的历史学家詹南托尼奥·坎帕诺（Giannantonio Campano）打破了拉丁语文风的束缚，用令人眩目、色彩缤纷的文字叙述了雇佣兵队长佛尔泰布拉乔·巴廖尼（Fortebraccio Baglioni）那些精彩的事迹及其骇人的死法，他既从佩鲁贾（Perugia）公共档案馆，也从巴廖尼家族档案馆中引用材料，证明其主人公是贵族后裔。他在文中翻译、引用了佛尔泰布拉乔一份原为意大利语的信件。他还常将原始资料或提供情报者在某处问题上不相一致的地方记录下来。¹⁰ 【126】

正如扬齐尼表明的那样，参考档案文献常常更主要的是历史学家为了要给雇主留个好印象而摆出的姿态，而并非是在不计利害得失地追寻真相。文献本身包含着宣传、意识形态的因素，以文献为基础的"纪事"常常随自己的心意处置人物与事件，就像其古代榜样恺撒的《往事纪》一样。¹¹ 然而，坎帕诺清楚地认识到，历史学家有责任完整、诚实地报告，这不应只是在华丽的前言中一再复述西塞罗的老生常谈，之后就忘得一干二净。¹² 例如，当坎帕诺着手为罗马印刷匠乌尔里希·哈恩（Ulrich Han）校改罗 【127】

马史家李维的文本时,他指出那些歪曲文本的错误是源于誊抄者处理不当,这些人"把他们不理解的地方当成作者越过了文字的法度,或是把他们看不明白的地方当成作者没有写清楚,又或是把作者有意颠倒的地方当作败笔。他们把自己从誊抄者变成了校改者,他们理解得越少,羼入自己的见解就越多"。[13] 简言之,坎帕诺了解无知与傲慢所能给史学传统带来的各种灾难。看来我们当然有理由认为,坎帕诺在说出下面这段话时是真诚的:他说,我写不出指挥官皮奇尼诺(Piccinino)的生平,因为"我所有的消息都得从这位领袖的追随者那里打听,他们既参与了战时也参与了平时的事情。你几乎不用怀疑,他们的力气会主要花在颂扬他的胜利与谅解他的失败上。这就是我什么都不打算写的主要原因。"[14] 在某些人文主义者的历史著作的那种光洁的经典文本中,不带脚注的拉丁文有如大理石的外观一样熠熠生辉,中世纪意大利的和现代法国的演说家们,曾经在它们那雅致的壁龛中,突兀地口吐着西塞罗的圆周句;在这些文本的下面有着庞大的基石,那是从由档案文献和详尽执著的探访所构成的历史花岗岩中雕琢出来的。在文艺复兴时期甚至出现了像是19世纪历史学家对于档案文献过分信任的那种苗头。米兰历史学家特里斯塔

【128】

诺·卡尔科（Tristano Calco）热爱探索档案馆，他对自己在那儿找到的所有东西深信不疑，其中包括诸如圣殿骑士受拷打后所做忏悔一类的伪史料。[15]

一些文艺复兴时期的历史学家甚至是给历史叙述配上脚注的先声——不过即使兰克知道他们的话，恐怕也不会对他们放心。例如，在1597至1607年间，英格兰天主教徒贝辛斯托克的理查德·怀特（Richard White of Basingstoke）在杜埃（Douai）出版了《不列颠古代……史著及注释》（*Historiarum libri...cum notis antiquitatum Britannicarum*）一书，共11册。第一册开头是致奥地利的阿尔布雷希特大公（Archduke Albert of Austria）的献词，怀特在其中说明，自己国家的历史——至少在其开头几个世纪——是特例，在文本上需要用特别的方法来处理。古代作家（如老普林尼）也曾歌颂过古不列颠。但他们没有给出不列颠历史的连贯叙事，"因此"，怀特解释说，

> 就像蜜蜂从不同的花朵中采蜜，我们也必须从各种各样的作者那里获取素材，一俟其被系统地搜集起来，就将之像是放在合适的蜂巢里那样贮存。这项工作要求仔细阅读大量史料，然后从中只选取出一点

【129】

点。这对一个在公、私两方面都极为忙碌的人来说有多困难是显而易见的。[16]

怀特承认，根据推测来确定那些很久之前发生的事情确实有技术上的困难。[17] 但机智而渊博的怀特没有在文本层面上走这条死路。相反，他设计了一种历史叙述的方式，令他能够接纳他所使用的史料的多样性，为着读者的方便而引用它们，并藉此来反驳批评者：这种方式就是给文本配上尾注。例如，其历史著作的第一卷，第7页至第26页是第一册，写英格兰的起源，只用了20页。而尾注（其提示引用的标记在页边和文中都有）有38个，差不多是正文的5倍长，从27页写到了124页，用大量的原始资料来支撑正文里华美的、也让人生疑的叙事。

可惜，怀特的历史见识并不因其选择引用史料就更值得信任。正如他告诉读者的那样，在他之前，英格兰的起源已经是几代人激烈争论的话题了。意大利古典研究者波利多尔·弗吉尔（Polydore Virgil）勇敢地（也是正确地）摧毁了关于英格兰的中世纪传奇故事，根据这些故事，特洛伊王子布鲁图斯（Brutus）在特洛伊被希腊人攻陷后逃走，布立吞人（the Britons）就是他的后裔。英格兰学者

【130】

当然立马就群起捍卫民族起源的标准叙述（如蒙默斯的杰弗里[Geoffrey of Monmouth]所写的奇异历史）的荣誉。他们尤其在一套特别精细和振奋人心的古代作品中找到了支持：1498年，多明我会修士维泰博的安尼乌斯（Annius of Viterbo）出版了24种古代史书，以及一些相关的文本，并且带有精良的评注。这些文本的作者名字带有异国情调，让人心生敬意，如巴比伦祭司贝若苏（Berosus），埃及祭司曼涅托（Manetho）。作者与评注者之间有着一张精心编制、环环相扣、交叉引证的网，双方在信誉方面互为奥援。他们鄙夷的态度指向明确，他们用大量明确却又互相冲突的细节来抨击古希腊人（如希罗多德）的历史著作。他们做了希腊人没有做的事，吸收融合了中世纪讲述系谱传承的传奇故事中那些繁复脉络，将北欧诸族和王室的源头追溯到被希腊人流放的特洛伊贵族先祖。这对于英格兰（和法兰西）的民族自豪感来说至关重要——也关系到宫廷节日和公众庆典中展示哪些画像。安尼乌斯的书读者众多，在一个多世纪里一直都是标准著作。[18] 怀特尤其在其中找到了他许多注释的来源，也找到了如何呈现其研究成果的模板。怀特像是托钵会修士那样，用浩繁的评注来支持一丁点儿文本。他的著作只有一个缺陷——不过，

【131】

这个缺陷是致命的。安尼乌斯最吸引人的那些史书实际上是他自己伪造的：吊诡的是，现代作家用另附的评注来支持其论断，这种历史叙事第一次出现，竟然是安尼乌斯编辑的自己伪造的古代文本，而不是怀特在一个多世纪之后对其再利用而写成的著作。细看之后，怀特那表面上冷静的考证史著与对英格兰古风的描绘，只不过像是把安尼乌斯烧好的菜拿来热热，他在其中添了点儿新食材，但基本没改变菜原有的口味，当然也不能延长早就过了的保质期。虽然怀特承认有许多声名卓著的学者抨击安尼乌斯的文本是伪造的，但他却一点没用心来检验他们的主张。相反，他强调举出了安尼乌斯的许多捍卫者，并从其中援引了一位，此人轻描淡写地反驳了对安尼乌斯的批评。[19]

【132】　当一些英格兰人还在努力往现代脚注里填塞古老故事的时候，法国历史学家正在试写一种名副其实的新史学，这种史学真正建立于坚实的考证基础之上。正如我们已经见到的那样，15世纪和16世纪初，历史学和民族志著作的大量印刷出版，让读者与图书馆员陷入了混乱和绝望的深渊，同时也激发了许多关于如何有选择地、批判地阅读历史著作的思考。到16世纪中叶，受过语文学训练的法学家

(如前文提到的弗朗索瓦·博杜安和让·博丹)已学会对其研究的作家所用的史料和方法进行反思。对博学文化来说,他们的著作至关重要,一直有人对之进行概述或提出异议,直到进入18世纪很久以后都是如此。历史著作的作者(特别是那些研究古典的大历史学家,他们通常受过法学训练,时或能有幸与历史人物和文献有直接的接触)与读者来自同一个世界。于是毫不奇怪,身为研究者,他们的做法变得越来越系统,越来越自己主动考证(self-critical);他们知道自己更愿意读什么样的历史书,于是也就努力去写那种书。[20]

我们以雅克-奥古斯都·德图(Jacques-Auguste de Thou)为例,他是杰出的法学家和拉丁文学者,他写出了可能是篇幅最长的一部历史叙事——至少在1930年代之前是最长的,那时有位名叫乔·古尔德(Joe Gould)的哈佛毕业生兼叫花子,在格林威治旧村(the old Greenwich Village)颇有些名气,此人写了一部更长的《口述世界史》(*Oral History of World*)。[21] 德图为撰写自己所处时代的欧洲史(从1544年至1607年)做准备,他在法国和意大利从事研究,也去外国的宫廷探访,常年在巴黎最高法院和法国宫廷里紧张地工作。他用拉丁文写过一篇令人赞叹的散

【133】

文,其文辞是如此醇美,以至于当几个到巴黎访问的德意志人发现这位作者只能写拉丁文,而不能如他们那样说拉丁语的时候大感震惊。但德图所做的远不止这些。从开始收集编纂材料起（大概早在1572年就开始了）,他就要求自己写的历史既要优雅,也要精准。这项工作意义重大。和博丹一样,德图也看到了法国政体在宗教战争中的分崩离析。与博丹不同的是,他仍认为,就宗教战争而言（圣巴托罗缪大屠杀就更不用提了）,法国天主教徒和新教徒一样应受谴责,甚至更应受谴责。德图认定,诚实不欺、不偏不倚的叙事会是社会与政治和平的基石,会表现出有权势的天主教恶人的罪行（如吉斯家族[the Guise]）,以及有学问的新教徒的清白与高贵（如他的密友约瑟夫·斯卡利杰尔[Joseph Scaliger]）。更要紧的是,它会证明,在公共生活中保持宗教宽容与俭朴,能够将不宽容与腐化所撕裂的东西重新聚合起来。德图和法国许多大法学家一样,是法国教会自主论者（Gallican）,他坚定地信仰天主教,但也坚定地认为法国教会应自主行事。他确信,真理被恰当地呈现出来之后,谁都否认不了,就既能治愈国家,也能拯救教会。他当然错了;他的著作没有使法国团结起来,没有创造出宽容,把官位卖给不胜其任者的现象也依然如故,

【134】

到17世纪，他所厌恶的耶稣会士和"虔信者"控制了法国教会。但德图因其著作获得了万分坦诚与敢于特立独行的声誉，这声誉一直延续、深入到启蒙时代——那时，他的拉丁文历史著作获得殊荣，人们将他的著作像封入巨墓一样制成了七卷本，每本都重得拿不起来。[22]

历史上的德图远没有颂扬者喜欢为其雕塑的英雄纪念石像那般坚笃。塞缪尔·金瑟（Samuel Kinser）和阿尔弗雷德·索曼（Alfred Soman）用互为补充的方式表明，德图那浩繁、庄严和看似坚实的拉丁文著作，其内容实际上是不牢靠的。德图的作品总是在变换形态和语调，这不是从总体上来说，而是几乎每一个细节上都是如此。作者身居高位，却对政治与知识上的每一股寒风都有着初涉世事的年轻人那样的敏感，这其中有不少是他亲身经历的。在发自罗马的信函中，几位枢机主教私下向他透露自己的善意——但同时公开谴责他言论的放肆，谴责他对无德的教宗的抨击和对有德的新教徒的歌颂（在提到一名去世的新教徒时，他不是说他死去，而是"去往更美好的生活"）。禁书审定院（the Congregation of the Index）威胁要禁他的书。英格兰——这艘欧洲新教永不沉没的航空母舰——发出的是带有敌意的电波。詹姆斯六世，亦即詹姆

【135】

斯一世（James VI et I）对德图书中有关其母亲苏格兰玛丽女王的部分大为光火——尤其是因为这部分看上去依据的是苏格兰人文主义者乔治·布坎南（George Buchanan）早前的叙事，而布坎南是詹姆斯儿时的仇敌，他成功地给詹姆斯灌输了大量拉丁文，但关于王权限度与臣民权利的课却让人难受，任凭他怎么努力，詹姆斯都学不进去。德图走了自由主义者从来都别别扭扭的中庸之道（*via media*），他采取了妥协的办法，删去了可能会触怒人的段落，修改了可能会冒犯人的动词和形容词。他心怀感激地接受并利用罗伯特·科顿（Robert Cotton）编纂的素材，修改了他对于英格兰相关事件的叙述。后来他也以同样的方式使用了威廉·卡姆登的《伊丽莎白女王统治时期编年史》（William Camden, *Annals of the Reign of Queen Elizabeth*）。他甚至试图去平息罗马审查官的怒火。德图不是乔尔达诺·布鲁诺（Giordano Bruno），他可不愿意为了保卫自己对生命、宇宙或随便什么事情畅所欲言的权利而被烧死。[23]

然而我们也不应该过分夸大德图妥协的意愿。他不是享有终身教职、安全无虞、只为屈指可数的那么几个读者写作的现代学院中人，他是政治家，要面对从咒骂到暗杀的所有事情。尽管如此，他还是在他认为最重要的那些事情上坚持了自己的立场。他的删改并没有改变文本的基本性质——因此在1609年，也就是在此书面世五年之后，它享有了被收入《禁书目录》（the Index）的殊荣，詹姆斯也从未完全认可他的书。德图的《历史》（*Histories*）既是个人的，也是社会的产物，它是合力与多重压力的结果，作者手稿没有被照原样刊布出来（部分手稿没有出版）。德图参与了一种挑战与回应的文献系统，身处于完全不同的另一种系统的人不能因此而指责他。他虽然不是殉道士，但也没有背叛自己的原则。他著作的每一版都在继续与宗教不宽容作战，都在不顾诸多掌权势力的反对，主张强行改宗并不能产生好的天主教徒（或者无论哪一种基督徒）。

【136】

另外，德图对其使用的材料也有信心，这不仅是因为这些素材符合他的先入之见，而且因为这些是他通过独特方法得来的。当他著作第一部分的试行版刚一面世，德图就给整个欧洲的拉丁语世界，给从布拉格到爱丁堡各个地方的学者寄去了复本。他这样做是希望能坐实他已搜集的事实并加以补充。当他觉得已完成的叙事中还有阙漏，或是接下来要写的叙事中可能会有问题，他就找人求援；当他犯错的时候，他就请人校改。各方学者都参与了进来。²⁴ 亨利·萨维尔（Henry Savile）寄来了匈牙利学者兼主教安德烈亚斯·杜迪奇（Andreas Dudith）的生平资料，他在年轻时曾与杜迪奇一起生活了六个月。德图缺少关于一位意大利古典研究者生平与著作的信息，克里斯托夫·迪皮伊（Christophe Dupuy）和保罗·萨尔皮（Paolo Sarpi）为他补足。几乎所有人都给他校改了各种细节，从人名、日期到解说的要点等等。²⁵约瑟夫·斯卡利杰尔1560年代曾在苏格兰旅行，他重新确定了里奇奥（Rizzio）身亡与詹姆斯六世出生的日期。²⁶ 著名植物学家夏尔·德莱克吕斯（Charles de l'Escluse）觉得德图"可爱的赠品"是如此激动人心，于是等不及装订成册就开始阅读，他纠正了德图低估博物学家纪尧姆·龙德莱（Guillaume Rondelet）科学才能的错误。卡姆登不仅校改了有关地理的细节，而且送来其《编年史》（*Annals*）的草稿，这部《编年史》据说是以政府文件为基础写成的，在德图处理英格兰历史所依仗的全部材料中，这是最坚实的一份。其他人建议德图要修改的地方各种各样，从对神圣罗马帝国法律的描述，到对西班牙哈布斯堡家族国王们风流韵事的讨论，什么都有。²⁷

这些文书的手稿大部分保存了下来，从中可以看出，

[137]

德图及与之通信的人都认为一手证言具有权威地位。例如,当德莱克吕斯校改德图关于龙德莱的部分时解释说,他与龙德莱在一起工作了两年多,曾在暴风雨之后到海岸边为龙德莱搜集海洋生物的标本,并亲眼看着龙德莱解剖这些标本;关于哈布斯堡家族那些阴谋诡计也是如此,德莱克吕斯声称自己曾亲眼看到一段小旋转楼梯塌落,摔下来的是哈布斯堡家族的一名王子,他当时正要去会一名年轻女子。[28] 当德图不接受校改的时候,他也是基于同样的理由。例如,他不能接受詹姆斯关于达恩利(Darnley)之死的说法,这恰恰是因为他有与之相左的目击者报告。除了其拉丁文风格之外,德图尽可能不在其所使用的证据与读者之间设置任何障碍。例如,他从友人那里收集到有关学者的生平细节之后,就直接将之整合到自己的文本中。因此他的著作也就成了一部关于文化史的可靠证据的汇编。

【138】

　　一手证言在写当代史的书中自然占主导地位。但德图还有其他的史料来源。例如,他建了庞大的藏书室,作为自己和其他人做研究的公共基地。[29] 他还使用了因其官职之便获取的政府文件。早在兰克或吉本之前,就已经出现考证的历史学了(这种历史学的作者会因为大事纪中误差几个月的日期错误而苦恼,也会为确定动机和缘由而伤透脑筋)。这种作者并非只有德图一个:卡姆登就是另一个显著的例子。他在写作伊丽莎白时代的英格兰史时,既依靠目击者的证言,也依靠罗伯特·科顿搜集的大量手稿。[30]

德图没能说服所有人都相信其事业是合乎情理的。马库斯·韦尔泽(Markus or Marx Welser)是奥格斯堡的贵族,这位饱学之士也是一名坚定的天主教徒,他回信拒绝伸出援手,他信中的说法与德图本人的做法同样现代得惊人:

【139】　　关于您所要求的评审:您的著作一定会在后世享有盛誉。而相关事件,我则无法为您编校。不受激情摆布,眼中永远只有真相,这对任何凡人来说都太过困难了。以查理五世(Charles V)和弗朗索瓦一世(Francis I)为例——法国人和德国人讲出来的历史永远不会一样。一方认为自己的想法是真实的,并愿为之担保而付出任何代价都在所不惜,但他永远都说服不了另一方。其他事情也是如此——特别是涉及宗教会议,涉及行省的权利、战争的起因、王公的私生活,尤其是宗教问题的时候。真相沉在井底;我们喝

的是水面的水;尤其是当我们在靠其他人的证言来舀水喝的时候。[31]

这封批评信听上去似乎很有道理——兰克那些类似的批评也是如此。而实际上,作者这么写的动机是宗教偏见,而不是方法论上的深思熟虑。在韦尔泽看来,德图偏爱法国人而不是德国人,偏爱新教而不是天主教徒[32],他因此而私下里批评过德图。大多数学者并没有那种从体制或教派上来抨击德图的动因,无论是天主教徒还是新教徒,都认为他是真诚的,赞扬他是客观的。

【140】

原因非常简单。虽然德图没有给其历史著作配上注解,但他使得与之通信的人(这些人遍布整个拉丁语学术世界)形成一个不断合力对他的文本加以评注的集体。他一再表明对于权威信息的渴望,愿意接受(有礼貌的)校改,而且不会抹杀不相宜的事实。现代学者给真正重要的、人数有限的读者发送大众所无法破解的密码,与之相似,德图给文人共和国提供的,是一套考证的参考资料,它证明德图并未配有注解的著作是可靠的,是忠信的(fides)。此外,他的藏书室好似驿站,文人共和国所有博学的旅行者在从汉堡到马德里、从伦敦到罗马的路上都可以在这里歇歇脚，阅读最新的书籍或是交换最新的流言蜚语。在这家为着展示最好的文艺复兴晚期的历史著作是如何写出来的博物馆中，图书管理员、饱学的迪皮伊兄弟指明其中教益何在，为有关学者和学问的故事增添色彩，让人人都能明白德图是怎样工作的。当托马斯·卡特（Thomas Carte）和塞缪尔·巴克利（Samuel Buckley）1733年印刷《历史》——至今仍是最好的一版——时，他们很自然地就附上了留存下来的、成书过程中的那些通信。这些信札给文本提供了注释，而德图拒绝用注释给他的美文加上一层硬壳。这套参考资料——以及德图显著的独立性、真诚，还有对新教徒的同情——确保他直到19世纪仍享有盛誉。[33] 瓦赫勒在其史学编撰史中歌颂德图仔细地使用了真实的素材，将他奉为无与伦比的大师。[34] 兰克对他钦佩不已。[35] 撰写基于考证的叙事史，亦即，在挖掘档案资料、考证史料的基础上讲述重大政治故事，这样一种范型，早在兰克或吉本构想它、甚至是他们出生之前，就已经有了。而无论是德图的方法、还是他的难处都并非绝无仅有。在他之前半个世纪，乔维奥将其历史著作的初稿送到帝国宫廷去校改——结果查理五世的近臣认为他是亲法国的，而法国人又将他视为神圣罗马帝国的追随者。托斯

[141]

卡纳大公科西莫一世是一位异常聪颖和开明的统治者,唯有在其庇护之下,乔维奥才能真正实践他和其他历史学家在理论上予以赞扬的那种危险的不偏不倚的态度。[36] 简言之,德图在当时存在的历史实践传统中有实实在在的资源可以借用。

德图只有一件事不做,那就是加上脚注,这些脚注原本可以让当时所有的读者都知道他贮存的信息,而这些信息只有后来探访其工作室的人才看得到。事实上,他用难以翻译的拉丁文怒斥梅尔基奥尔·戈尔达斯特(Melchior Goldast),后者用"政治性"注释来装饰、出版了盗版的《历史》。德图的理由并不难想见。所有考证的努力已融入其著作的基础之中,他想要作品的上层建筑保持古典风格。他一定是认为,脚注会糟蹋那干净利落的希腊—罗马柱廊和清爽分明的顶部轮廓线。但他可能还有其他考虑。因为在德图身处的圈子里,对与脚注相关的写作与知识两方面的问题都有大量讨论——毕竟,这个圈子是由罗马法学家组成的,他们所从事的这门学科早在古代世界就形成了传统,要求完整、确切的援引,或者说"引证事实"(allegation)。

【142】

另一位博学的法学家艾蒂安·帕基耶(Etienne

Pasquier），在法语史和法律制度、政治制度史方面做出了开创性工作，他出版了一大套《追寻法国》(*Recherches de la France*) 作为其著作总集。帕基耶用法语而不是拉丁语写作。他的作品不是叙事，而是杂录。然而，他在1596年的修订版中承认，看到这部作品的友人抱怨"我处处都引用以前的作者来确证自己的说法"。有人指出，早前的作家将其史料照录下来，"而不是浪费时间做这样的确证，这种确证所表现出来的，大概更多的是学校生活中的暗影，而不是历史的光亮。"他们称，经过时间的洗练，"金子愈发精纯，作品也是一样"。他的著作应该像古人的作品一样，"自己就是权威"。另外一些人称赞他精细的参引，但觉得他全文引用的习惯既迂腐又有抄袭的嫌疑："但他们认为，将这些段落全文插入作品中是求之过深了；这是用别人的作品把自己的填充得肿胀起来。这样做既迷信也多余；最好的办法是将这些过度的部分删去。"[37]

【143】 还有第二类批评比第一类更机敏：它们在提供文献证明这一现代惯常做法中发现了真正的矛盾之处，这种做法既要求作者证明每句话都是原创的，又要求作者证明每句话都渊源有自。但帕基耶更在意的还是第一类批评，尤其因为他预先用了阿斯泰利克斯和奥贝利克斯式的话说："我

们的祖先高卢人就是这么做的。"[38] 他不得不同意，提供文献证明更容易激起现代读者的反对，而不是认可。被引用的文献必然也暗中意味着，可以用历史学家没有选择的别样方式来解决问题。[39] 帕基耶还为自己让很多法国古代文献在《追寻法国》中重见天日而感到自豪。但他沮丧地发现，许多读者引用了他发现的文本却根本没有向他致敬。[40] 脚注与抄袭有些别扭地搂抱在了一起，而这并不是最后一次。然而，帕基耶决定保留他的"证据"，他甚至决定将拉丁语文献译为法文，因为，"否则，读到这些古代文献却又不懂拉丁文的人都会像是坦塔罗斯（Tantalus）那样，立于水中，却喝不到水"。[41]

帕基耶遇到的问题和他的解决办法都不是绝无仅有的。在海峡对岸的英格兰，1605年，剧作家本·琼森（Ben Jonson）发表剧作《塞扬努斯》（*Sejanus*）的四开本版，讲的是一度受提比略（Tiberius）青睐的塞扬努斯是如何被处死的，他此时也同样面临着历史学上权威性的问题。琼森的作品主题在政治上是危险的，特别是因为它于1603年首次上演，而仅仅两年之前，艾塞克斯伯爵（Earl of Essex）刚刚发动政变失败。琼森的剧作主要取材于塔西佗的《年代记》，其作品风格，甚至事实层面的内容都很可能引起

【144】

怀疑。艾塞克斯的追随者与文艺复兴晚期的其他政治冒险家一样，都引用塔西佗来证明其政治手段和叛乱是正当的。[42] 更宽泛一点说，至少在那一代人中，许多欧洲知识人都同意马克－安托万·米雷（Marc-Antoine Muret）和尤斯图斯·利普修斯提出的有力说法：塔西佗笔下罗马帝国的宫廷，那卡里加里似的、阴影重重的大厅里[43]，告密者监听着每一个高贵的字眼，英勇的反抗被帝国机器锋利的齿轮绞杀，这与他们自己所处时代的险恶宫廷非常相似。[44] 20年之后，当荷兰人伊萨克·多里斯劳斯（Isaac Dorislaus）在剑桥大学做关于塔西佗的讲座时，他的许多言论被记录下来，正式汇报给劳德（Laud）大主教，他本人因此被禁言。[45] 难怪枢密院在1603年认为必须审查琼森，也难怪琼森在两年之后印刷出版其作品时认为必须要捍卫它了。

【145】

琼森用权威作品为其脆弱的文本筑起坚固的篱笆。他让页边注布满了长长的参引古典历史著作和现代专著的详细列表。他在这些著作里找到的不仅是塞扬努斯职业生涯中的一些细节，而且还有他所描述的许多政治演说和宗教仪式中的措辞。[46] 琼森极为明确地标出参引"塔西佗利普修斯四开本版"（Tacit. Lips. Edit. 4°）和

"巴·贝里松'法律'卷一"（Bar. Brisson *de form. lib.* I）[47]，这说明，他认为自己在写作时没有捏造任何有煽动性的东西。[48] 琼森十分在意其注解，他在作品前言中捍卫自己的注解，细致地反驳了说其是"装模作样"的指控。他指出，甚至在参引塔西佗和狄奥（Dio）时，"我说明我用的是哪个版本"，在引用这二人的著作时都标明页数："对于其他著作，如苏埃托尼乌斯（Sueon）、塞内卡（Seneca）等，提到在哪一章已足够明确，或是版本没有变化。"[49]

现代学者思考过琼森给自己的剧作做注释的意图到底何在。一些人认为，琼森给一些可能有政治风险的说法提供古代权威典籍（ancient authorities）的支持，这样做是希望打消当局（the authorities）的怀疑。[50] 但我觉得这不大可能。正如安娜贝尔·帕特森（Annabel Patterson）正确地指出的那样，琼森处处都清楚地说明了他自己的文本与那厚实、复杂和出了名晦涩的古代范本之间的联系。参引塔西佗的地方无论多么确切地标明了出处，都还是难免会让人觉得，作者脑海里想的是他当前所处的局势——特别是因为他的前言与第一条页边注明确地提到了利普修斯版的塔西佗，其中一开篇就有力地论说了罗马历史学家的入世之直接。[51]

【146】

如果说琼森的政治动机依然让人捉摸不透的话,那么确定其学术实践中的技术模式看来却是可能的。在《塞扬努斯》和一些假面剧剧本中,琼森的文本满是反映罗马仪式与风俗的细节。这些细节他常常是从大陆古典研究者（如利普修斯和巴尔纳贝·布里松）那些注有许多文献证据的专著当中逐字逐句抄录来的。同样,他对罗马史的描写也常常等于是在翻译利普修斯对原始罗马文献的注释与概述,而不是在翻译这些原始文献本身。[52] 琼森将叙事与他如此倚重的语文学、古文献学结合在一起,也许是想要写成一种历史考证剧。

在其历史著作中准确引用史料而引起文本层面上的激烈反对,帕基耶和琼森都对此做了记录与回应。他们共同遭遇的困难说明,历史学家要为其著作创造出一种现代模式,就必须越过文本层面上的巨大障碍,而这两名作者的解决办法也都蕴涵着对他们为何会具备如此做的新能力的解释。书写自觉考证的叙事（像德图已经做过的那样）并不等同于让读者透过作者书房的窗户看上一眼,或是将作者的文件柜搜查一番（德图可不同意这样做）。与之相反,帕基耶和琼森坚持认为,他们有引用史料的责任。他们是在一种不一样的史学编撰传统中写作,或者说他们的写作是对这种传统的回应——这是一种讲究学问深厚而不是文字生动的传统，一般称之为"古物研究"[53]。这另一形式的"前考证的"历史学，能给在18、19世纪生根、兴旺起来的"考证"历史学提供些什么呢？在脚注的出现过程中，古物研究者们是否也出了一份力呢？

注释

1 L. von Ranke, *Aus Werke und Nachlass*, ed. W. P. Fuchs et al. (Munich and Vienna, 1964-1975), IV, 226-231 ("Einleitung: Die Historiographie seit Machiavelli," 基于兰克在1852年的夏季学期关于罗马史的课程; cf. 360, 365). "Einleitung"（导言）很好地表明，兰克已经认识到，德国历史学派是遵循常规套路从拿破仑战争中成功地生发出来的，但古代史这门学科要继续发展，则很难再继续这一套路。

2 Ranke, *Zur Kritik neuerer Geschichtschreiber* (Leipzig and Berlin, 1824), 68-78. 关于乔维奥在其史学著作中对一手信息的使用，见T. C. Price Zimmermann, *Paolo Giovio* (Princeton, 1995)。

3 关于科里奥，见E. Cochrane, *Historians and Historiography in the Italian Renaissance* (Chicago and London, 1981), 117-118。

4 Ranke, *Zur Kritik*, 94, "Unmöglich aber kann Grävius hiemit die letzten Bücher gemeint haben, wo er die vorzüglichste Urkunde wichtiger Geschichten ist, wo er viele Denkmale wörtlich aufnimmt."

5 L. Wachler, *Geschichte der historischen Forschung und Kunst*, I, pt. I (Göttingen, 1812) 135-136 at 136: "Die kleinlichsten Umstände sind auf das genaueste

und mit der Alles untersuchenden Gewissenhaftigkeit eines ernsten Forschers angegeben; viele Nachrichten sind hier zuerst aus Urkunden beygebracht, viele Erzählungen Anderer mit Sorgfalt berichtigt."

6 本书中提到humanist时，主要是强调其整理、研究希腊、拉丁文献的一面，译文酌情翻译为"人文主义者"，或"古典研究者"、"研究古典者"。——译者注

7 见E. Santini, "Leonardo Bruni Aretino e i suoi 'Historiarum Florentini Populi Libri XII,'" *Annali della Scuola Normale Superiore di Pisa*, cl. di filosofia e filologia, 22（1910）; Cochrane, 5;尤其是M. Phillips, "Machiavelli, Guicciardini, and the Tradition of Vernacular Historiography in Florence," *American Historical Review*, 84（1979）86-105。

8 G. Ianziti, "A Humanist Historian and His Sources: Giovanni Simonetta, Secretary to the Sforzas," *Renaissance Quarterly*, 34（1981）, 491-516 at 515.

9 R. Valentini, "De gestis et vita di A. Campano. A proposito di storia della storiografia," *Bollettino della R. Deputazione di Storia patria per l' Umbria*, 27（1924）, 153-196 at 165-176; G. Ianziti, *Humanistic Historiography under the Sforzas: Politics and Propaganda in Fifteenth-Century Milan*（Oxford, 1988）. 关于研究古典的历史学家常常倚仗的那种粗"评"，见P. Paltroni, *Commentari della vita et gesti dell' illustrissimo Federico Duca d' Urbino*, ed. W. Tommasoli（Urbino, 1966）。参见Valentini和另一本更加著名的作品Vespasiano da Bisticci, *Vite di uomini illustri del secolo xv*（Florence, 1938）. 在其开篇的"前言"（Discorso）中，Vespasiano说，他"用短评的形式"（per via d' uno breve commentario）来写。他希望其著作能使他所纪念的那些有德之人的声名得以流传，同时他也表示，任何人想要以拉丁文来写同样人物的生平，他的著作都能为之提供必不可少的素材（页II）。

10 G. Campano, *Braccii Perusini Vita et gesta*, ed. R. Valentini, *Rerum italicarum scriptores*, n.s. 19.4（Bologna, 1929）, 5-6, 24, 68, 77, 139, 140, 193. 他认识到，不

是所有这种不吻合的地方都可以解决：如见页 75："甚至那些在场的人也无法就哪种描述比另一种更真实取得完全一致的看法"（Utra fama sit verior, ne illi quidem satis conveniunt, qui interfuere.）。

11　Ianziti, *Humanistic Historiography*.

12　G. Campano, *Opera*（Venice, 1495）, II, fol. xxxvi verso = *Epistolae et poemata*, ed. J. B. Mencke（Leipzig, 1707）, 251-253.

13　Ibid., I, fol. lxiii verso = 549："Inde librariorum coorti errores, dum aut, quod ipsi non capiunt, nimium esse, aut quod non cernunt, obscurum, aut quod inversum est studio auctoris, depravatum putant, et de librariis emendatores facti ibi plus adhibent iudicii, ubi minus intelligunt."坎帕诺使用的李维著作版本（其前言是这封致Iacopo Ammannati的信）于1470年夏第一次出版（Goff L-237）。

14　Ibid., II, fol. xxiiii recto = 163："Sed erant omnia ab iis perquirenda, qui Ducem illum secuti pace belloque interfuissent, quorum studia non dubitas fuisse futura et ad extollendas victorias et extenuandas calamitates propensiora. Haec ratio maxime omnium me, ut nihil susciperem scribendum, detinuit."可供参校的是，他重申，在他收到乌尔比诺（Urbino）宫廷"指导者"（instructores）的信息之前，他无法继续写作费德里科·达·蒙特费尔特罗（Federico da Montefeltre）的生平，"没有这些信息的历史著作什么都不是，其作者也不可靠"（sine quibus historia nulla, auctor vanus esser）（ibid., II, fol. lxx recto = 497; cf. fol. II, lxx verso = 500-501）。在这一点上，我同意Valentini的看法，不同意扬齐尼重要的修正（*Humanistic Historiography*, 54-58），扬齐尼强调宣传性，这在总体上无疑是有道理的，但在坎帕诺一例上看来则夸大了，他也没有考虑有大量其他文献能证明坎帕诺的历史见识。

15　F. Chabod, *Lezioni di metodo storico*（Bari, 1969）, chap. 3.

16　R. White, *Historiarum libri... cum notis antiquitatum Briannicarum*（"Arras"[Douai], 1597）, 3-4："satis admirari nequeo, Princeps illustrissime, nullum extare librum antiquitus ea de re scriptum; sed oportere nos, tanquam apes ex variis floribus mel carpunt, ita de diversis auctoribus carpere [ed. capere] passim sententias easque simul ad unum collectas velut in alveos recondere. Qui labor admodum pauca seligendi ex multis perlectis, quantus fuerit homini publicis privatisque negotiis occupatissimo, intelligi facile potest. "

17　Ibid., 5.

18　见T. D. Kendrick, *British Antiquity* (London, 1950), J. D. Alsop, "William Fleetwood and Elizabethan Historical Scholarship, " *Sixteenth Century Journal*, 25 (1994), 155-176 at 157-169, 北方接受安尼乌斯文本及观念的另一例，见 M. Wifstrand Schiebe, *Annius von Viterbo und die schwedische Historiographie des 16. und 17. Jahrhunderts* (Uppsala, 1992)。更宽泛的论述参见 M. Tanner, *The Last Descendant of Aeneas* (New Haven and London, 1993)。关于安尼乌斯其人，最值得参考的是 W. Stephens, Jr., *Giants in Those Days* (Lincoln, 1989)。

19　见White, 105-106, at 106:"[许多人引用并赞扬贝若苏（如著名医生兼语文学家约翰·凯斯[John Caius]，他在努力证明剑桥大学比牛津大学更古老时使用过其文本）]……还有其他人，比批评他的人要多。因此雅各布·米登多普（Jacob Middendorp）在其关于学园的著作中第一卷说：'我知道作家们对时下通行的贝若苏的看法并不一致。一些人不仅接受他，而且为他进行有力且激烈的辩护，而另一些人则用严谨的论证来驳斥他。而我呢，我认为应该走一条中间道路，当谈到不重要的事情时，贝若苏的说法是可以接受的。一度几乎所有种族和所有学者的藏书室里都有那本书。更早些时候，学者们查看了各处的所有藏书室，贝若苏的书他们只找到这一本。就我所能确定的而言，没有其他的或是更正宗的贝若苏的著作曾经现世。我认为在完全恢复贝若苏的本来面目之前，应该接受这本书。'"（et ceteri numero plures, quam sunt ii, qui reprehendunt. Itaque Iacobus Middendorpius lib. I. Academiarum. Et si non mediocrem, inquit, controversiam esse scio inter scriptores de illo Beroso, qui nunc circumfertur, dum quidam eum non modo recipiunt, sed tuentur etiam atque propugnant, quidam vero gravissimis argumentis refellunt, ego tamen mediam viam puto seligendam, ut Berosus de rebus indifferentibus loquens toleretur. Quia enim fuit olim ille liber in omnium fere gentium doctorumque hominum bibliothecis : et superioribus temporibus, quando passim omnes bibliothecae a viris litterarum studiosissimis excussae fuerunt; neque tamen usque alius, quam iste repertus est, nec adhuc verior aliquis, quod mihi quidem constare potuit, Berosus productus : videtur hic ferendus esse donec integritati pristinae restituatur）。怀特在这里意译了J. Middendorpius,*Academiarum orbis Christiani libri duo*（Cologne, 1572）,14—18 at 16。米登多普强调他引用了所有史料的"人名与书籍"（nomina et libros）（sig. *8 recto）,他在这方面可能是怀特的榜样。

20 关于这些理论家，可参见J. Franklin, *Jean Bodin and the Sixteenth-Century Revolution in the Methodology of Law and History* (New York and London, 1963);U. Muhlack, *Geschichtswissenschaft im Humanismus und in der Aufklärung* (Munich, 1991)。关于遵循其指令的一名文艺复兴晚期的读者，见L. Jardine and A. Grafton, "'Studied for Action': How Gabriel Harvey Read His Livy, "*Past and Present*, 129 (1990),30-78。

21 可惜，古尔德的作品只存在于他自己的想象之中：J. Mitchell, *Up in the Old Hotel* (New York, 1992), 52-70, 623-716。

22 关于德图的事业所处的更广阔的背景，首先应参考C. Vivanti, *Lotta politica e pace religiosa in Francia fra Cinque e Seicento* (Turin, 1963)。

23 见S. Kinser, *The Works of Jacques-Auguste de Thou* (The Hague, 1966);A. Soman, "The London Edition of de Thou's *History* : A Critique of Some Well-Documented Legends, "*Renaissance Quarterly*, 24 (1971), 1-12; A. Soman, *De Thou and the Index* (Geneva, 1972)。关于德图与科顿和卡姆登的关系，见H. R. Trevor-Roper, *Queen Elizabeth's First Historian* (Neale Lecture, 1971) and K. Sharpe, *Sir Robert Cotton,1586-1631* (Oxford, 1979),chap. 3。

24　大多数相关通信保存在巴黎的法国国家图书馆（Bibliothèque Nationale，下文简称BN）；我此处用的是MS Dupuy 632，其中的材料发表于J.-A. de Thou, *Historiarum sui temporis libri cxxxviii*, 7 vols.（London, 1733），VII。

25　关于萨维尔和杜迪奇，见BN, Paris, MS Dupuy 632, fol. 105 recto-verso, and R.Goulding, "Henry Savile and the Tychonic World System," *Journal of the Warburg and Courtauld Institutes*, 58（1995）152-179。

26　BN, Paris, MS Dupuy 632, fol. 57 recto.

27　参较Trevor-Roper,12,他雄辩地提到德图的"研讨班"："他把整个文人共和国都拉到自己的圈子里。可曾有哪位教授主持过他这样的研讨班？胡果·格劳休斯（Hugo Grotius）、保罗·萨尔皮和弗兰西斯·培根都是研讨班成员。"

28　BN, Paris, MS Dupuy 632, fols, 78 verso, 82 verso-83 recto.

29　见K. Garber, " Paris, die Hauptstadt des europäischen Späthumanismus. Jacques Auguste de Thou und das Cabinet Dupuy," *Res publica litteraria. Die Institutionen der Gelehrsamkeit in der frühen Neuzeit*, ed. S. Neumeister and C. Wiedemann（Wiesbaden, 1987）,I,71-92; A. Coron, "'Ut prosint aliis' : Jacques Auguste de Thou et sa bibliothèque," *Histoire des bibliothèques françaises*, II : *Les bibliothèques sous l' Ancien Régime*, ed. C. Jolly（Paris, 1988）,101-125。

30　见Trevor-Roper；关于科顿的藏书室，Sharpe, chap. 2 and C. G. C. Tite, *The Manuscript Library of Sir Robert Cotton*（London, 1994）。

31　韦尔泽1604年10月23日致德图的信，BN, Paris, MS Dupuy 632, fol. 74 recto: "De censura quod petis: magna est futura scriptionis ad omnem posteritatem sine controversia commendatio: de rebus, Palaemon ego non sedeo. Nimis quam difficile homini nato affectus exuere et semper recte ad veritatis scopum collineare. Caroli et Francisci exempli caussa historiam, qui non aliter Gallus aliter Germanus narret? Nec unquam alter alteri quod verissimum esse ipse credat et quovis pignore contendat, tamen persuadeat. Iam in ceteris eadem est ratio, ubi praesertim ad consilia, ad iura provinciarum, ad bellorum caussas, ad privatam principum vitam et multo maxime ad caussam religionis ventum. Veritas fere imo puteo latet, nos summam saepe pro ea aquam libamus, aliena praesertim fide, tanquam haustris usi." 关于韦尔泽本人的学问，参见 P. Joachimsen, "Marx Welser als bayerischer Geschichtschreiber[1904/05]" *Gesammelte Aufsätze*, ed. N. Hammerstein（Aalen, 1970-1983）, II, 577-612; R. J. W. Evans, "Rantzau and Welser: Aspects of Later German Humanism," *History of European Ideas*, 5 （1984）, 257-272。

32 相关证据参见 de Thou, *Historiarium sui temporis libri cxxxviii*, VII, pt. 6, 9-11。

33 见Soman, "The London Edition," 文中表明，这套参考资料没有直接呈现出所有的文本，而是改变了文献，以创造出德图的独特形象。

34 L. Wachler, *Geschichte der historischen Forschung und Kunst,* I, pt. 2 （Göttingen, 1813）,679-685 at 682-683.

35 见Ranke, *Aus Werk und Nachlass*, 4, 112 and n. b。

36 Zimmermann, 238-243.

37 E. Pasquier, *Les Recherches de la France*（Paris, 1596）, fol. 2 recto : "Mais estimoient chose d'une curiosité trop grande, d'inserer tout au long les passages, et que c'estoit enfler mon œuvre mal à propos aux despens d'autruy; Qu'en ce faisant il y avoit de la superstition et superfluité tout ensemble, et que le plus expedient eust esté de retrancher cest excez." 关于帕基耶，见G. Huppert, *The Idea of Perfect History*（Urbana, Chicago, and London, 1970）; D. Kelley, *Foundations of Modern Historical Scholarship*（New York and London, 1970）; N. Struever, "Pasquier's *Recherches de la France :* The Exemplarity of His Medieval Sources," *History and Theory*, 27（1988）, 51-59; and *Etienne Pasquier et ses Recherches de la France,* Cahiers V.-L. Saulnier, 8（Paris, 1991）。关于这段话，见Huppert, 33-34, and S. Bann, *The Invention of History*（Manchester and New York, 1990）。

38　阿斯泰利克斯（Astérix）和奥贝利克斯（Obélix）是法国一套非常著名的系列漫画《高卢人阿斯泰利克斯》（*Astérix le Gaulois*）中的两个人物。——译者注

39　Pasquier, *Recherches*, fol. 2 recto-verso. "Aussi discourant avec un stile nud et simple, l'ancienneté, le lecteur en croiroit ce qu'il voudroit : au contraire alleguant les passages, c'estoit apprester matiere à un esprit de contradiction, de les induire d'autre façon que vous ne faictes, et par ce moyen vous exposer à la reformation, voire aux calomnies d'autruy."

40　Ibid., fol. 2 verso.

41　Ibid., fol. 3 recto : "Autrement celuy qui n'eust sceu le latin, lisant ces anciennetez eust esté un autre Tantale, au milieu des eauës sans en pouvoir boire."

42　通论性著作见A. Patterson, *Censorship and Interpretation*（Madison, 1984），49-58,又见J. Barish为他编辑的《塞扬努斯》所撰的导言（New Haven and London, 1965）。

43　《卡里加里博士的小屋》（Das Kabinett des Doktor Caligari）是默片时代一部著名的德国恐怖电影。——译者注

44　可见G. Oestreich, *Geist und Gestalt des frühmodernen Staates*（Berlin, 1969），chaps,2-3; P. Burke, "Tacitism," *Tacitus*, ed. T. A. Dorey（New York, 1969），149-171; J. H. M. Salmon, "Cicero and Tacitus in Sixteenth-Century France," *Amercian Historical Review*, 85（1980），307-331; M. Stolleis, *Arcana imperii und Ratio status*（Göttingen, 1980）; W. Kühlmann; *Gelehrtenrepublik und Fürstenstaat*（Tübingen, 1982）。

45　*Tacitus: The Classical Heritage*, ed. R. Mellor（New York and London, 1995），118-121.

46　见E. B. Tribble, *Margins and Marginality*（Charlottesville and London, 1993），146-157。Plate 20, on p. 153,这是从四开本版上复制下来的一页。

47　此处的缩写,是指巴尔纳贝·布里松（Barnabé Brisson），《论

罗马人的法律及其他术语》(De formulis et solennibus populi Romani verbis) 一书。——译者注

48 页边注重刊于Ben Jonson, ed. C. H. Herford and P. Simpson (Oxford, 1925-1952) IV, 472-485; 关于其精确性的一则评论,参见页273。Barish指出,琼森自然是对其史料做出了高度个人化的解读。

49 Ben Jonson, ed. Herford and Simpson, IV, 351.

50 Patterson, 51; Tribble, 154-155.

51 关于利普修斯对塔西佗的一些论述,见Tacitus: The Classical Heritage, ed. Mellor, 41-50。关于利普修斯在塔西佗研究上的成果,见M. W. Croll, *Style, Rhetoric, and Rhythm*, ed. J. M. Patrick et al. (Princeton, 1966); A. D. Momigliano, "The First Political Commentary on Tacitus," *Journal of Roman Studies*, 37 (1947) 91-101 = *Contributo alla storia degli studi classici* (Rome, 1955), 38-59; J. Ruysschaert, *Juste Lipse et les Annales de Tacite* (Louvain, 1949); A. D. Momigliano对本书的书评, *Journal of Roman Studies*, 39 (1949), 190-192; C. O. Brink, "Justus Lipsius and the Text of Tacitus," ibid. 41 (1951), 32-51; F. R. D. Goodyear, *The Annals of Tacitus*, I (Cambridge, 1972), 8-10; J. Ruysschaert, "Juste Lipse, éditeur de Tacite," *Studi urbinati*, 53 (1979), 47-61; M. Morford, *Stoics and Neostoics* (Princeton, 1991); Morford, "Tacitean *Prudentia* in the Doctrines of Justus of Lipsius," in *Tacitus and the Tacitean Tradition*, ed. T. J. Luce and A. J. Woodman (Princeton, 1993), 129-151。关于它如何被其他人接受和增订,见J. H. M. Salmon, "Stoicism and Roman Example: Seneca and Tacitus in Jacobean England," *Journal of the History of Ideas*, 50 (1989), 199-225, and D. Womersley, "Sir Henry Savile's Translation of Tacitus and the Political Interpretation of Elizabethan Texts," *Review of English Studies*, 42 (1991), 313-342。

52 关于琼森对利普修斯的利用,参见 E. M. T. Duffy, "Ben Jonson's Debt to Renaissance Scholarship in *Sejanus* and *Catiline*," *Modern Language Review*,

42（1947），24-30; D. Boughner, "Jonson's Use of Lipsius in *Sejanus,*" *Modern Language Notes*, 73（1958），247-255; A. A. N. McCrea, "Neostoicism in England: The Impact of Justus Lipsius' Neostoic Synthesis on English Political Thinking, 1586-1652"（Ph.D. diss., Queen's University, Ontario），esp. II, chap. 5; R. C. Evans, *Habits of Mind: Evidence and Effects of Ben Jonson's Reading*（Lewisburg, London, and Cranbury, 1995）。关于琼森对古物研究传统的利用更广泛的论述，见经典研究D. J. Gordon, 收入*The Renaissance Imagination*, ed. S. Orgel（Berkeley, Los Angeles, and London, 1975）。

    53　antiquarianism，或译"好古癖"。——译者注

第六章

返回未来（二）：
教会史学家与古物研究者蚂蚁般的劳作

至此应该很清楚了，在很长时间里，历史著作一直有很多种形式。在古代世界，有多种历史写作的类型成型，它们当中有的特别注重研究的方法和对证据的讨论。有些类型存在了千百年之久，在近代早期的欧洲又找到了新的传人，焕发了新的生命力。这些在正文中进行论证与说明的写作形式，与后来那些在正文之下论证与说明的写作形式之间，有许多条线索相连。例如，在19世纪的法国，有些历史学家像任何一个德国人那样慷慨激昂地宣称，自己是在从事一门科学。但是，他们坚持认为其知识上的根源不在莱茵河那边的新式大学里，而是在瓦郎斯（Valence）和圣日耳曼德佩（St. Germain des Pres）——前者有文艺复兴时期雅克·屈雅斯（Jacques Cujas）任教的法学院，后者是本笃会修士、古物研究者让·马比荣（Jean Mabillon）和贝尔纳·德·蒙福孔（Bernard de Montfaucon）的所在地——这两处地方分别在16世纪和17世纪是史料考证研究的重镇。[1]在写作任何关于现代历史学起源的历史时，这项传统也必须占有一席之地。

【149】

我们以德国耶稣会会士阿塔纳修斯·基歇尔（Athanasius Kircher）为例，在几十年间，他是其修道会驻罗马的中心教士团的荣耀。和许多17世纪的学者一样，基歇尔著述极丰，他的现代同行别指望自己能读得完。他生活在一个学问渊博的时代，那时的文献著作是卷帙浩繁的拉丁文对开本，其中满是希腊文、阿拉伯文、希伯来文和阿拉米文的引文；这些作品中偶尔遇到要写诗歌的地方，既喜好用古典希腊文，也喜好用圣经体的希伯来文；很多时候这些作品偏爱的主题是将古典语文学与做数学运算的天文学吓人地合为一体。[2]尽管如此，基歇尔还是因其兴趣之杂多而格外引人瞩目。年轻时，他在维尔茨堡教过数学、伦理学和东方语言，中年时，他挖掘方尖碑，勘探火山，重建诺亚方舟所经路线。正如托马斯·莱因考夫（Thomas Leinkauf）表明的那样，终其一生，他唯一的工

作就是去理解这个世界的自然史和人类史，而上述那些追求他都视为这项工作不可或缺的相关部分。³

1677年，基歇尔在阿姆斯特丹出版了一本带有精美插图的著作，描写的是中国的圣俗古物、自然奇观与人文胜迹。⁴这本书涵盖了从宗教比较到自然地理的许多主题。但其开篇是一篇史学论文，而结尾不同于到目前为止我们所见过的任何东西：一幅折页插图。1625年在西安一座基督教墓园发现了公元9世纪的一块石碑⁵，基歇尔著作的开头就给出了石碑碑文的拓文并将之译为多种欧洲语言。石碑碑文用中文和古叙利亚文双语解释了聂斯脱利派基督徒的神学理论与教派历史，这一派基督徒在公元5世纪及之后散布于亚洲各处，一般来说西方学者和教徒已忘记了还有这么一派（而他们的前人在中世纪时还是知道的）。基歇尔在1636年发表的《科普特语初阶》(*Prodromus coptus*)一书中讨论了碑文，这个新文本引起了轰动，也引发了广泛的争论。新教徒批评家（如格奥尔格·霍尔纽斯[Georg Hornius]）说，石碑"纯属耶稣会会士捏造"。⁶

换言之，基歇尔碰到了一份他认为在历史上无可争辩地确实存在、但却无法亲眼见到实物的文献，他也碰到了激烈的反对者来找碴，而他想让他们无话可说。基歇尔系

[150]

统地着手处理这个问题。在篇幅很长的一章中，他逐一誊录了耶稣会会士曾德昭（Álvaro de Semedo，又名谢务禄）和卫匡国（Martinus Martini）此前关于这块石碑的讨论。然

【151】 后他录下了另一位耶稣会会士卜弥格（Michael Boim）的一封长信，并加上了一份长篇导言：

> [基歇尔写道]除了这些文本之外，卜弥格神父还给我提供了关于这方石碑最精确的一份报告。他纠正了我依据自己收藏的一份拓片转录碑文时所出现的所有讹误。然后他当着我的面，以其同事Andreas Don Sin[7]（此人生于中国，精通中文）的翻译为底本，重新逐字逐句地仔细翻译了全部碑文。他希望在下面这封信中向读者证明所有这一切，他将细致地描述整个事件的来龙去脉，及与这块石碑相关的所有重要事情。为了永远保留关于此事的记忆，经他允许，我决定将这封信置于译文之前，它是真实历史的绝佳证明。而且我依据从中国取得的"真迹"（这份"真迹"现在仍保存在我的博物馆里），将石碑的碑文翻刻，标记和文字（既有中文，也有迦勒底文[古叙利亚文]）确凿无误，此外还有评注。[8]

卜弥格这封信的末尾有他和两名中国合作者的签名，基歇尔说，这两个人"既是石碑的目击证人，也是从原件上复制碑文的人"。⁹ 接下来的是更多的细节和进一步的证据，其中包括将碑文逐字逐句译为拉丁文，并且配上注释。基歇尔处处都特别注意确定地点、身份和来源。例如，在书中结尾处的碑文拓文，就给出了发现石碑的时间、地点，并明确称中国人Matthaeus¹⁰ "1644年在罗马……亲手从原件制作了摹本"。¹¹ 基歇尔没有对材料进行彻底系统的考证。甚至在这些他复制的一手史料相互矛盾的时候，他也只是将其照录下来，而把那些扞格之处留给读者去操心。¹² 但他注意尽量给所有一切都提供文献证明。石碑的发现，碑文的转录、翻译，这些他都不是用自己的话，而是用史料中的话记录下来，即使这样做使得文本总是不停地被打断，不同的语言和文字把文本弄得到处都坑坑洼洼似的。基歇尔所提供的这种历史著作的模式与德图的大不相同——基歇尔模式的特点是有一种百科全书般的意愿，想要将不一致的、相异的调和到一起，这种模式允许在同一页有许多个声音发言，出现许多种字母。最重要的是，他更感兴趣的是确定事实，而不是将之编织成生动的故事。这位南德意志教士的友好笑容代替了那位法

【152】

【153】

国法学家钢铁般的、冷酷的校正。基歇尔的藏品让途经他那里的先生们和知识人有机会隔着安全距离，体验到他在近身探索火山时所瞥见的自然奇观。与此相似，基歇尔的著作也让其读者有机会（几乎是亲身地）体验到，在与证明远方石碑碑文存在的确凿证据直接接触时所带来的震惊。

基歇尔有能力搜集和编辑这份材料（就像他有能力阅读和解释石碑碑文上的古叙利亚语一样），这反映了他是一个开拓进取的、现代的、世界性修道会的成员。耶稣会会士吹嘘唯有他们才拥有世界级的技巧、经验和高度发达的交流系统。有关域外风土、语言的系统报告在修会的学院和图书馆之间传播着，宛如一条快速流动的河流，而基歇尔就沉浸在其中。基歇尔享有其他社会的信息之丰富，是一个世纪前在欧洲的人所无法想象的，即便是游历四方、博览杂收的波吉奥·布拉乔利尼（Poggio Bracciolini）或教宗庇护二世也想象不到。[13]

【154】 基歇尔这本关于中国的书尽管现代得惊人，却还是属于一种传统的历史著作类型。在表现形式（对于提供文献证明和来源出处的关切）以及轻易采信（这一点必须承认）等方面，《中国图说》（*China*）一书与许多在它之前

问世、现在比它更知名的汇编非常相像，比如学问深厚、不做考证的优西比乌（公元4世纪）所写的早期教会的经典历史，或是16世纪晚期学者切萨雷·巴罗尼奥（Cesare Baronio）那浩繁、博学的《编年史》(*Annales*)。纵览基督教教会的历史，学者们编撰过各种类型的文献，迫不及待地提供文献真实性的保证，并根据这些文献编写所谓"教会史学"。这种在学术上根基已稳的游戏具有一些由来已久的规则，《中国图说》一书的表现形式即是这些规则所定下来的。即使是基歇尔生动的插页也不能算是独出机杼，安东尼奥·博西奥（Antonio Bosio）书中已经有了，这位"发现基督徒地下墓地的哥伦布"在基歇尔《中国图说》一书面世若干年前出版了题为《地下罗马》(*Roma sotterranea*)的著作，从物质方面对早期基督徒地下墓地中的墓碑做了精彩的研究。[14] 简言之，基歇尔在努力与一种全新的文献相协调的过程中，他有一种已然存在、根基已稳的历史著作类型可以依仗，这种历史著作类型有自己的一套规则和惯常做法。

基歇尔的著作给出了大量文献证明，像此类历史著作的形式，其源头比基督教还要古老，用"教会的"来形容它很可能是过于狭隘了。它的起源早得难以确定。可能是源于波斯帝国，那里的统治者喜欢颁布敕令，在其臣民

【155】（如犹太人）的历史著作中就抄录了一些这样的敕令。这种传统首次以清晰的面目出现，是在公元前3世纪和前2世纪的希腊世界，那时候美索不达米亚、埃及和以色列的知识人发现自己成了说希腊语的外国强者（先是马其顿的亚历山大及其继任者，然后是罗马人）的臣民。在亚历山大继任者的统治下，希腊语是帝国的通用语，在罗马人的统治下，它是有教养的人共同使用的语言，这就让许多宗教和传统的代表相互之间初次直接对谈。他们自然将对方视为竞争对手，那些在战争中失利的人希望（就像今日学术界类似的人一样）在档案资料中报战场上的仇。于是，就有一件事变得非常紧要，亦即说明自己是出自一个古老国家，这个国家拥有神圣庄严的宗教，也拥有悠久的政治、社会和学术传统，它的历史被正式记载在成系列的许多文献之中，如果是刻在石头上更好。在公元前3世纪，埃及祭司曼涅托和迦勒底祭司贝若苏将对埃及历史和巴比伦神话、历史的叙述译为希腊语。这些叙述都在强调其种族和传统之古老。

最晚到公元前2世纪的时候，犹太人也做起了同样的事情。这种类型的文献留存下来的第一份完整样品大概是所谓的阿黎斯特雅书信（Letter of Aristeas），它对希伯来文圣经的希腊语译本，即七十子本的起源做出了解释。作者在叙述中直接插入了大量像是官方文件似的材料，例如有一份备忘录，记录的是亚历山大里亚图书馆馆长法勒鲁姆的德米特里（Demetrius of Phalerum）与埃及国王托勒密·费拉德尔甫斯（Ptolemy Philadelphus）就他们伟大的图书馆需要一部希伯来圣经的希腊文版一事所做的讨论。这部迷人的著作以及其中所包含文献有其不足之处——它是伪造的，不过，另一方面，它也有简洁、清晰的优点。[15] 它显示了这种著作类型将沿着怎样的脉络发展。

【156】

从一开始，教会史学家就是以论辩者和信徒的身份在写作：就像犹太人力图证明摩西五经比荷马更古老，或是基督徒决心证明某条教义或某个组织的优越地位。这种类型著作的目的决定了其形式：不是那种简洁而典雅的政治史叙事，而是把技术性的论证与支持性的文献证据混合在一起，这些文献被逐字引录在文本本身之中。文献执行如下两种功能，每种都很关键：一方面，它们要支撑起作者提出的论点，另一方面，也让读者对于忠诚的犹太人或基督教徒在一个更艰困的遥远世界里该是什么样子有一个鲜明、生动的印象。

撰写规模宏大的教会史学著作，如优西比乌的作品，需要新的工作条件。这些历史学家不是在地中海世界游历,访问某次大战的亲历者,而是必须在书籍的世界中四处搜查,以找到关于殉教者之死与异端之观念的叙述。优西比乌本人在该撒利亚(Caesarea)最大的一所早期基督教图书馆中工作。在那里他依靠的是数千册已编目的书籍,这些书籍是之前基督教学者奥利金及优西比乌的老师、大力推进图书馆发展的帕姆菲尔乌斯(Pamphilus)搜集起来的。优西比乌也有自己的收藏,包括奥利金的书信及"古人的殉教事迹"。[16]优西比乌在其《教会史》中大量摘录了这些素材,他的摘录大多是准确的。[17]但优西比乌对其所引文本的初步阐释与实际文献的意蕴之间存在差异,这意味着,秘书们在日常的编纂和写作中所起到的作用非常重要。[18]一种新的历史著作的形式已经成型了——这种形式宣称以博学的研究为基础,有时它的规模如此之大,需要多人合作完成。

在中世纪,比德(Bede)等人存续了这种类型的历史著作。在文艺复兴时期,它获得了新的生命力,洛伦佐·瓦拉在其《君士坦丁赠礼辩》(*Declamation on the Donation of Constantine*)中赋予它个性鲜明的变化。瓦拉的批评详尽引用了各种文献,只要有助于展示这些文献的荒谬,他就不厌其烦。他将教会史学家对文献的仔细征引嫁接到论辩性演说的古典形式之上，结出了硕果。[19] 在不同时期，教会史学家的方法迥然不同。尤金·赖斯（Eugene Rice）在一项堪称楷模的研究中表明，在数百年间，人们是如何处理圣杰罗姆的生平与著作的。在古代晚期和中世纪，崇拜者给这位圣人配备了一头宠物狮子，一个能唤出奇迹的名字，一些遗骨以及一大堆捏造出来的著作。历史学为精神的需求提供服务，提供支持。到了文艺复兴时期，特里特米乌斯（Trithemius）、伊拉斯谟等人去掉了狮子，揭露了伪作，并力图将圣杰罗姆放置回一个重构出来的、丰富的历史语境之中——虽然此时大多数艺术家及许多人都不理会他们，觉得没有必要"区分对学者的尊敬和对圣人的崇敬"。[20] 教会史尽管形式多样，但就规模来看，都比较大，而且跟文献的编撰、研究保持着紧密的联系。

【158】

最后，宗教改革改变了教会史学，大幅度提高了对这门学科在知识和财政方面的投入。这场运动使天主教教会面临严峻的挑战，这挑战既是历史学上的，也是神学上的。自路德起，新教的神学家和辩论家指责中世纪的教会从上到下都彻底腐化了。他们称，当权者为了从迷信的世俗大众身上牟利，在教义和组织、律法和风俗、仪式和祷告等方面，都摒弃或歪曲了早期教会的遗产。宗教改革早期的支持者之一乌尔里希·冯·胡滕（Ulrich von Hutten）印刷了一版瓦拉的《君士坦丁赠礼辩》。尽管路德更关心神学而不是历史学，他还是既着迷又怀疑地阅读了这部专著。路德震惊地发现，教会用谎言取代了真正基督信仰的条文。瓦拉抨击传统，这启发了路德发出《致德意志民族基督徒贵族》（To the Christian Nobility of the German Nation）这封激进的公开书。[21] 卢卡斯·克拉纳赫（Lucas Cranach）的《基督受难与敌基督》（Passional Christi und Antichristi）是一本篇幅较短的图画书，其中将基督与敌基督（教宗）的生平事迹并置在一起，路德的友人兼搭档菲利普·梅兰希通（Philipp Melanchthon）给这本图画书配上了带有大量文献证明的文字，他在其中又一次表达了他和路德的看法。这本用图画的方式来表现圣经与教会法规（包括《君士坦丁的赠礼》）之间冲突的书印了很多版，受其影响，出现了大批反对教宗的图像。[22] 在这本书里，脚注与漫画混合在一起，二者一时相得益彰。

【159】

　　天主教方面的知识人和改革者也诉诸历史学。利奥十世和克雷芒七世（Clement VII）为了回应胡滕版的瓦拉著作，委托朱利奥·罗马诺（Giulio Romano）给梵蒂冈的君士坦丁厅（Sala di Costantino）绘制了宏大的湿壁画，内容是君士坦丁的洗礼及其赠礼。这些壁画充分利用了当时最新的考古信息来证明君士坦丁将土地与权力赠给教宗是历史事实。[23] 依纳爵·罗耀拉（Ignatius Loyola）命令其在耶稣会的追随者必须捍卫中世纪教会的创新（从圣徒乞求神助到图像的创制），这些创新被看作是上帝不断介入其子民历史的证据。过往成了人们争辩的对象。而争辩所涉及的不仅仅是在遥远往昔发生事件的真相。它还涉及当下基督徒日常生活中的方方面面。如西蒙·迪茨费德（Simon Ditchfield）已表明的那样，天主教学者致力于以前所未有的规模对圣人的个人生平做细致入微的调查。他们这样做不是出于抽象的好奇，而是为了要解决礼拜仪式活动中的具体问题。他们不得不证实——或证伪——在某个社团中被尊奉了数十年或数百年的那些圣人的存在及其事迹。这样，他们就能给所有教区的神职人员提供可靠的日课经和祈祷书了。经过这样一番严苛的研究和考证，地方的传统有的被摧毁了，但更多的得到了支持。简言之，像新教徒诉诸过去一样，来自宗教方面强力、明确的需求，推动了天主教教会的史学编撰。[24]

【160】

在学术性图书馆的黑色橡木书架上，还有大量内容丰富的汇编图书,加入了优西比乌《教会史》的行列。其中,首先应提到的,便是从新教角度出发所做的全面论述,即梅兰希通那位易怒的敌人弗拉齐乌斯·伊利里库斯(Flacius Illyricus)等人所撰的马格德堡教会史《诸世纪》(*Centuries*)²⁵,以及天主教徒切萨雷·巴罗尼奥的《编年史》。²⁶ 的确,弗拉齐乌斯对优西比乌的教会史,以及他的所有模仿者所写的那些教会史,都加以谴责²⁷,批评他们注重个人的奇妙事迹,而不是重建教会教义与组织的历史。与之相反,弗拉齐乌斯提议,要告诉人们的"不仅仅是在那几百年间教会里有哪些教义,而且要说明有哪些仪式、歌曲(虽然只要简略提及),因为所有这些都是互相紧密联系在一起的"。²⁸ 然而,在方法论上,弗拉齐乌斯紧随优西比乌,他将自己的工作视为对书面文献的一种研究,这与他那位先辈是一样的。到1550年代早期,当弗拉齐乌斯开始搜索韦尔多派(Waldensians)以及宗教改革之前其他异端所写的文本时,他觉得要写作完备的教会史需要一整套历史学的机构来工作。一开始,他希望能找到供四人团队用的一笔款项:两个阅读者,负责搜集、摘录和组织史料;一个写作者,负责将前两人的成果变成生动的拉丁文;另外还有一位是抄写员。²⁹ 但过了一段时间,弗

【161】

【162】

拉齐乌斯发觉，与其计划直接相关的证据有许多种。他与助手一起搜集、编目的，不仅有神学论著和历史学著作，还有审讯记录与口头证言，流行的预言书和大开本出版物。[30] 当弗拉齐乌斯的团队最终装配出《诸世纪》那厚重的第一册，准备付梓的时候，还有七名年轻学生为两名年轻的文科硕士（Masters of Arts）和完成最后定本的抄写员做笔记。然后，还有一个"检查员"团队负责仔细检查每个段落。这项事业开销巨大——大得令人生疑。弗拉齐乌斯和他的朋友很快就发现，为了抵挡新教徒同事的进攻，他们需要用尽全力。尤斯图斯·梅尼厄斯（Justus Menius）等人称，弗拉齐乌斯将其谋到的本应用于工作的钱自己截留了下来，而付给合作者的钱都不够维持他们基本生活，而且他在搜集原始史料的时候，不仅像通常的做法那样做笔记，而且还用传说中的*culter fiacianus*（这把"弗拉齐乌斯小刀"威名远扬）将手稿里的页面裁下来。[31] 换言之，教会史催生出第一个有资金支持的历史研究机构，以及第一次对挥霍经费的指责。在整个1560年代，当法国、英格兰等地的历史学家着手写作关于宗教改革的辩论性历史著作时，当时殉教者的生平、观点和教义等方面的细节，通过正式的和非正式的网络汇集到写作者（如约翰·福克斯

【163】

[Jonh Foxe]）的手里，他们用这些细节塑造出的作品就好似是古代殉教者记录的现代翻版。[32]

天主教教会的历史学家也互相合作搜集、交换他们所需要的大量信息。为了封圣，大量的数据被收集起来，这一工作在间隔了63年之后于1588年又重新启动，因为天主教教会为了与新教做斗争以及让异教徒改变信仰，开始动员其精神力量。根据教会法，这些工作需要动员，并且审查目击者提供的大量信息。关于过去的其他多种调查也是如此——特别是为了驳斥弗拉齐乌斯（对他那本反对天主教的《诸世纪》急需加以驳斥）而进行的大规模教会史研究。[33] 尽管巴罗尼奥喜欢强调自己工作如何努力，喜欢声称是以一己之力写作《编年史》，但他也从罗马等地的学者网络中获得了帮助。到17世纪中叶，奥拉托利（Oratory）修会在意大利的一些成员，为了研究教会史，创建了一个意大利半岛范围的研究机构。[34]

政治史家尽管也强调要系统搜集和校勘所有证据，但他们最在乎的是实用的见识和高雅的文风。教会史学家在乎的是学问。亚努斯·尼奇乌斯·埃吕提拉欧斯（Janus Nicius Erythraeus）在写作巴罗尼奥的生平事迹时，让他感到敬畏的不是巴罗尼奥的虔诚，而是他那超常的精力，他"从散落在近乎难以计数的书籍中搜集了大量的各种材料,并且对这些材料烂熟于心,在每一处都有自己的判断,并最终出之以渊博、精确的写作"。[35] 这一评价恰恰也是巴罗尼奥对自己工作的看法。在《编年史》的序言中,他强调自己从非常年轻的时候起,花了30年的时间在梵蒂冈等地的图书馆做研究。他向读者保证,虽然史料中的文字显得乏味,他还是将之原样照录下来,而不是换用自己的话来表述,而且他在页边注中明确列出了史料的名字。[36]

新教学者也在搜集、发表史料的浩繁工作上花费了不相上下的气力,这证明,他们自己所谓的创新实际上是在复古。马修·帕克(Matthew Parker)是博学的圣公会坎特伯雷大主教,他派人在不列颠群岛四处搜寻中世纪英格兰教会遗留下来的用盎格鲁—撒克逊语和拉丁语书写的手稿;这位英格兰教会的领袖像所有入侵者一样,无情地洗劫了诸多天主教图书馆。与许多大赞助人和大收藏家不同,帕克显然通览过他搜集的珍藏,他那支传奇的红色粉笔在一页页珍贵的手稿页边留下了印记。他把一些新发现的文本付梓出版,将许多其他手稿妥善收藏在剑桥大学基督圣体学院(Corpus Christi College)的图书馆中。帕克的

【165】

秘书约翰·乔斯林（John Joscelyn）这样生动地描绘了帕克的计划：

> 此外，他非常仔细、煞费苦心地寻找过去时光留下的遗迹，特别是英格兰教会留下的遗迹，为的是了解早期教父时代的这一宗教。他自己和手下人都不遗余力地搜寻布立吞人和盎格鲁—撒克逊人的编年史，这些编年史到处都有，但因为人们不能很好地理解其语言而被弃置，埋没在遗忘之乡。为了这些古物能够长久地留存下来并被小心地保存，他将它们集中于一处，仔细装订好。不止于此，在这些古代遗迹中，他认为留存极少、而对于后人汲取学习古人的信仰与宗教最有教益的部分，他还着手将其刊行出来。[37]

由注释构成的复杂、精密的网络显示了帕克的手稿中历史学的或是神学的旨趣所关注的东西，正是他所关注过的东西为那些印刷出来、篇幅很多的注释提供了内容。帕克所撰写的或受"启发"所写的著作，都装饰了这样的注释。这些文献充分证实了乔林斯的叙述。[38]

旁征博引并不带来——或并不意味着——严格的客观

性。例如，帕克雇佣专业抄写员"改善"他收藏的手稿，手稿有缺页的地方就补上所缺页，上面的内容是抄写员模仿原稿笔迹完成的。在出版阿瑟主教（Bishop Asser）所写的阿尔弗雷德大王9世纪的生活事迹时，他不动声色地改变了手稿（现已不存）中的拼写，甚至还改变了非古典的措辞。他在文本中插入其他史料中他误以为是阿瑟所写的段落。而且，刊行整本书时，他实际上用的是盎格鲁—撒克逊字体而不是拉丁字体，为的是向"这份原稿之庄严、悠久"致敬——而实际上手稿本身却是标准拉丁手写体，即加洛林小写体（Carolingian minuscule），帕克所用的特殊字体模仿的是仅用于本国语言的字体。就这样，他成功地制作出看起来、感觉起来像是一件真正古物的东西——只不过代价是错误地再现了那些实际的史料。[39] 其他致力于更晚近材料的新教学者也做过类似的整形手术——比如，福克斯就是如此，能够证明他所颂扬的殉教者持有与新教教义不符的证据都被他排除了。[40]

  天主教学者也操控他们的证据——有时是很蛮横地操控。例如，罗马地下墓地被打开，不仅开创了人们对早期基督教生活与艺术的新视野，而且还引发了一场精神上的淘金热。整个天主教世界中，强大的统治者和富裕的城邦

【167】

都竞相为自己的教堂谋求殉教者的遗骨。负责地下墓地的罗马学者顺时而动。他们把遗骨拼成骨架,指定其姓名,他们不做多少论证就下结论,在遗骨附近发现的铭文既能确认他们是殉教者,也能确认谁是谁。饰有印章的官方文件对每一项发现给予确认。教宗的瑞士侍卫队的退休军官们把弄到这些文件变成了一种职业。随着场面壮观、耗资巨大的凯旋队伍,这些早期基督徒看得见、摸得着的遗骨被安置到天主教世界的各处教堂中去了。在骷髅舞(Dance of Death)中,教会史变得有些鲜活起来,它到处都引发人们的崇拜、吸引学者的研究——代价是验证的标准有些受损。[41] 找回关于早期教会的一手证据与改革现代虔信生活之间的联系,再清晰不过地显现了出来。

最后,在17世纪,教会学问原始积累的时代逐渐让位于分析与专注研究的时代。天主教学者展开"文书之战"(*bella diplomatica*),博兰德会和本笃会修士就哪些档案文献是真的,哪些天主教机构在历史上有根据,哪些圣人真实存在过等问题展开全面论战。这些冲突催生了从古文书学到印章学的一整套现代技术性学科。[42] 吉本熟知这个现代隐修院中的学问世界,他心满意足地依赖其产品,却不想跟这些产品的制造者那样做深入、原创的文献研究。他以

其特有的讽刺回忆起1760年代他在巴黎那些宏大的图书馆里工作时的情形:

> 看到了许多的手稿，不同时代，字体各异，我因此去查阅了两部本笃会修士的大作，马比荣的《论古文书学》(*Diplomatica*)和蒙福孔的《古文字学》(*Palaeographica*)。我研习理论，但没有练习这门技艺：我也不应抱怨希腊文缩写和哥特文字母有多么复杂难解。因为每天，我都收到女士的便条，明明是用我熟悉的语言写的，我却觉得是让我晕头转向、看不出名堂的埃及象形文字。[43]

换言之，教会史学在学术研究方面贡献了许多重要的内容和模式，而启蒙时代的历史学家则将它们跟优雅的叙述融为了一体。不管他们学习的是天主教杰出编纂家卢多维科·安东尼奥·穆拉托里，还是研究早期教会的新教历史学家莫斯海姆，这些启蒙时代的历史学家（如吉本）都暴露出自己不过是他们喜欢嘲讽的那些教父们的不敬门徒。塞巴斯蒂安·勒南·德蒂耶蒙，这位17世纪的詹森派信徒积累和分析了所有揭示罗马帝国和教会历史的文献，

【169】在搜集素材方面，他做的工作比谁都多，正是靠这些素材，吉本建造出《罗马帝国衰亡史》这座配有精巧亭阁的新古典主义的伟大庄园。⁴⁴ 吉本觉得研究晚期几任皇帝的历史时，"靠这部如此渊博、准确的汇编比靠既无条理、不准确、没文采，又不编年的原始材料"要"好得多"。⁴⁵ 即使是他不怎么瞧得上的优西比乌也给他提供了极其重要的素材，比如亚历山大里亚"有权领取配给粮食"的所有居民的名录，又如他那个关于奥利金死于句下的著名笑话。⁴⁶

教会史学这类文献能够传授的，并不仅仅是满足提供文献证明这样的简单需求：它还明确强调贮藏的重要性，以及原始史料的至高价值。在古代已有一些历史学家体会到了档案所带来的喜悦。⁴⁷ 在公元70年罗马人与犹太人之间恐怖的战争期间，犹太人领袖约瑟夫（Josephus）改投【170】到罗马人一边，倾其余生来写作犹太人史，他运用了大量档案文献来证明希腊学者阿皮翁（Apion）和埃及人曼涅托诽谤犹太人。其中一些文献，约瑟夫是直接阅读早前希腊著作（现已不存）中现成的翻译。而另一些文献，他则声称是在一些现存城市的档案中找到的。他不止一次援引在他之前千年的推罗（Tyrian）文献。⁴⁸ 约瑟夫向所有读者明确表示，这些文献值得信赖，因为它们是由祭司而不是什么历史学家在公共场所中保存下来的。他还机智地称，如果支持犹太人的文献是由犹太人的敌人写的，那它就特别可靠和可敬。⁴⁹基督徒优西比乌虽然没有那么清晰地把自己使用的方法说出来，但他也宣称自己使用了官方收藏中的文献和外语文献——如耶稣与埃德萨王阿布加尔（King Abgar of Edessa）之间著名的通信，这些信据他称是在埃德萨档案馆里找到的。⁵⁰这些说法——以及在下面将其支撑起来的学术推理——的力量不容小视，虽说犹太学者和基督教学者大量引用的文献的性质是如此奇怪，使得有时候他们的学科看上去更像是在给考证出难题，而不是给这些难题提供解决之道。我们在上一章碰到过的维泰博的安尼乌斯就曾开心地伪造据其说是古代世界被人遗忘的历史学家的作品，他向约瑟夫学习，声称自己引用的作家比希腊人更值得信赖，因为他们是将官方记录保存了千百年之久的祭司。基歇尔大胆出版新发现的中国文献的做法，与这一千年传统非常契合——既暴露了其弱点，也显示出其长处。从《罗马帝国衰亡史》第15、16章可以看出吉本对二者有多么熟稔——弱点体现在优西比乌那里，长处在莫斯海姆那里。

【171】

基歇尔的工作还处于第二种学术传统之中。这种传统强调明确地引用和分析历史证据。1640年代,他从罗马城外的亚壁古道(Appian Way)挖出一个倒伏的方尖碑。他认为这只是众多埃及遗迹中的一个,这些遗迹中蕴含着一种古代自然哲学和形而上学的留痕。它们依然能为现代的基督教知识人提供深刻的真理。对于方尖碑上的象形铭文,他做出了精心的释读,而这些释读很大程度上是基于他所阅读的伪造的希腊文埃及对话录,作者被认为是传说中的赫耳墨斯·特利斯墨吉斯忒斯(Hermes Trismegistus)。基歇尔在精确简洁的页边注释中提到了这些文献和其他文献(他在正文中也引用了多种语言的著作)。[51]基歇尔强调他只用最古老和最真实的史料来重新构建、重新联结断裂的古埃及智慧之链。[52]

【172】实际上,基歇尔并未引用全部相关古代文本,或是全面描述他所否认的所有现代说法。如果要将赫耳墨斯·特利斯墨吉斯忒斯对话录当作说明古埃及智慧的史料来用,他就必须驳倒加尔文派学者伊萨克·卡索邦(Isaac Casaubon)等人的论点,他们认为这些文本是希腊晚期的伪作。在基歇尔著作中有一章专门讨论这个问题,他一开始就强力捍卫传统,反对某些破坏传统的人,他说这些人

是希望靠摧毁长久以来被视为真实文本的信誉而暴得大名。但他既未详细说明卡索邦的论点,也没有理会卡索邦编纂好的大量语言学上的文献证明,卡索邦用它们来证明那些文本不可能是基歇尔所认为的古物。[53]

但基歇尔做出的参考资料比任何可以想见的注释都要惊人。他将那块破碎的方尖碑一片不落地聚集起来,拼出上面的铭文,然后在其著作中复制铭文的全貌和片断。不幸的是,基歇尔和许多古物研究者一样,是在隔着一层文字证言观看视觉证据。他手下的艺术家发现要复制埃及图像就不得不引入西方的惯常做法,而这又会扭曲那些图像。更糟糕的是,基歇尔本人在释读中有时是基于有缺陷的、更古老的罗马方尖碑上的图像,而不是纪念碑本身。因此,虽然他引用视觉证据,但这却几乎不能防止他在报告数据时出错,更不用说防止分析数据时出错了。[54]然而,从视觉上来说,基歇尔的作品总是让人称奇的;这一次他要将这块纪念碑本身公之于众人眼前。椭圆形的纳沃纳广场(Piazza Navona)是橙与黄的交响曲[55],广场中心是罗马群众在围着贝尼尼(Bernini)设计的喷泉及其代表世界四大河流的雕塑转圈。基歇尔挖出的方尖碑就置于这些雕像之上。方尖塔之下刻着漂亮的拉丁文铭文,它向博

【173】

学的路人说明应如何释读这块"赫耳墨斯的方尖碑"。若论外观之美,在基歇尔参与制作的、保存原始文献的这个宝盒面前,甚至他那些埃及学对开本的煌煌巨著也相形逊色:这大概是最引人瞩目,当然也最迷人的证明文件(pièce justificative)了,将之摆放出来,为的是支持文艺复兴时期考古学的大胆论点。[56]

【174】 和他的中国学一样,基歇尔的埃及学也处于一种清晰可辨的历史学传统之内。因为考证的、以文献为依据的历史学绝不仅局限于犹太教与基督教的辩论家,以及本笃会修士和耶稣会会士的世界。最晚到公元前5世纪,希腊的知识人不仅开始书写重大事件的叙述史,而且开始写作史学专题研究,在其中讨论技术性的问题。罗马学者在公元前1世纪及之后也紧随其后。传统上这些学者被看作古物研究者,他们处理的主题覆盖面非常之广。他们尽力确定重大历史事件发生的准确日期。他们重构其先祖的宗教习俗、政治体制,还有公共礼仪和私人生活。罗马人瓦罗写过一部面面俱到的《罗马人的生活》(Life of the Roman People),像他这样的人是后世传奇般广博的社会文化史家马克·布洛赫(Marc Bloch)和吕西安·费弗尔(Lucien Febvre)在知识上的先祖,这二人在20世纪的斯特拉斯堡和巴黎得享

盛名。[57]

要说清楚古代的古物研究著作是什么样子的，并不容易，因为除了一些片断的引文和节录，这种内容丰富的文献几乎没有留存下来。但差不多可以肯定的一点是，它当中不仅有意义连贯的文本，而且有相当数量的原始史料。对于文献史料的直接兴趣不是一下子自己就确立起来的。在希罗多德看来，他所记录的那些传统的核心所在，是口头证言而不是书面文献——这种态度有助于解释，为何他在描述据他说是在希腊和埃及亲见的那些铭文和物品时，有那么多错误和前后不一致的地方。[58] 修昔底德也不认为有必要精确报告他所引用的条文及其他文献中的字句。他很可能在引用文献时只是概述，并不打算让它们比书中的演说讲话更精准，而这些演说讲话是他事后为其作品中的主人公撰作的。[59] 然而最晚到公元前4世纪，学者开始系统地研究书面记录。马其顿的克拉特鲁斯（Krateros of Macedon）的著作（大部分现已失传）给我们提供了一个例子。克拉特鲁斯研究雅典历史，他很可能与亚里士多德有些关系。众所周知，那位大哲人也是大学者，曾经搜罗整个希腊世界的历史和法律文本，来对社会和政体进行比较研究。看起来，克拉特鲁斯用来研究雅典历史的也是相

【175】

似的经验性方法。为了确定历史和编年史中有争议之处的真相到底如何,他到位于神母庙(Metroon)的雅典档案馆抄写了记录雅典民众公共决策的铭文和其他文本。[60] 几个世纪之后,普鲁塔克在写作雅典伟大领袖的生平时,引用了他两次。一次是"从克拉特鲁斯搜集的敕令中"拿出一份文献来驳斥另一位历史学家凯利斯尼兹(Kallisthenes),另一次是抨击克拉特鲁斯本人的一个论断,普鲁塔克说,在此处,他这位历史学家先辈没有引用任何"书面……证据,而他通常是要将之完整地记录下来,并引用那些支持其说法的证据的"。[61] 这两处引用的语调不同,却同样意味着克拉特鲁斯所写的,是类似于一种以文献为基础、细致入微的历史学著作,与这一时期任何留存下来的文本都不一样——虽说我们不太会有确切的结论,因为这些文本是残章断片,而且事实上普鲁塔克不可能直接利用克拉特鲁斯的著作。出于同样的原因,围绕着雅典当地史学家,或者说是"写作雅典史的历史学家"(Atthidographer)(他们可能用相同的路数在进行研究),激烈的争论仍在继续。

这种古物研究的样式在14、15世纪抽出新芽,在16、17世纪怒放。为了寻找希腊、罗马的铭文,学者们在欧洲的城市和乡村中四处搜索,他们将找到的铭文集中抄录于笔记本中，并从16世纪早期开始，将其收藏印刷出版，忠实于原物的程度各有不同。卡洛·西戈尼奥（Carlo Sigonio）和奥诺弗里奥·潘维尼欧（Onofrio Panvinio）等人根据1540年发现于罗马广场（Roman Forum）的编年纪录（*fasti*）或者说铭文，重新调整了罗马历史的编年主线。这些铭文是米开朗琪罗亲手在都护宫[62]重拼起来的。[63]罗马政体和雅典历法，罗马结婚庆典和拜占庭军事习惯，都成了学者们细致、系统分析的主题。学者的工具箱里除了笔之外，现在又添上了卡尺与刻工的刻刀。古物研究者不仅阅读文本，而且还测量古代钱币的重量、大小，挖掘古代建筑物和雕塑并绘制成图，而且还尽力修复各种古代物品（从各种武器到钉死耶稣的十字架）的外观。他们当中最大胆的人效仿克里斯托福罗·布翁代尔蒙蒂（Cristoforo Buondelmonti）和安科纳的奇里卡（Cyriac of Ancona），勇敢地面对地中海的海盗，冒着在穆斯林地区生活的生命危险，去勘探雅典等地的希腊遗迹。[64]另一些人为了重构中世纪欧洲的历史，编辑、评估各种编年史，还开始去国家档案馆与地方档案馆中一探究竟。[65]古物陈列室和艺术与珍奇陈列室（Kunst- und Wunderkammern）让学问渊博的造访者可以看到雅洁的各色钱币和一长排一长排的古代雕像

【177】

【178】

与碑铭。经常来观看的人,其视觉敏感性常常变得与其文字层面的渊博学问一样地锋锐。地中海地区的研究院和宫殿是法国和意大利的古物研究者进行编纂、讨论的地方,这里成为知识探险的场所。古物研究中跨学科、合作的方法让许多大学的课程变得生气勃勃起来,在神圣罗马帝国和斯堪的纳维亚地区尤其如此。[66]

【179】 这一传统中的大多数重要著作(如尤斯图斯·利普修斯的《论罗马军制》[De militia Romana],这本杰出的手册不仅在罗马史研究中地位重要,而且在创建最初的现代军队时起到了关键作用),在结构上,更多是以体系而不是以编年的形式组织起来的。所有著作都大量引用文献。例如,利普修斯在构建其关于罗马军队的叙述时,是基于波利比乌用希腊文写的罗马史第六卷,他将之翻译出来并在全面的评注中做了分析。[67] 使用原始史料具有怎样的重要性,他就这样做出了一个极佳的典范。17、18世纪的古物研究者也是这么做的,甚至做得更直接,他们将中世纪的历史学和法律文本搜集到大部头的对开本中,这些对开本至今还是所有仍在运作的历史类图书馆的关键藏书——尽管其中大部分的编者自己从文学的角度来看,觉得这些文本乏善可陈。大多数编者为印刷出版这样无趣但又必不可少的

史料感到抱歉而不是自得。

许多古物研究者强调完整书目、精确引用和准确誊抄的重要性（实践中他们常常不那么遵守自己定的规矩）。[68]另外，这一行的基本工具也让他们对于直接看到其证据的重要性有高度自觉。希腊和罗马铭文的收藏家留意告诉其读者，是谁在什么情况下看到某件物品。在15世纪这一做法成为标准要求，当时研究古典的铭文收藏家对每一块石头都明确标出他们是在哪里发现的。在这些浪漫的考古学家自称访问过的遗迹中，也包括了奥林匹斯山，他们中的一些人还随意补全了他们碰到的无头雕塑和残缺铭文。[69]然而，过了一段时间之后，铭文学中的想象性元素大部分消失了。对遗迹及其状况的记录变得越来越精确——考古学家必要时甚至记下不确定的信息。德国古物研究者亚努斯·格吕特尔（Janus Gruter）写出了17世纪标准的铭文学文集，他报告说，他的前辈亨利克斯·斯莫裘斯（Henricus Smetius）1562年在罗马查看了阿基莱·马费伊藏品中的一组古代砝码。其他很多时候，格吕特尔只能说斯莫裘斯"看到过"某件物品，谁也不知道是在哪儿看到的。只要有可能，文献就被索性复制出来。为了说明马库斯·韦尔泽藏品中一把青铜算盘的性质和用法，格吕特尔

【180】

写道,"千万要听听他自己明白的说法"——格吕特尔然后立马就引用了这些说法。[70] 像博物学家(natural historians)一样,古物研究者也热心搜集样本:许多杰出的知识人,如博洛尼亚的乌利塞·阿尔德罗万迪(Ulisse Aldrovandi of Bologna)和基歇尔,同时从事这两门学科,他们既把古代武器和铭文,也把独角鲸的角和奇异花卉搜罗到自己的收藏中。与博物学家一样,古物研究者也将图样集中、整理成册,然后成套精心印刷出来,这样可以保存那些无法收藏的细节(如露天遗迹的布局)。[71] 丰富的证据和使用证据的一套清晰标准给整个欧洲的古物研究者提供了精确、广泛讨论古代历史难题的基础。

【181】

古物研究中的争议并没有因为方法论的逐渐精密而消除。有意思的是,老问题("纽扣,纽扣,谁拿到了那枚纽扣?"[72]——"证据,证据,谁能引用一手证据?")有了更高的新版本,而争议就集中环绕于其周围。当约克纹章官(York Herald)兼古物研究者拉尔夫·布鲁克(Ralph Brook)着手攻击其新同事、温彻斯特公学(Winchester School)前校长威廉·卡姆登的信誉时,他既引用了文献,也引用了遗迹,说明卡姆登本应待在他那"专管揍小孩的低等领域"。卡姆登使用了菲利帕王后(Queen Philippa)

墓穴的物质证据来捍卫其《不列颠》(Britannia)，他反驳布鲁克说，这一原始史料给他的说法提供了视觉证据，他这样刺激他的对手："让他自己去墓穴，自己去看看。""我去看过"，布鲁克回敬道，他还提出，卡姆登对据称是其发现的武器"做了不忠实的报告"。[73]尽管学问渊博，卡姆登却未能免于有时也引用一些可疑的文本，如他在1603年印行了一段据说是阿瑟所写、描述早期牛津历史的文字，虽说他清楚这很可能是古物研究者班克（Banke）的亨利·萨维尔伪造的。[74]类似的争论和论说在欧陆古物研究文献中那些用拉丁文书写的页面上比比皆是。[75]要说越过这门学问在文献目录和道德方面的雷区，没有人比大哲学家莱布尼茨干得更专业了，他不仅用形而上学的论说证明了他生活在所有可能世界中最好的一个，而且用广泛进行档案研究及出版大量文本来证明其赞助人（不伦瑞克—吕内堡[Braunschweig-Lüneburg]家族）能够自诩为所有可能世家中最优秀的一支。[76]

因此，为了借鉴史料考证和史料征引的模式，吉本及其同事可以利用的这种世俗学问的传统，能够追溯至文艺复兴以及更早的时期。[77]吉本的确没有对所有古物研究者抱以同等的尊敬。有些乱来的编年史家（如基歇尔）将整个古代世界的历史加以重写，以配合其新柏拉图主义或爱国主义的口味。对于这些人的怪异推想，以及圣徒传记作者的狂热、轻信，吉本同样冷淡待之。他用一股新古典主义轻蔑的北极寒风吹萎了他们对于过去进行想象性再创造的鲜嫩萌芽：

> 上个世纪有大量学问深厚、易信轻从的古物研究者，靠着传说与传统、揣测文本与琢磨词源带来的些许微光，把诺亚的曾孙辈们从巴别塔带到世界尽头。
>
> 【183】这些明智的考证家中，乌普萨拉大学教授奥劳斯·鲁德贝克（Olaus Rudbeck）是最逗趣的之一。不管历史中的还是神话传说里的事，只要是有名的，这位狂热的爱国者都将之归于自己的国家。连希腊人的字母、天文学和宗教都出于占古代德意志地区相当大部分的瑞典。柏拉图的亚特兰蒂斯，极北乐土（the country of Hyperboreans），看守金苹果园的仙子，福佑岛（the Fortunate Islands），甚至极乐世界（the Elysian Fields），都只不过是对瑞典当地人眼中的这块福地模糊、不完美的摹写。得到大自然如此宠爱的地方在大洪水过后不会一直都是荒漠的。学问渊博的鲁德贝克给了诺亚

一家一点儿时间，让他们从8口人增长到2万人。然后他让他们分散到小殖民地中，去布满地球，去繁衍人类。德意志或瑞典小分队（如果我没弄错的话，在贾费特[Japhet]之子戈默[Gomer]之子阿斯凯纳齐[Askenaz]的指挥下）因其从事这项工作时超常的勤勉而出类拔萃。这群北方蜜蜂分出来的蜂群覆盖了欧洲、非洲和亚洲的大部分地区；（用作者本人的比喻来说）然后血液从四肢流向心脏。[78]

这段话中每一句都散发着轻蔑：任何读者在看到吉本刻薄的评论时（"单单一个事实就完全摧毁了德意志古物研究者精心打造的体系"），都不会吃惊。过于渊博的耶稣会会士让·阿杜安（Jean Hardouin）以无可置疑的钱币证据为基础，为证明几乎所有古典文献都是伪作而付出了疯狂的努力。吉本在对之进行考量时，是觉得好玩儿而不是受刺激。在讨论圣彼得是否真的造访过罗马时，吉本在脚注中列出了支持和反对两方面的意见。他通过直接总结阿杜安的说法亮明了自己的观点："阿杜安神父认为，13世纪的修士们在写作'埃涅阿斯纪'（Aeneid）时，说的是那位特洛伊英雄，实际上是在暗喻圣彼得。"[79]

【184】

此外,一般来说,对于古物研究文献中许多最鲜明的特征,吉本从不嘴下留情。他嘲弄有人试图通过识别共同的文化与宗教特点来把不同民族的历史捆扎在一起。民族学的比较对这种证据的解释要比语文学的推测合理得多:"如果我们的古物研究者肯屈尊想一想,相似的情境自然会产生相似的风俗,那么就可以省去许多琐屑的渊博功夫了。"[80] 吉本一直讨厌掉书袋——特别讨厌以之来支持在他看来是疯狂的假设。他哀叹,即使是最渊博的古物研究者也有过于纠缠细节的倾向,这不是读者所期盼的,也不是史料所能满足得了的。对于"重建日耳曼人的宗教体系(如果野蛮人那些野性的念头配得上这个名号的话)"的学术努力,他用特有的干脆的对偶句就给打发掉了:"关于这一难解的题目,塔西佗写了几行,克鲁维纽斯(Cluverius)用了124页。"[81] 这些以及其他批评表明,对古物研究中那些古老的拉丁文献,吉本的看法颇为含混不明。

【185】

然而,古物研究者还是教给吉本很多东西。他们征引文献之仔细给吉本提供了一个谨慎治学和注重史料定位及质量的榜样。吉本不仅常去图书馆,也常去看欧陆的古物藏品,他对古物研究者的精准与博学有切身了解。1764年5月,渊博的学者、有条不紊和"礼数周到"的楷模朱塞佩·巴尔托利（Giuseppe Bartoli）领着吉本将都灵的王家古物藏室看了个遍。虽说巴尔托利"有点儿江湖骗子的味道"，但他证明自己有能力将文物与文本结合起来使用，其手法之精熟给前来拜访的吉本留下了深刻印象。16世纪罗马古物研究者皮罗·利戈里奥（Pirro Ligorio）搜集起来的30卷古文书，让吉本特别感兴趣。他知道，有许多学者批评过利戈里奥（这可是一位艺术家和建筑师，而非古典研究者），说他"没有诚信，捏造他不知道的文物"。但当吉本阅读利戈里奥的收藏时，他发现手稿中有

> 证据表明其坦诚，这让我在看他时带了些好感。我看到的是这么一个人，他常常怀疑自己是否读对了，他在文物中将那些严重错误原样保留下来，只标上"原文如此"以示自己已注意到它们，他在本可以轻易填满的地方留下空缺。我还要说，他只是编纂者，没有任何体系，但他对体系肯定有用。他常常提到他从其中拿出某片材料的城市、住所或藏室的名字。[82]

更为博学的古物研究者向吉本展示了如何切割古典文

本，将之转化为有关社会史和文化史事实的集合。"奥维德用了两百行来寻找最适宜于爱情的地方。他尤其认为剧场最宜于搜集罗马的美人，并将之融入温柔与情欲之中。"[83]吉本在这样说的时候，他就像是那些古物研究者忠实的门徒，而不是他们尖锐的批评者。18世纪的古物研究文集大多是用法语写的，通常都具有优雅施展知识与学术手段的特点，这在早前被吉本嘲笑的专著中是看不到的。正是在这些文集中，吉本发现了能让他将古典博学研究和哲学讥讽聚合于一处的榜样。在法兰西铭文与美文学院（Académie des Inscriptions et Belles-Lettres）——吉本从这里买到的20卷《文集》(*mémoires*)是其专业藏书的基石——院士们出版的文章中，吉本发现了他以前在鲁德贝克和克鲁维纽斯那里没有找到的东西：对诸如民族起源和迁徙这样艰难的主题做合理的处置。"古物研究者和哲学家如此完美地融为一体，这是很难得的。"[84]他这样评价其中一篇文章。

通过这种更新过的形式，吉本得以接触并欣赏过去两个世纪中古物研究事业的成果。如他所知，铭文与美文学院的院士们用历史怀疑主义的腐蚀性溶液冲刷有关罗马建城的古代和现代记录。如此一来，他们往往将此前文艺复兴时期学者——约翰内斯·坦波拉利乌斯（Johannes Temporarius）、菲利普·克鲁维纽斯和约瑟夫·斯卡利杰尔——已清理过的地方重又走了一遍。这些文艺复兴时期的学者不仅将原始的真史料与维泰博的安尼乌斯的伪史料分开，而且还说明，罗马人只是根据后来的叙述才有对罗马城早期历史中日期与细节的记录。此外，由于高卢人烧了罗马城，也烧了其记载，这些记载肯定口耳相传了一段时间——可能是以宴歌的形式——在流传的过程中无疑会有所改变。H.J.伊拉斯谟在几十年前表明，关于历史考证，德博福尔和尼布尔没有什么可以教给文艺复兴时期的古典研究者及其在巴洛克时期的后继者。[85] 吉本让自己浸润于法国学者超前的、优美的文章中，他由此学会欣赏古物研究传统，虽说他跟古物研究者个人并不投契。[86]

教会史学家和俗世的古物研究者经常有合作，学者个人（如基歇尔）也常常是两种形式的历史都做。他们编纂的史料为启蒙时代的历史学家提供了原材料，后者将之切割、车削、抛光；还是他们，其严谨考证给罗伯逊和默泽使用的分析方法（虽不是叙事方法）提供了榜样。然而，古物研究者没有为其俗世的后继者提供什么类似于完整的文本模式的东西。大多数情况下，他们在就历史问题进

【188】

行写作时，写出来的并不是配有脚注的叙事，而是没有脚注的论说。要讨论的史料和要反驳的不一样的论点都在文本本身之中加以适当地援引和分析。偶尔也会有脚注或注释（如基歇尔著作页边有小字印刷的参考附注），但这不是出于要将文本与附注明确分开处理的考虑。阅读17世纪和18世纪早期博学研究的大多数经典著作——从马比荣的《论古文书学》到穆拉托里的《意大利编年史》（*Annali d'Italia*），再到让·勒克莱尔的《校勘的技艺》(*Ars Critica*)——时，我们不会遇到吉本式的双重叙事。

吉本经常坦承自己受惠于这些传统，并且清楚地表明自己在这种著作中找到的不是一种模式，而是构成其叙事的基础。例如，关于穆拉托里，他写道：

> 他的古文献（既有俗语的，也有拉丁语的）展现出一幅中世纪律法与风俗的奇景；翔实的真实文献附录证明了文本之正确。他的编年史是对28卷对开本原始史著的忠实摘要；不管在这一伟大文集中会看到什么错误，只要提到它是仅凭一己之力承担和完成的，我们的指责就都无效了。穆拉托里不会渴求历史学天才的声名：不偏不倚的评论家和不辞辛劳的编纂者所

给出的实实在在的然而也是微不足道的赞扬，就会让谦逊的他心满意足了。[87]

这种判断并非吉本所独有。1747年，《编年史》的德文译者赞扬穆拉托里系统地运用了原始史料，这为他看上去密密麻麻的著作赋予了"其真正的生命"（das eigentliche Leben）。但译者希望自己的译本胜过原作，恰恰因为他检查过穆拉托里的原始史料并补充了注释（Anmerckungen）。从这些脚注可以看出，穆拉托里不想在明面上抨击的那些天主教对手到底是谁；此外，这些脚注也用原始史料中得来的新证据修改、改进或加强了作者的论点。简言之，这名译者将非常有价值、但也非常传统的编纂工作转化为一种新式的史著考证——代价是形式上的彻底改变。[88]

【189】

教会史学和古物研究——像德图及其同辈的考证史学一样——构成了脚注故事中必不可少的部分。[89]但无论这二者单独还是合在一起，都不足以解释脚注的创制。要理解历史学传统如何改变，我们必须还要再检测构成其知识基因库中的另一条基因链。

注释

1　见菲斯泰尔·德·库朗热对《历史评论》(*Revue historique*) 的介绍，in F. Hartog, *Le xixe siècle et l' histoire* (Paris, 1988), 359: "法国没有什么博学研究要等着创立；很久以来，它就一直在这儿。"(L' érudition n' est pas à créer en France; elle y existe et depuis longtemps.)

2　A. Grafton, "The World of the Polyhistors: Humanism and Erudition," *Central European History*, 18 (1985) 31-47.

3　T. Leinkauf, *Mundus combinatus* (Berlin, 1993) 是对基歇尔思想第一部系统的（也很成功的）分析。关于他的职业生涯及所处环境，概述性的研究参见D. Pastine, *La nascita dell' idolatria* (Florence, 1978), *Athanasius Kircher und seine Beziehungen zum gelehrten Europa seiner Zeit*, ed. J. Fletcher (Wiesbaden, 1988), P. Findlen, *Possessing Nature* (Chicago and London, 1993), 最重要的是, R. J. W. Evans, *The Making of the Habsburg Monarchy, 1550-1700* (Oxford, 1979)。

4　A. Kircher, *China monumentis qua sacris qua profanis necnon variis naturae et artis spectaculis aliarumque rerum memorabilium argumentis illustrata* (Amsterdam, 1677; repr. Frankfurt a. M., 1966)。

5　即《大秦景教流行中国碑》。——译者注

6　Ibid., I. 关于当时的语境与争论，参见一份有用的叙述：D. Mungello, *Curious Land*, Studia Leibnitiana, Supplementband 25 (Wiesbaden and Stuttgart, 1985), 164-172。

7　此人即郑安德。参见孟德卫《奇异的国度：耶稣会适应政策及汉学的起源》(陈怡译，大象出版社，2010年) 第166页以下有关基歇尔与景教碑的讨论。——译者注

8　Kircher, *China*, 7: "His demum accessit P. Michael Boimus, qui exactam prae omnibus huius Monumenti relationem mihi attulit, omnes defectus in eo describendo, ex manuscripto Sinensi, quod penes me habeo, emendavit, novam

第六章　返回未来（二）：教会史学家与古物研究者蚂蚁般的劳作　　245

denuo minutamque totius Tabulae interpretationem verbotenus factam opera socii sui Andreae Don Sin ex ipsa China oriundi, nec non linguae nativae peritissimi orditus, me praesente confecit; quae quidem omnia testata voluit, sequenti *epistola ad lectorem* data, qua totius rei seriem et quicquid tandem circa huiusmodi Monumentum consideratione dignum occurrit, exacte descripsit, quamque veluti luculentum veritatis testimonium huic interpretationi, ipso annuente, ad aeternam rei memoriam praefigendam censui; lapideum vero Monumentum iuxta Autographum ex China allatum, quod in Musaeo meo in hunc usque diem superstes est, genuinis suis notis et characteribus [tam] Sinicis, quam Chaldaeis, Scholiis etiam additis, incidendum curavi. *Epistola* dicta *P. Michaelis Boimi* sequitur."
从中国取来的"真迹"可能是类似于、或者就是Vatican Library Borg. or. 151, fasc. 2d的拓本，参见 H. Goodman, "Paper Obelisks: East Asia in the Vatican Vaults", in *Rome Reborn*, ed. A. Grafton（Washington, D.C., Vatican City, New Haven, and London, 1993）, plate 186。

　　9　Kircher, *China*, 10: "Oculati inspectores Monumenti nec non huius Tabulae ex Prototypo descriptores."

　　10　此人中文名不详，伯希和推断可能是陪同白乃心神父经陆路从北京返回欧洲的中国人，据说在1665年逝于君士坦丁堡。参见孟德卫：《奇异的国度》，第169页。——译者注

　　11　"Hanc Tabulam propria manu ex autographo descripsit Matthaeus Sina Oriundus ex Siganfu Romae a 1664."

　　12　Mungello, *Curious Land,* 171-172。但孟德卫夸大了，而且有时误解了基歇尔的文本。

　　13　关于基歇尔的收藏，参见P. Findlen, *Possessing Nature*（Chicago and London, 1994）。关于其在知识方面更广泛的立场，参见 Goodman and U. Eco, *The Search for the Perfect Language*, tr. J. Fentress（Oxford and Cambridge, Mass., 1995）, 158-159。

14 G. Wataghin Cantino, "Roma Sotterranea: Appunti sulle origini dell' Archeologia Cristiana, "*Ricerche di storia dell' arte,* 10（1980）, 5-14; H. Gamrath, *Roma sancta renovata*（Rome, 1987）.

15 见*Lettre d' Aristée à Philocrate*, ed. A. Pelletier（Paris, 1962）; W. Speyer, *Die literarische Fälschung im heidnischen und christlichen Altertum*（Munich, 1971）.

16 H. Y. Gamble, *Books and Readers in the Early Church*（New Haven and London, 1995）, 154-160.

17 见F. Winkelmann, "Probleme der Zitate in den Werken der oströmischen Kirchenhistoriker", *Das Korpus der Griechischen Christlichen Schriftsteller: Historie, Gegenwart, Zukunft*, ed. J. Irmscher and K. Treu, Texte und Untersuchungen 120（Berlin, 1977）, 195-207, Winkelmann, *Euseb von Kaisarea*（Berlin, 1991）, 111-112中有关于优西比乌的总结。

18 T. D. Barnes, *Constantine and Eusebius*（Cambridge, Mass., and London, 1981）, 141. 亦参较B. Gustafsson, "Eusebius' Principles in Handling His Sources, as Found in His 'Church History', Books I-VII, " *Studia Patristica*, IV, Texte und Untersuchungen, 79（Berlin, 1961）, 429-441.

19 关于瓦拉是如何将修辞学范畴用于分析文本这一目的的，参见C. Ginzburg, "Aristotele, la storia, la prova, " *Quaderni storici*, 29（1994）, 5-17 at 12-14; 参较前文第三章。

20 E.F. Rice, Jr., *Saint Jerome in the Renaissance*（Baltimore and London, 1985）, 引文见页113。

21 见G. Antonazzi, *Lorenzo Valla e la polemica sulla donazione di Costantino*（Rome, 1985）, 161-164, 189-190。[乌尔里希·冯·胡滕版的瓦拉印于1517年，路德的"公开书"发表于1520年。——译者注]

22 L. Cranach and P. Melanchthon, *Passional Christi und Antichristi*（Wittenberg, 1521）; 见B. Scribner, *For the Sake of Simple Folk*（Cambridge, 1981; rev. ed. Cambridge, 1994）, 149-157。

23 见Antonazzi, 161-162, and A. Chastel, *The Sack of Rome, 1527*, tr. B. Archer Brombert（Princeton, 1983）。

24 S. Ditchfield, *Liturgy, Sanctity, and History in Tridentine Italy*（Cambridge, 1995）.

25 通称*Magdeburg Centuries*,这是一部由马格德堡七位路德宗学者集体编著的教会史，其中为首的作者是弗拉齐乌斯。该书覆盖一千三百年的历史，结束于1298年。——译者注

26 确定教会史作为学术研究与写作之模板的重要性的，是A. Momigliano, in "Pagan and Christian Historiography in the Fourth Century A.D.," *Terzo contributo alla storia degli studi classici e del mondo antico*（Rome, 1966）,I, 87-109 at 99-101; 莫米利亚诺既强调基督教教会史学编撰与此前的希腊—犹太文献之间的差异，也强调它们之间的相似之处。关于教会史发展的进一步的讨论，见H. Zimmermann, *Ecclesia als Objekt der Historiographie*, Österreichische Akademie der Wissenschaften, Phil. –hist, Klasse, Sitzungsberichte 235, 4（Vienna, 1960）; *Historische Kritik in der Theologie*, ed. G. Schwaiger（Göttingen, 1979）; E. Cochrane, *Historians and Historiography in the Italian Renaissance*（Chicago and London, 1981）, chap. 16; Momigliano, *The Classical Foundations of Modern Historiography*（Berkeley, 1990）, chap. 6; B. Neveu, *Erudition et religion aux xviie et xviiie siècles*（Paris, 1994）。

27 关于弗拉齐乌斯的著作，首先应参考H. Scheible, *Die Entstehung der Magdeburger Zenturien*, Schriften des Vereins für Reformationsgeschichte 183（Gütersloh, 1966）; O. K. Olson, "Matthias Flacius Illyricus," *Shapers of Religious Tradition in Germany, Switzerland, and Poland, 1560-1600*, ed. J. Raitt（New Haven and London, 1981）, 1-17是精简、有用且文献扎实的英语作品。

28 弗拉齐乌斯于1555年9月9日致斐洛·洛泰里乌斯（Philo Lotharius）的信，Vienna, Österreichische Nationalbibliothek, MS 9737b, fols. 14 verso-15 recto: "Scribis ceremonialia et cantiones Ecclesiasticas nihil ad nos. Nos vero

omnino cupimus ostendere non tantum qualis doctrina singulis seculis in Ecclesia fuerit, sed etiam quales ceremoniae et cantiones, tametsi breviter, nam illa omnia inter sese cohaerent connexaque sunt."

29 弗拉齐乌斯于1553年10月1日致舒伯梅尔（Schuibermair）的信，Vienna, Österreichische Nationalbibliothek, MS 9737b, fol. 3 recto: "要供养这四个人，我们连续六年每年至少需要500弗罗林（floren）或泰勒（taler）。他们中必须有一个人文笔非常好，能将需要写出来的用散文表达。有两个人只负责调查或阅读史料，他们将素材准备好，提供给写作者。这项计划中第四个人是誊抄员，他也做其他一些琐事。"（Erunt enim necessarii ut minimum floreni vel taleri 500 annuatim in sexennium, quibus alantur quatuor homines, unus qui stylo valeat et ea, quae scribenda erunt, scriptione complectatur, duo, qui tantum in inquisitione materiarum seu lectione occupentur, illique scriptori materias iam paratas suppeditent, et quartus, qui in describendo aliisque vilioribus ministeriis huic conatui inserviat.")又见Flacius, *Consultatio de conscribenda accurata historia ecclesiae*, in K. Schottenloher, *Pfalzgraf Ottheinrich und das Buch*（Münster i. W., 1927）, 147-157 at 154。

30 关于弗拉齐乌斯的研究方法，参见K. Schottenloher, "Handschriftenschätze zu Regensburg im Dienste der Zenturiatoren," *Zentralblatt für Bibliothekswesen*, 34（1917）, 65-82。弗拉齐乌斯和他的秘书马克斯·瓦格纳（Marx Wagner）编纂了非常详细的史料指南：*Catalogus testium veritatis*（Basel, 1566），参见 T. Haye, "Der Catalogus testium veritatis des Matthias Flacius Illyricus—Eine Einführung in die Literatur des Mittelalters," *Archiv für Reformationsgeschichte*, 83（1992）, 31-47，它强调弗拉齐乌斯努力依靠尽可能早的史料，并提出、解决关于作者身份和真实与否的问题。

31 见*De ecclesiastica historia quae Magdeburgi contexitur narratio, contra Menium et scholasticorum Wittebergensium epistolas. A gubernatoribus et operariis eius historiae edita Magdeburgi. Cum responsione scholasticorum Witebergensium ad eandem*（Wittenberg,

1558）and Flacius Illyricus et al., *Ecclesiastica historia*（Basel, 1560-74）, I, sig. B2 recto.

32　见B. Gregory, "The Anathema of Compromise: Christian Martyrdom in Early Modern Europe"（Ph. D. diss., Princeton University, 1996）.

33　J. L. de Orella y Unzue, *Respuestas católicas a las Centurias de Magedeburgo*（*1559-1588*）（Madrid, 1976）.

34　Ditchfield, chaps. 10-12.

35　J. N. Erythraeus, *Pinacotheca imaginum illustrium*（Leipzig, 1692）, I, 88-89："ut infinitam vim rerum ac varietatem, per infinitos pene libros dissipatam atque dispersam, colligeret, intelligentia comprehenderet, de unaquaque earum judicaret, ac denique literis docte accurateque mandarit."

36　C. Baronio, *Annales ecclesiastici*, I（Antwerp, 1589）, Praefatio, I-7 at 4 and 6. 见S. Zen, *Baronio storico*（Naples, 1994）, 尤其是chaps. I-II。

37　J. Joscelyn, *The Life off the 70. Archbishopp of Canterbury presentlye Sittinge*（London, 1574）, sig. CI. 引自M. McKisack, *Medieval History in the Tudor Age*（Oxford, 1971）, 39。关于帕克的计划，大致可见前书第二章，以及A. J. Frantzen, *Desire for Origins*（New Brunswick and London, 1990）, 43-46。

38　R. I. Page在做桑达斯讲座（Sandars Lectures）的时候虽说有时脾气不小，但他确实博学，参见：*Matthew Parker and His Books*（Kalamazoo, 1993）。

39　S. Hagedorn, "Matthew Parker and Asser's *Aelfredi Regis Res Gestae*," *Princeton University Library Chronicle*, 51（1989）, 74-90.

40　关于福克斯是如何使用他那些史料的，还有很多工作要做。有多种不同的视角，见J. A. F. Thomson, "John Foxe and Some Sources for Lollard History: Notes for a Critical Appraisal," *Studies in Church History*, II, ed. G. J. Cuming（Edinburgh, 1965）, 251-257; P. Collinson, "Truth and Legend: The Veracity of John Foxe's Book of Martyrs," *Britain and the Netherlands*, VIII, ed.

A. C. Duke and C. A. Tamse（Zutphen, 1985）, 31-54; T. Freeman, "Notes on a Source for John Foxe's Account of the Marian Persecution in Kent and Sussex," *Historical Research*, 67（1994）, 203-211; Gregory。

41　H. Achermann, *Die Katakombenheiligen und ihre Translationen in der schweizerischen Quart des Bistums Konstanz*, Beiträge zur Geschichte Nidwaldens 38（Stans, 1979）; T. Johnson, "Holy Fabrications: The Catacomb Saints and the Counter-Reformation in Bavaria," *Journal of Ecclesiastical History*, 47（1996）, 274-297.

42　见D. Knowles, *Great Historical Enterprises : Problems in Monastic History*（Edinburgh, 1963）, chaps. 1-2; G. Schwaiger, ed., *Historische Kritik in der Theologie*（Göttingen, 1980）; B. Barret-Kriegel, *Les historiens et la monarchie*（Paris, 1988）, II, pt. 2, and III, pt.1 .

43　E. Gibbon, *Memoirs of My Life*, ed. G. A. Bonnard（New York, 1969）, 131.

44　关于17世纪詹森派的博学，参见Neveu；有关德蒂耶蒙，参见Neveu早期的经典研究，*Un historien à l' école de Port-Royal*（The Hague, 1966）。

45　*Gibbon's Journal to January 28th, 1763*,ed. D. M. Low（New York, n.d.）163.

46　E. Gibbon, *The History of the Decline and Fall of the Roman Empire*, chap. 10; ed. D. Womersley（London, 1994）, I, 294; chap. 15, n. 96: "Eusebius，I. vi 8. 在奥利金的名声引来忌妒和迫害之前，这一非同寻常的做法受人尊敬而不是遭人指责。"吉本指的是优西比乌《教会史》6.8.1-2，奥利金因为只从字面理解耶稣的话而受到指责。参较前文第一章，注释12。["这一非同寻常的做法"是指奥利金读到《马太福音》19：12"并有为天国的缘故而自阉的"时仅从字面上理解这句话，然后就真的施行了自我阉割。——译者注]

47　关于古代档案馆之发展与使用的有用评述，参见*Reallexikon für Antike und Christentum*, s.v.Archiv, by K. Gross; 关于希腊档案馆，参较 R. Thomas, *Literacy and Orality in Ancient Greece*（Cambridge, 1992）, chap. 7。关于

罗马档案馆，参见 La mémoire perdue: à la recherche des archives oubliées, publiques et privées, de Rome, ed. C. Nicolet (Paris, 1994)。

48　见 Josephus, Contra Apionem I. 73, 106-127, and Antiquitates 8.50-55 及其他各处。对这些档案馆的性质已有很多讨论，如见 F. Millar, "The Phoenician Cities : A Case Study in Hellenization, " Proceedings of the Cambridge Philological Society (1983), 55-71 at 63-64; J. Van Seters, In Search of History (New Haven and London, 1983), 195-199。

49　Josephus, Contra Apionem I.6-18, 28-29, 69-74, 143.

50　Eusebius, Ecclesiastical History I.13.5-21. 优西比乌说，"没有什么能等同于倾听"原始文本本身。

51　A. Kircher, Obeliscus Pamphilius (Rome, 1650), 尤其是 book V, 391-560; 参较其 Prodromus Coptus sive Aegyptiacus (Rome, 1636), Oedipus Aegyptiacus (Rome, 1652-54), and Sphinx Mystagoga (Amsterdam, 1676)。

52　Kircher, Obeliscus Pamphilius, 391: "Lector vero ipso facto comperiet: Non me solis coniecturis, ut quidam sibi imaginari possent, indulsisse, sed ex veterum probatissimorum authorum monumentis, doctrinam hanc Aegyptiorum depromptam, ita, ni fallor, me feliciter combinasse, ita successu temporum dissipatam connexuisse; ut vel inde catenam illam hieroglyphici contextus hucusque desideratam restituisse videamur. "

53　Ibid., 35-44.尤其页35: "有些人的头脑天生就是如此，它们花费全部精力来消灭、攻击和彻底破坏的，正是那所有最渊博的作家自远古以来就一直敬重的，其权威性有作家们审慎的学识来支持，至今并无曲解。除了彻底破坏得到这么多杰出、持重之人支持的教义，他们好像就别无其他目标。他们要说服整个世界：其他作家不识过去，而只有他们是阿里斯塔尔科斯。他们大量使用"他说过"这句名言，显示出傲慢和让人无法忍受的卖弄。"(Ita quibusdam ingeniis a natura comparatum est, ut iis potissimum rebus, quae longo seculorum ordine a quibusvis doctissimis authoribus in pretio et aestimatione fuerunt, suamque authoritatem solidissima doctrina hucusque sine violentia sustinuerunt, expungendis, infringendis, penitusque abolendis operam impendant; quo quidem nihil aliud pro scopo habere videntur, nisi ut doctrinam tot insignium graviumque virorum aestimatione partam prorsus aboleant, aliosque hoc pacto omnium praeteritorum temporum scriptores coecos fuisse, se vero solos Aristarchos illud *autos epha* sollicitius ambientes, insolenti sane et intolerabili ostentatione, mundo venditent."）关于基歇尔没有反驳的批评, 参见 A. Grafton, *Defenders of the Text*（Cambridge, Mass., and London, 1991）, chaps. 5-6。

54　见H. Whitehouse, "Towards a Kind of Egyptology: The Graphic Documentation of Ancient Egypt, 1587-1666," in *Documentary Culture: Florence and Rome from Grand-Duke Ferdinand I to Pope Alexander VII*, ed. E. Cropper et al.（Bologna, 1992）, 62-79; 相关背景参见F. Haskell, *History and Its Images*（New Haven and London, 1994）。

55　这是广场建筑物的两种主要色彩。——译者注

56　见E. Iversen, *The Myth of Egypt and Its Hieroglyphs in European Tradition*（Copenhagen, 1963; repr. Princeton, 1993）and *Obelisks in Exile, I: The Obelisks of Rome*（Copenhagen, 1968）.

57　对这一文献的经典述评依然是A. Momigliano, "Ancient History and the Antiquarian," *Contributo alla storia degli studi classici*（Rome, 1955）; 他对这一材料的处理, 又见其*Classical Foundation of Modern Historiography*（Berkeley, Los Angles, and London, 1990）, chap.3。最近的讨论见Cochrane, *Historians and Historiography*, chap. 15; H. Wrede, "Die Entstehung der Archäologie und das Einsetzen der neuzeitlichen Geschichtsbetrachtung," *Geschichtsdiskurs*, ed. W. Küttler, J. Rüsen, and E. Schulin, II: *Anfänge modernen historischen Denkens*（Frankfurt a. M., 1994）, 95-119; W. Weber, "Zur Bedeutung des Antiquarianismus für die Entwicklung der modernen Geschichtswissenschaft," ibid., 120-135; M. Daly Davis, *Archäologie der Antike*（Wolfenbüttel, 1992）; *L' Anticomanie: La collection* *d' antiquités aux 18e et 19e siècles*, ed. A.-F. Laurens and K. Pomian（Paris, 1992）; *Ancient History and the Antiquarian: Essays in Memory of Arnaldo Momigliano*, ed. M. H. Crawford and C. R. Ligota（London, 1995）。

58　参见S. West, "Herodotus' Epigraphical Interests," *Classical Quarterly*, n.s. 35（1985）, 278-305: "他对碑铭的研究好像更多是为了装饰而不是为了真正使用"（页303）。

59　见O. Luschnet in Pauly-Wissowa-Kroll, *RE*, Supplementband 12（Stuttgart, 1970）, 1124-32。

60　F. Jacoby in *FrGrHist* 342搜集和讨论了这些文本；参较M. Chambers in *Classical Philology*, 52（1957）, 130-132。

61　两段分别是*Kimon* 13.5（*FrGrHist* 342 F 13）和*Aristides* 26.4（*FrGrHist* 342 F 12）。照Jacoby的理解，普鲁塔克说克拉特鲁斯一般引用以前的作家，而不引用石碑本身。

62　位于意大利首都罗马卡比托利欧山山顶的卡比托利欧博物馆，由米开朗琪罗在1536年规划，经四百多年才全部完工，其中包括三座主要建筑，即元老宫（Palazzo Senatorio）、都护宫（Palazzo dei Conservatori）、新宫（Palazzo Nuovo）。——译者注

63　见R. Weiss, *The Renaissance Discovery of Classical Antiquity*（Oxford, 1988）; E. Mandowsky and C. Mitchell, *Pirro Ligorio's Roman Antiquities*（London, 1963）; *Pirro Ligorio*, ed. R. W. Gaston（Florence, 1988）; W. McCuaig, *Carlo Sigonio*（Princeton, 1989）; McCuaig, "The *Fasti Capitolini* and the Study of Roman Chronology in the Sixteenth Century," *Athenaeum* 79（1991）, 141-159; *Antonio Agustín between Renaissance and Counter-Reform*, ed. M. H. Crawford（London, 1993）; J.L. Ferrary, *Onofrio Panvinio et les antiquités romaines*（Rome, 1996）。

64　见C. Bodnar, *Cyriacus of Ancona and Athens*（Brussels/Berchem 1960）。P. W. Lehmann and K. Lehmann, *Samothracian Reflections*（Princeton, 1973）. P. W. Lehmann, *Cyriacus of Ancona's Egyptian Visit and Its Reflections in Gentile Bellini and*

Hieronymus Bosch (Locust Valley, N. Y., 1977) .

65 关于批判地使用史料有一个特别精巧的范例,参见 A. de Valois, *Rerum Francicarum usque ad Clotharii Senioris mortem libri viii* (Paris, 1646-1658) ; de Valois 强调他更喜欢古老的,而不是新近的史料,更喜欢多重证言,而不是单个证言 (I, sig. e ii verso) ; 他强调自己尽力阅读所有相关史料并标出了所有他引用的作者的名字 ([e iv verso]) 。在第二卷中,他解释了为何自己的著作耗费了如此之久的时间才完成——他的解释可以被古物研究者拿来做自己的信条: "造成我拖延的原因是勤勉。因为我已决心在尽可能正确的情形下使用这些作者。因此我到处寻找手稿、古代手抄本和羊皮纸文稿。我认为这样我既能注意到许多前人不知道的东西,又能避免许多错误。" (Caussa morae diligentia fuit. Satueram enim auctoribus quam emendatissimis uti. Quare undique exemplaria scripta et antiquos codices membransaque conquisivi : qua ratione plurima me observaturum incognita maioribus nostris, plurimos errores vitaturum videbam.") (II, a iii verso) 关于档案研究在英格兰的兴起,尤其要参阅 *English Historical Scholarship in the Sixteenth and Seventeenth Centuries*, ed. L. Fox (London and New York, 1956) 。

66 关于古物研究的实践做法,进一步参考 M. Wegner, *Altertumskunde* (Freiburg and Munich, 1951) ; A. Ellenius, *De arte pingendi* (Uppsala and Stockholm, 1960) ; P. Fuchs, *Palatinatus illustratus* (Mannheim, 1963) ; Barret-Kriegel, III, pt. 2; *Medals and Coins from Budé to Mommsen*, ed. M. H. Crawford, C. R. Ligota, and J. B. Trapp (London, 1990) ; *Documentary Culture*, ed. Cropper et al. 关于古物研究的教学,参见下列著作的个案研究,H. Kappner, *Die Geschichtswissenschaft an der Universität Jena vom Humanismus bis zur Aufklärung, Zeitschrift des Vereins für Thuringische Geschichte und Altertumskunde, Neue Folge*, Supplement 14: *Beiträge zur Geschichte der Universität Jena*, 3 (Jena, 1931) ; L. Hiller, *Die Geschichtswissenschaft an der Universität Jena in der Zeit der Polyhistorie* (1674-1763), *Zeitschrift des Vereins für Thuringische Geschichte und Altertumskunde, Neue*

第六章　返回未来（二）：教会史学家与古物研究者蚂蚁般的劳作　　255

Folge, Supplement 14: *Beiträge zur Geschichte der Universität Jena,* 6（Jena, 1937）；G. Wirth, *Die Entwicklung der Alten Geschichte an der Philipps-Universität Marburg, Academia Marburgensis,* vol. II（Marburg, 1977）; O. Klindt-Jensen, *A History of Scandinavian Archaeology*（London, 1975）, chaps. 2-3; G. Parry, *The Trophies of Time*（Oxford, 1995）。

67　J. Lipsius, *De militia Romana libri sex*（Leiden, 1596）. 见A. Momigliano, "Polybius between the English and the Turks," *Sesto Contributo alla storia degli studi classici e del mondo antico*（Rome, 1980）, I, 125-141。

68　见 C. R. Cheney, "Introduction: The Dugdale Tercentenary," *English Historical Scholarship,* ed. Fox, 1-9 at 8; H. A. Cronne, "The Study and Use of Charters by English Scholars in the Seventeenth Century: Sir Henry Spelman and Sir William Dugdale," ibid., 73-91 at 89-90。德国语境中类似的陈述,参见W. Ernst, "Antiquarianismus und Modernität: eine historische Verlustbilanz," *Geschichtsdiskurs,* ed. Küttler et al., II, 136-147 at 140。

69　见C. Mitchell, "Archaeology and Romance in Renaissance Italy," *Italian Renaissance Studies,* ed. E. F. Jacob（London, 1960）, 455-483。

70　*Inscriptionum Romanarum corpus absolutissimum,* ed. J. Gruter（Heidelberg, 1616）, ccxxi, ccxxiv.

71　G. Olmi, *L' inventario del mondo*（Bologna, 1992）; I. Herklotz, "Das *Museo cartaceo* des Cassiano dal Pozzo und seine Stellung in der antiquarischen Wissenschaft des 17. Jahrhunderts," *Documentary Culture: Florence and Rome from Grand-Duke Ferdinand I to Pope Alexander VII,* ed. E. Cropper et al.（Bologna, 1992）, 81-125; and Findlen.

72　"Button, button, who's got the button?"，这是一个传统儿童游戏的名字，根据游戏规则，游戏者口中要反复说这句话。——译者注

73　T. D. Kendrick, *British Antiquity*（London, 1950）, 152-155.

74　见J. Parker, *The Early History of Oxford, 727-1100*（Oxford, 1885）, 40-

47; S. Gibson, "Brian Twyne," *Oxoniensia,* 5（1940）, 94-114 at 98-99。参较约翰·塞尔登一例，在他博学且引起争议的古物研究著作中充满了文献引用，有人提出他误引和歪曲了文献（有时的确如此），对此他反应激烈，怒气冲天。他有时也依靠伪作，或是把后出的史料当作考察远在其之前时代的权威材料。见D. Woolf, *The Idea of History in Early Stuart England*（Toronto, Buffalo, and London, 1990）, chap. 7。

75　参见一个特别丰富的个案研究，J. Levine, *Dr. Woodward' s Shield*（Berkeley, Los Angeles, and London, 1977）。

76　H. Eckert, *Gottfried Wilhelm Leibniz' Scriptores Rerum Brunsvicensium. Entstehung und historiographische Bedeutung*（Frankfurt a. M., 1971）.

77　Momigliano, *Classical Foundations of Modern Historiography*, chap. 3. 又见Fuchs, *Palatinatus illustratus*。

78　Gibbon, *History*, chap. 9; ed. Womersley, I, 234. 对于鲁德贝克说法的现代解读，参见P. Vidal-Naquet, "L' Atlantide et les nations," *La démocratie grecque vue d' ailleurs*（Paris, 1990）, 139-161, esp. 152-154, and G. Eriksson, *The Atlantic Vision: Olaus Rudbeck and Baroque Science*（Canton, Mass., 1994）。

79　Gibbon, *History*, chap. 15, n. 122; ed. Womersley, I, 489.

80　Ibid., chap. 9, n. 71; I, 247.

81　Ibid., chap. 9, n. 62, I, 245.

82　*Gibbon' s Journey from Geneva to Rome. His Journal from 20 April to 2 October 1764*, ed. G. A. Bonnard（Edinburgh, 1961）, 21-31 at 29 : "Le reproche qu' on a toujours fait à Ligorio c' est le defaut de fidelitè, et d' avoir supposè des monumens qu' il ne connoissoit point. Cependant j' y ai vû des traits de candeur qui me previennent en sa faveur. Je vois un homme qui doute souvent s' il a bien lû, qui laisse des fautes grossieres dans les monumens, en avertissant seulement par un *sic* qu' il les avoit remarquèès, et qui laisse des endroits en blanc qu' il lui etoit très facile de remplir. J' ajoute encore qu' il n' etoit que Compilateur et qu' il n' avoit aucun systeme dont il falloit servir les interets. Il cite souvent la ville, la maison et le cabinet dont il a tirè telle ou telle piece." 作为学者的利戈里奥，其精确性是个聚讼纷纭的问题，特别见R. Gaston编辑的文章。

83　Gibbon, *History*, chap. 9, n. 57; ed. Womersley, I, 244.

84　Ibid., chap.9, n. 86; I, 251.

85　H. J. Erasmus, *The Origins of Rome in Historiography from Petrarch to Perizonius*（Assen, 1962）；参较C. Grell, *L' histoire entre érudition et philosophie*（Paris, 1993）, 81ff.

86　关于沃尔夫及更早时候的学术，见 Grafton, *Defenders of the Text*, chap. 9。

87　E. Gibbon, *Miscellaneous Works*, ed. John, Lord Sheffield（London, 1814）, III, 367.

88　L. von Muratori, *Geschichte von Italien*, pt. V（Leipzig, 1747）, Vorrede.

89　Woolf认为，一般来说在历史学文本中系统地运用文献证明是"历史学上激烈争辩"的结果，他的看法很有说服力，但在这里我有点不同意他奇怪的结论：他说，塞尔登及他讨论的其他那些主人公并不预示着"启蒙时代和19世纪历史编撰的事业"（页221）。然而，毕竟这些事业也是一样，它们在多大程度上源自对真相不计利害、不动感情的追寻，就也在多大程度上源自争论。

第七章

博学研究深渊中的清晰明快：
现代脚注的笛卡儿源头

【190】

有一份重要但却被人忽视的证据可以缩小我们下面进一步考察的时间范围。因为"一时疏忽没有引用我那些权威"，休谟给沃波尔写信致歉，他在信中特意指出，自己已做过系统研究，本来完全可以给文本配上注释："这种力求精确的做法本来一点都不麻烦，正因为如此，我没有做这种预防措施就更是大大不可原谅了；我已经记录和标记了所有我赖之以完成自己叙述的段落，在页边写上参引资料本来对我来说是很容易的。"这是一个文风的问题，而不是研究上的问题。休谟承认，"我被所有最好的历史学家（包括现代历史学家）所做出的榜样所吸引，如马基雅维利，保罗弟兄（Fra paolo），达维拉（Davila）和本蒂沃利奥(Bentivoglio)"——换言之,休谟追随的是文艺复兴时期那些政治史家,像他们一样,他也是以古典传统的方式写作。然而现在,休谟觉得,以他们为榜样而不加脚注,就是恰恰错过了关键所在:"这种做法比他们所处的时代更现代,既然已经开始使用,那所有写作者就都应效仿。"[1]这是到目前为止我们找到的最清晰明确的一条线索,它向我们提示,我们应当到休谟之前的一两代人——即1700年左右,或之前一点——去寻找历史学著作中脚注的源头。实际上,正如莱昂内尔·格斯曼(Lionel Gossman)和劳伦斯·利普金(Lawrence Lipking)已经指出的那样,17世纪晚期最伟大、最有影响的史学编纂著作之一不仅有脚注,而且很大程度上就是由脚注——甚至是脚注的脚注——构成的。在皮埃尔·培尔这本竟然成为畅销书的《历史与考证辞典》那大幅的页面上,读者好似行走在一层又薄又脆的正文上面,在其脚下,是幽深、漆黑的沼泽般的评注。[2]

培尔是17世纪晚期法国加尔文宗移民中的典型,也是他们当中举足轻重的人物,在这一波胡格诺教徒的移民潮中,有数以千计的工匠和数十位知识人中的领军人物,他们因路易十四治下的宗教迫害而被迫离开法国。[3]培尔是新出现的笛卡儿哲学的研究者,也是新教神学理论和解经学的业余爱好者（但已到达专业、行家的水准）。他先是在色当新教学院（Protestant Academy of Sedan）教书，学院关闭后又到鹿特丹的精英中学（Gymnasium Illustre）任教。不过他的成就主要在编辑和写作上。他每月刊行的长篇评论杂志《文人共和国新闻》(*Nouvelles de la République des Lettres*) 在1684年首发，之后不久就拥有了众多读者。培尔很快名声大震，与他通信的人遍布欧洲。然而与此同时，他的处境也越来越艰难。法国当局憎恶这位新教评论家卓越的讽刺才华，却又鞭长莫及，于是便逮捕了他的兄弟，此人拒绝改宗，在严酷的监禁环境中死去。同时，培尔所持有的政治宽容态度和某些个人方面的忠诚让他与一度是友人的加尔文宗神学理论家皮埃尔·朱里厄（Pierre Jurieu）发生了激烈冲突。培尔丢掉了教职，并受到猛烈的笔伐。[4]

【192】

面临如此重压，培尔依然保持了其个人独立和知识独立，并继续与洋洋得意的各路正统势力进行战斗（他对自己的形容很妙，他说他是真正的新教徒——原则上，这种人什么都要反对[5]）。[6]但他清楚，现在写作是他唯一的倚靠。他花费了好几年时间，编了一部篇幅巨大、打破常规的参考书。让人惊讶的是，他也靠此得以谋生。培尔在1690年代初就在着手准备编一部辞典，当中收录所有其他参考性著作中的错误,最主要的便是路易·莫雷里(Louis Moréri)的《历史大辞典》(*Grand dictionnaire historique*)。莫雷里这部辞典非常流行,即便有培尔的批评,到1759年的时候还是出到了第20版(!)。[7] 培尔在辞典出版之前发出一份摘要来测试市场和读者的反应,他在其中用典型的谦逊来描述他的这一工作:"这比去跟怪物搏斗更糟。这是想要彻底消灭九头蛇(Hydra)的头;至少是想要洗干净奥吉厄斯的牛舍(Augean Stables)。"[8] 他的基本想法既野心勃勃又很简单。例如,在搜集罗马哲学家塞内卡的素材时,培尔会列出所有现存参考书中的阙漏与舛误。读者从别处得知的任何内容若是培尔辞典没有收录、反驳的,便是真的。[9] 培尔绝不幼稚。他明白,许多事情到底怎么回事,人们争论不休,读者不是总能确定真相位于何处。即使最严厉,看上去也最可信赖的校勘家也犯很多错误。前两个世纪中最伟大的学者——甚至包括约瑟夫·斯卡利杰尔和克洛德·索梅斯(Claude Saumaise)——发现了别人的错误,可自己也犯了错。在历史学家和语文学家之间不断爆发激烈的争论,真相就像是温布尔登那儿的网球似的,猛烈地、有时是狂野地蹦弹、飞腾。[10] 培尔认为,只有一部辑录各种舛误的辞典才能给读者提供一条阿里阿德涅的线索[11],

引他们穿过之前200年间迷宫般的学术论战。培尔将各种比喻,不管是传统的还是现代的,都统统一把抓,他建议人们可以将他这部计划中的著作称为"所有其他著作的试金石"及"文人共和国的保险交易所"。[12]

【194】

公众对于培尔的提议有两种回应:一种是他敬重的读者(如莱布尼茨)批评他,另一种是其余的人都一起大打哈欠。例如,甚至极为博学的吉勒·梅纳热(Gilles Ménage)也认为编这样一部辑录舛误的辞典没什么意思,尽管他尊敬培尔的才干并希望他能成功。[13]于是,培尔着手编著更为宏大的著作:一部古代、中世纪和现代人物(也包括一些地点)的历史学辞典,支撑起整部辞典的是大量参引资料。这部《辞典》1696年12月问世,1702年扩充;它是下个世纪中大部分时候几乎每个有文化修养的欧洲人最喜欢的读物。研究者们在马扎然图书馆(Bibliothèque Mazarine)排队借阅;所有严肃的收藏家也都购买了这部辞典。伏尔泰花了大量时间阅读、注解并回应培尔编写的条目,这些条目给了他无穷无尽的刺激和促其创作的恼火。[14]那些试图将博学与哲学结合在一起的人发现这部辞典格外迷人。艺术史先驱温克尔曼是18世纪另一位将古物研究的学术传统化为某种丰富而奇特之

【195】物的写作者,他把这部《辞典》读了两遍,并细致地从中抄写出条目,共1300页,他称之为"整整……一大本"(iustum...volumen)。[15]

培尔通常被视为教导启蒙时代知识人怀疑一切的思想家。把他当作历史学学问的一名奠基者,这看似颇为奇怪。许多读者已发觉这部《辞典》是一架巨大的颠覆性机器,设计它的目的,就是为了暗中破坏圣经、新教正统以及精确的知识这一观念。[16]而且,这个将历史视为"不过是人类罪行与不幸"的人当然不会持有德图或吉本那样的乐观主义。培尔一再揭示错误和矛盾之处:有的是辞典修编业的前辈、被他鄙视的莫雷里与史料之间的矛盾,有的是史料本身之间的矛盾,还有史料与常识之间的矛盾。他坚称,已有大量伪作扰乱历史记录。所有写作者,不管是异教徒还是基督徒,都为了谴责对手而有意歪曲:"任何时代,任何地方都在使用这个方法。人们以前一直,现在依然嘲弄对手本人或其持有的信条:为此他们捏造了成千上万的故事。"[17]在描述贾科莫·邦法迪乌斯(Giacomo

【196】Bonfadius,这是一位历史学家,他的敌人以鸡奸罪为由将他判处死刑)时所做的阴郁的脚注D中,培尔嘲笑西塞罗,因为后者认为,历史学家应该而且能够讲出整全的真相:

说历史学家是立法者,理论上没有比这更精美的观点了:他[西塞罗]命令他们什么假的都不准说,命令他们什么真的都敢说;但这些是实际中行不通的律法,就像十诫的律法在人类所处状况中实际上也行不通一样……此外,我们要注意,在如此相像的律法之间有一处巨大的差异。只有完美的智者才能遵守十诫;只有十足的笨伯才能遵守历史学的律法。服从十诫的结果是永生,而现世的死亡则是服从历史学家立法者几乎不可避免的后果。[18]

于是许多读者认为,培尔是如下观念的死敌:历史学总能发现坚实的事实。这些读者一直将培尔脚注中的大不敬看作是在使劲颠覆一切确定之事。

然而,培尔的读者以前可以,现在也依然可以从他那里学到很多东西,其中有些表面上看来是相互抵牾的。培尔强调坏学术的缺陷,也强调好学术的规则。这样他就正式提出了做学术的规则——这正是一个世纪之后,吉本和戴维斯视为理所当然,无需多言的规则。例如,在培尔关于大卫王的条目中写道:

【197】

德舒瓦西(de Choisi)神甫出版了这位伟大君主的生平故事。这是一本好书,但如果有人不辞烦劳,在页边标注每件事实发生于何年,标注引自圣经或约瑟夫给其提供资料的段落,那就要好很多。读者如果不知道他读的是宗教性还是非宗教性的史料,他就不会满意。[19]

显然,引用必须完整、精准。搜集证言也是如此。培尔的脚注里满是文人共和国中猥亵的乱语,满是有关某个圣经段落的色情解读和某个哲学家或学者的风流韵事。多亏了培尔,我们才存有卡斯帕·朔佩对一只麻雀的描述:在因戈尔施塔特(Ingolstadt),朔佩在他的学生宿舍看到外面有只麻雀在交媾了20次后死去;也多亏了培尔,我们才存有他对此所做的如下反思:"啊,不公平的命运。麻雀都能这样,而人却不行?"[20] 读者常常会问,培尔将其著作中最骇人、最不敬的段落放在参考资料而不是正文中,是不是希望借此躲过审查。但正如瓦尔特·雷克斯(Walter Rex)在一代人之前提出的那样,培尔并没有试图遮遮掩掩。毕竟,对他敌意最深的读者也经常看博学著作,也是探索学术参考资料的专家,他们不会漏过可疑评注中的任

【198】

第七章　博学研究深渊中的清晰明快：现代脚注的笛卡儿源头　　267

何一个犄角旮旯。[21]

当培尔的邪恶注释引来正统炮火（天主教和加尔文宗）的猛轰时，他不仅不躲，而且还组织起有力的防守：

> 这是一部带有评注的历史学辞典。罗马贞女卢克丽霞（Lucretia）在其中要有一席之地，希腊妓女莱伊斯（Laïs）也同样如此……其中不仅要有对最著名事件的叙述，也要有对最无名事件准确细致的描述，那些散落在各处的，都要收集起来。要提供、检验、确证和澄清证据。总之，这是一部编纂的作品。[22]

然而，自称编纂者，这不仅仅是在保卫脚注中一些淫猥的片断。培尔让编纂成为了一个骄傲的字眼。更为优雅的那些写作者拒绝提供完整的证据，他们败坏了学术的信誉。培尔累积了大量其他文本的段落以及解经文字、概述和反证，这是寻找真相的工作中一种深度的操练——这实际上也是唯一一种能减轻读者恐惧的操练，不做考证的学术的惯常做法自然会让他们气馁。一般的历史学家会扭曲事实；而"编纂者"则连令人生厌的内容也必须保存，他给挑剔的读者提供的真相之多是人力所能达到的极致。这

【199】

种有强迫症似的研究者坚持要查核每件事实,培尔这样生动地、甚至热烈地描述道:"他们想要确证一切,他们总是奔向史料,他们查探作者的意图,在他们需要的那些段落上他们不停下来查看,而是仔细检查其之前、之后的部分。他们力图好好使用他们的那些权威作者并将之相互联结起来。他们比较、调和这些权威作者,或是指出其互相矛盾。此外,只要涉及事实,这群人如果没有证据就什么都不说,他们把这弄成了一门宗教。"[23] 简言之,被培尔编入辞典中的,不仅有随意选出、令人愉悦的事实,而且有此前古物研究实践中已发展成熟的那种明快的、有说服力的陈述。在被他的点金石触碰过之后,实践之铅一变而为准则之金。

【200】　　培尔显然认为这种经过加强的形式使其作品焕然一新;他认为自己已背离了这种游戏在文献上的规则。他解释说,他不得不"在这大量各色素材中"保持"双重人格,一个是历史学家,另一个是评注者"。作为历史学家,他在正文中叙述无数奇异、未经好好甄选的生与死的故事,以及成千上万人的观点和怪异之处。他告诉读者,"在他的评论中",他试图"以一名忠实报告者完全不偏不倚的态度来比较支持和反对某事的理由"。[24] 培尔设计并捍卫叙

事的双重形式：这种形式既给出最终结果，也能解释到达最终结果的必由之道。打压培尔的敌人数以千计（有天主教的，也有新教的），数以千计的书籍中比比皆是的错误让他感到愤怒，没有任何体制来支持他，除了自己在学术上的技艺，他别无其他权威可以倚靠。他所选择的模式增强了他考证错误的力量，这是任何其他选择都做不到的。这也给他——就像给后来的吉本一样——无限的空间去进行颠覆性的讽刺。[25]

培尔当然不是那时唯一用脚注的学者。神圣罗马帝国的新教博学者们也和他完全一样。布多伊斯（J. F. Buddeus）用详细的史料注释来支撑他卓越的《希伯来人哲学史》(*History of the Philosophy of the Hebrews*)，此书于1702年由哈雷孤儿院（Halle Orphanage）出版；克里斯蒂安·托马修斯（Christian Thomasius）在其1712年那本锐利的专著中彻底破除了关于女巫夜半集宴（Witches' Sabbath）的传说故事，书中也有详细的史料注释。[26] 弗里德里希·奥托·门克（Friedrich Otto Mencke）以15世纪学者兼诗人安杰洛·波利齐亚诺（Angelo Poliziano）的生平为题材写了一本非常博学的著作，这本书就是以培尔《辞典》中配有非常详细文献资料的波利齐亚诺一条为基础的。[27]

【201】

天主教学者在搜寻文献资料方面至少和新教徒一样充满激情。特别是法国和意大利的詹森派信徒,他们早在培尔之前就努力给文献研究提供理论基础,在实践时的精确程度达到或超过了培尔。[28] 帕斯卡在《致外省人信札》(*Provincial Letters*)中谴责耶稣会的诡辩家们为神职人员的贪欲和高利盘剥开脱,竟把这本书变成了从其敌人所编手册中抽取出来的引语的合集。他一再强调自己在书目上的诚实:"我总是忘记告诉您,埃斯科瓦尔(Escobar)的著作有不同的版本。如果您要购买,请选里昂版,其开头是一幅图,画的是一只羔羊站在一本有七枚印章封印的书上,或选1651年布鲁塞尔版。"[29] 他认为,耶稣会会士屡次散播流言,说他是异端詹森派信徒,或是抱怨他错引那些诡辩家,而正是他们自己歪曲了其所依仗的史料:"那么请用其他方式来证明我是异端,否则大家都会看到你们的无能。请通过我写的文字来证明我不接受教规。我笔下所写又不是多得不得了。只有16封书信要查,我谅你们(你们或任何人)从这里都弄不到最微不足道的痕迹。"[30] 在其《真空论》(*Treatise on the Vacuum*)的序言中,他在更加普遍的层面上为奠基于史料的精确使用之上的历史学研究的有效性和自主性辩护,只要这种研究仅仅关涉到特定的作者究竟写

第七章　博学研究深渊中的清晰明快：现代脚注的笛卡儿源头　　271

了些什么东西的问题。[31] 锲而不舍、身着一袭黑衣、直来直往的詹森派信徒（如勒南·德蒂耶蒙）遵从帕斯卡的准则与范例，启蒙时代最详尽无遗、最有影响、渊博的汇编中有一些就是他们编写的。

正如猛烈的修剪让树篱长势喜人，激烈的论战也生发出丰富的史料注释。天主教圣经学者里夏尔·西蒙（Richard Simon）所著《旧约考证史》（*Critical History of the Old Testament*）既激怒了天主教权威，也激怒了新教神学家。他在此书中主张，《摩西五经》不是照录摩西受神启所说的话，而是诸多公共文书专员（public scribes）从原来篇幅要大得多的一套文献中选择出来的。西蒙不仅重申已有其他许多人大着胆子提出的危险意见，认为摩西不可能写出整部圣经，他还提出圣经文本发展的另一种理论。其著作随意引用了丰富的文献资料来支持自己的理论。[32] 基督教这门宗教已一分为二，但两边愤慨的批评者都称西蒙在引用史料时不正确或不准确。这种指责让西蒙怒火中烧，尤其是因为批评者彼此转抄虚妄的指责，而不去查核据说是被西蒙误用的原始史料。[33]

【203】

既为了捍卫自己的荣誉，也为了捍卫自己的观点，西蒙为其1689年面世的《新约文本考证史》（*Critical History of*

【204】

the Text of the New Testament）设计了他所说的文献证明的新方式。在该书前言中，他解释道，在正文中他一般引用"经过缩写的"史料，"只是撮述大意"。但为了满足那些想要知道其史料确切措辞的读者的要求，他将完整的文本"置于每页页底，人人都能在这儿完整地看到作者的原话"。[34] 事实上，西蒙做得比说的更好。他一般用页边注标注正文中每处引语或概述的确切史料来源，然后在脚注中提供所涉完整文本，并再次指出其来源。这种先发制人的攻击使得批评者即使不弃械投降，也被打得措手不及。

【205】 1700年前后，每个提出争议性问题的作者都意识到，他们正在踏进雷区：对于许多这些讨论历史学和语文学问题的人来说，脚注自然就成了保护自己，对付隐蔽或公开攻击的最佳方式。但其他社会与文化条件也有助于让知识人在书写过去时自觉意识到权威性这个问题，在培尔一例中，这些条件也让他明确地提出了避免灾祸的方式。毕竟，在17世纪，人们看到古人的科学权威被培根、笛卡儿、波义耳和帕斯卡摧毁；国王们的政治权威被法国投石党人和英格兰清教徒摧毁；圣经的历史学权威被拉·佩雷尔（La Peyrère）和斯宾诺莎摧毁。处处都有权威和证据上的问题。关于气压计或彗星，新物质或新岛屿的情况，谁

的描述更可信？到底是什么使得一种叙述具有权威性，而另一种不合情理？17世纪晚期的任何一个知识人都必然遇到这些和其他一些关于知识权威性的问题，都不得不设计出一套办法来提供保证，打消持怀疑态度的读者的疑虑。[35]

然而，以过去为对象的研究者还面临着特殊问题。正如卡洛·博尔盖罗（Carlo Borghero）表明的那样，培尔属于由数十名欧洲学者组成的一个群体，这群人在17世纪晚期不仅被迫抵抗一般的教士不宽容，也被迫抵抗对其整个学科一种更涉及根本的攻击。在笛卡儿产生广泛影响的《论方法》（*Discourse on the Method*）中，既有对新哲学的规划，也有对历史学知识的尖刻批评。笛卡儿把历史学和人文学科贬低成消遣，二者都只展示人类意见和风俗是无尽多样的，并不比旅行更增广见闻、更严谨。但他也给对手提供了可以转而对付自己的武器。笛卡儿既在其数学著作，也在其哲学著作中说明，数学论证的形式特质赋予其人文论证所缺乏的严谨与普遍性。一些历史学知识的捍卫者（如皮埃尔－达尼埃尔·于埃[Pierre-Daniel Huet]和约翰·克雷格[Jonh Craig]）将这一论断直接用到自己的著作中。他们为对付怀疑者的攻击，将其历史学考证塑造成笛卡儿或牛顿那种准几何式演绎链形式证明。例如，克雷格

【206】

甚至设计出计算任何证人的证言随时间流逝其权威性必然会降低多少的公式。他甚至还计算出见证基督本人生活的证人到什么时候就不再可信。[36]

培尔及其提供脚注的同道以更具建设性的方式回应了笛卡儿。他们不仅运用，而且明确说出证实或证伪历史学命题的规则。他们创制了双重叙事这一双重形式，这种形式正如笛卡儿的《规则》(Regulae)一样，使每个论点都清清楚楚地紧随所有相关证据而生。[37] 缺乏灵感的学者（如雅各布·托马修斯）会强调诚实的史料引用在道德上的重要性。但托马修斯没有预见到培尔及其同代人那种独特的形式主义，没有预见到他们强调将频繁、精确的参引熔铸于某种特定的形式之中。[38] 要变得现代，语文学需要哲学并不友好的协助。培尔需要笛卡儿。

早先培尔为其辞典所做的规划支持上述分析。在"规划"(Projet)中，培尔坚称，正是因为历史学考证和语文学校勘这两门科学前所未有地兴盛，他的作品会有很多读者：

不要告诉我，我们这个世纪——它已从由批判精神主宰的前一个世纪回复和恢复过来——将那些校正

第七章　博学研究深渊中的清晰明快：现代脚注的笛卡儿源头　　275

事实错误（这些错误包括关于大人物的个人历史，或是关于城市名称，或是其他类似之处）的作者的作品仅仅看作是卖弄学识；因为从整体上说，以前从未有今日这般喜爱此种澄清。有一名物理学实验的研究者、一名数学家，就会有100名深入研究历史学及其所有附属学科的人；古物研究这门科学（我指的是对章牌、铭文和浅浮雕等的研究）从未像今日这样被人耕耘过。[39]

【208】

培尔的声音听上去是自豪和积极的。但他写这段文字，就透露出了一些消息，他是要以此来回应料想中的反对。他完全明白流行的观点是反对他的。由于笛卡儿哲学和实验科学风行一时，许多献身学术的学者对重新在整个学术界中取得重要地位不抱希望。这就又解释了为什么培尔觉得有必要详尽地论说，反对以下流行观点，即数学优于历史学知识，因为它"引我们朝向无可置疑的真理"。而培尔则坚称，历史学的"确定性"与数学的不同，要具体得多，也更适用于人类生活，并且甚至"在形而上学的意义上"比"数学的高度抽象"更"确定"。[40]

还是在这份规划里，但在不同的段落中，培尔承认，历史学看上去没有实际上那么确定，引用方面的问题要负很大责任：

【209】
> 如果作者提出一些说法却不引用其出处，人们会认为他所谈的不过是道听途说而已；如果他引用，人们又担心他误引或误解其所引……还有大量著作没有被反驳，还有大量读者手边没有包含完整文献论辩的书籍，那么先生，为了消除所有上述这些怀疑，该怎么做呢？[41]

培尔将辞典的初稿和《规划》一起出版，初稿一个条目是搞笑的"宙克西斯"(Zeuxis)，其中才华横溢地用反讽的手法描述了这位希腊大艺术家在要求其模特裸体时所遇到的困难。在脚注A中，培尔强调准确引用的正面作用之重要。如通常一样，莫雷里又是恰恰以错误的方式处理这个问题："他将其所有引用堆积在每个条目的结尾处，而不让人知道这一段是谁说的，另一段又是谁说的：因此他给读者造成了很大的麻烦，因为有时候想找到要与之说话的那个人，要敲不止五六扇门。"培尔高兴地指出，教会史学家勒南·德蒂耶蒙早已提出这一点，德蒂耶蒙是吉本最喜欢的史料来源，如上文所述，德蒂耶蒙自己的著作大部分也是由史料摘录构成的。培尔赞扬德蒂耶蒙的"引用方法"是"最最精准的"。[42]

显然，培尔认为他的辞典关系到捍卫历史科学，以及对这项事业至关重要的正确引用模式。但即使对他本人来说，这种充分的关联要直到其批评者中最博学、最聪颖的一位将所有这些论说与实践的线索统统集中到一起时才变得明晰起来。在回应培尔的"规划"时，莱布尼茨劝他这位博学的通信者不要这样去编纂错误列表，或者是学术论战的汇编。但他同意培尔的看法，认为"那些纯数学家和物理学家不懂或蔑视其他所有知识，他们是错的"。[43]他强调，如果删削和调整这份规划，使之致力于真相而不是错误，那它就会非常有用。对这本参考著作来说至关重要的是，引用的形式不要让读者愈加困惑，而是要一锤定音地说明真相位于何处。莱布尼茨是经验丰富的编者（他开启了一些后来由才智不及他的人完成的出版工作）。他给培尔提出干脆、具体的建议：

【210】

我觉得达到这一目的最佳的方式就是谈论素材本身，就是最频繁地引用所依仗的作者们的段落，就是

> 照着迪康热先生（M. Ducange）优秀著作的样子，时常给出作者们本人所说的话。可以将这些话放在页边，因为老是将希腊文或拉丁文插入法语正文看来还是让人有所顾忌。如果您的著作打算用拉丁文写，那么在这方面您就会更自由一些，因为关涉到事实的时候，没有什么比得上去读作者本人说的话。[44]

【211】当莱布尼茨和培尔试图在他们那个时代的语文学文献中找到精确引用的模式时，哲学与语文学之间的紧密联系就在这里清晰地显露出来了。这里也可以看出天主教方面的学问质量之高，如培尔对詹森派教会史学家德蒂耶蒙的参引，又如莱布尼茨对夏尔·迪康热所编拜占庭时期希腊语和中古拉丁语大辞典的参引就是证据。

最重要的是，培尔是在经过长期的反思和争论之后找到其新的引用方法的。脚注对他来说很重要——不仅重要到花费了无数精力来编纂，并饰之以嘲讽幽默，而且重要到成为严肃的方法论上努力的目标。那么，不管培尔的最终意图是什么，他都加强了历史学这门学科，而不像许多人一直以为的那样，是在对历史学提出异议。的确，他在实践中的做法不符合他自己的原则。和他的敌人一样，培

第七章　博学研究深渊中的清晰明快：现代脚注的笛卡儿源头　　279

尔悄悄缩写了或有意无意误读了他指导其印刷者摘选的文本（培尔尽量不抄录篇幅较长的段落，他认为这是浪费时间，虽然他因此显然违背了他自己为批判地引用史料而定下的严格原则）。虽然他强调学者应给出所引作品的准确标题和版本，但他在自己的参引文献中常常只给出不完整的书目信息。他总是发现自己必须要引用已不在手边的书籍，于是只能凭记忆或从无从查核的笔记中引用。更糟糕的是，他引用自己根本没读过的史料，只是从别人的概述或评述中摘取信息。[45] 但他所提出的这种模式之新颖与有效，现在已经很清楚了。

【212】

　　更年轻的知识人希望既保住获得历史知识的可能性，又发展出批判的、现代的方法论和实践做法，培尔对他们所起的刺激也很清楚。讨论历史证言的可信性（*de fide historica*）的作家，如德国的比耶林（F. W. Bierling），在明确提出关于确立史料考证规则这一更广泛的问题时，就是在沿着培尔留下的线索前进。早在兰克使得钻档案馆蔚然成风之前，比耶林就已经在一本饰有脚注的著作中指出，档案馆会误导人。他认识到他同时代的很多人觉得这不可能，但仔细分析他们著作的内容就会证明他是对的。他认为，档案馆中主要是驻外使节和其他政府官员留下的文献。但一般来说,这些人必须报告他们无法直接获知的那些思虑考量,以及君主们不会坦率说出的意图。简言之,在他们报告里的,是"大使猜测是真的,或认为值得注意的事情,但却不总是真实的事情"。来一个干净利落的脚注就能把这个问题讲透:胡果·格劳秀斯任瑞典驻法使节时,整个白天和大部分晚上时间都在写神学理论,为了对他的雇主、政治家阿克塞尔·奥克森谢尔纳(Axel Oxenstierna)有个交待,他就把在街上听来的流言蜚语汇报给他("新桥那儿的新闻,用优美的拉丁语说的呢"[46])。由这种报告构成的档案——以及依据这种报告得出的叙事——可以给出正确的姓名和日期,但不太会提供事件的内在历史。因此,档案馆中根本就不是诚心诚意保存起来、编纂出来的叙事。[47]比耶林并没有将这看作是绝望的理由;但他与同时代的荷兰学者雅各布·佩里佐尼于斯(Jacob Perizonius)一样,顺理成章地主张对历史研究应有和缓而不是过度的信任。[48]有许多作者参与了17世纪晚期和18世纪关于历史怀疑主义的理由及历史可信性的条件的精妙讨论,比耶林和佩里佐尼于斯只是其中最著名的两位。[49]正如马库斯·弗尔克尔(Markus Völkel)表明的那样,这些作家并不总是会得出新的结果或严格的表述。但

第七章 博学研究深渊中的清晰明快:现代脚注的笛卡儿源头

他们既强调与确立历史事实相关的难题,又强调努力解决某些难题(如确定手稿时间)的学者所取得的成就。

然而,正如吉本在很早以前指出,以及利普金在更晚近时候所同意的那样,培尔的评注模式还缺乏一个关键品质:简练。培尔下笔很快,他会在之后的改写版中加入新信息,这些信息不是加在正文里,而是在评注中。于是评注就会变得很复杂,有时甚至自相矛盾,以至于读者会发觉自己陷入了一种博学的泥沼之中。正文常常只提供一些轶闻趣事,而不是给读者明确的指引或讲出一个清晰可辨的故事。特别是,正如马库斯·弗尔克尔和赫尔穆特·策德尔迈埃尔(Helmut Zedelmaier)指出的那样,培尔没有在给出明明白白叙事的正文与支撑它的脚注之间做出坚决的区分。[50] 他所采用的办法实在是太随意、太复杂了:单薄、轻飘飘的正文悬在渊博、深邃得惊人的评注上,就好似一只蜉蝣飞临一片沼泽之上,这种办法提供了一个很好的考证反思的模式,却也给出了一个糟糕的历史叙事的模式。甚至培尔敏锐的理论探讨大多也散落各处,不易获取,很难引起读者的注意。

幸好,有许多学者同样致力于培尔力图解决的难题:他们花了许多年找到了最终的解决办法,这是来自不同

【214】

思想阵营的许多学者努力的成果。例如，培尔的敌人之一，同是胡格诺派教徒和思想流亡者的让·勒克莱尔发明了一种脚注理论，与培尔的努力相比，更顾及读者的感受。[51] 勒克莱尔在日内瓦出生、求学，曾去格勒诺布尔（Grenoble）和索米尔（Saumur）旅行，后来他来到了低地国家。和培尔一样，他也在鹿特丹教书，但不是在精英中学，而是在荷兰抗议派（Remonstrants）的神学院中（荷兰抗议派是与荷兰加尔文教会主流决裂的、相对自由的加尔文宗教徒）。和培尔一样，他也成为了杰出的报人，给文人共和国公民们的信箱里塞满一辑又一辑的期刊，里面是他对学术与科学领域中最新情况的评论。和培尔一样，他了解当时的现代哲学（首先是他在英格兰逗留期间遇到的洛克哲学），也织就了一张遍布欧洲的通信网。[52]

勒克莱尔有一种天赋，善于对复杂问题和方法做明晰、快速的总结性表述。例如，他在《校勘的技艺》一书中权威、优雅地总结了两个世纪中关于文本与历史考证的著作。[53] 勒克莱尔的《放言无忌》（*Parrhasiana*）是一部煞有介事的筵谈录（table talk），这是他自己出版的。自己出版此类作品的惯常做法此时正走向消亡，这项让人愉快的传播丑闻的工作将会由作者传给其门徒完成。在这本书中勒克莱尔既分析了脚注在文献上的形式,也分析了其学术上的功能。他承认,许多批评家都认为应该效法古人,"他们只在极少处援引他们用到的作者:例如,当他们有分歧的时候"。[54]但勒克莱尔强调,仅仅是历史悠久并不能使一种糟糕的做法就具有了权威。在历史学和在科学中一样,现代人有权利改进古典的形式与思想。对勒克莱尔来说,历史学家使用脚注的意愿已成为批判理性的标志:

【216】

> 事实上,如果一事本身糟糕,那么古人如此行事就并不能让其变得更好。没有什么应阻碍我们做得比他们更好。在很长一段时间里,文人共和国只是权威与盲信的国度,现在不是了,它终于成为理性与光明之地。数量众多再也证明不了什么,秘密小圈子也不再有立足之地。没有任何神授或人定的律法禁止我们完善书写历史的艺术;正如人们已着手完善其他的艺术与科学一样。[55]

勒克莱尔并没有谴责所有不加注释的历史学家。典型的一例便是,他为德图说了不只一句好话。[56]不过他申明,到他那个年代,只有不愿意自己的论断接受检验的历

【217】 史学家才会拒绝引用史料。[57] 勒克莱尔大力强调脚注在思想上的现代性,即这种手法之新颖与合理(休谟对这二者既欣赏又贬斥)。

勒克莱尔也大力强调了脚注是一种现代的实际要求,而培尔则对此全无意识。正如不止一位现代学者指出的那样,培尔在文献上的实践是16世纪晚期和17世纪学者的典型做法。他们中的许多人更喜欢综合而不是分析,更喜欢编纂大部头的著作而不是描绘细微之处的差别。其典型产物之一便是在蒲柏及其友人看来甚为可笑的大部头集注本,即将一班学者围绕某一经典文本所做的注解或整体评论结集,编成一本渊博的阐释著作。这种参考资料保存了多种学术声音组成的美妙杂拌儿,却也有使得要解释的文本及每个评注者的方法与旨趣在其中隐没不彰的危险。

勒克莱尔对各种渊博的作品做出了老道、仔细的评论,他不仅解释了注释应提供哪些服务,而且解释了它们应采取哪种形式。他主张,应为读者着想,将集注版的诸多评注析分开来,重新组织。编者应在正文的下面提供一些明确的信息,其中既要有培尔那种对史料权威性的关切,也要顾及读者的方便。

第七章　博学研究深渊中的清晰明快：现代脚注的笛卡儿源头　　285

　　　　脚注应措辞适当，行文简洁，提出任何论断都必
　　　须加以证明，或至少点出几位可以由之确证所说的作
　　　者；并指明相关段落所在何处，以便读者需要时可以　【218】
　　　轻易找到。我以为，对于大多数读者而言，这样的注
　　　释是一座宝藏。[58]

在书末应有那些单个评注者所做的完整评注及针对细节之处的附注。勒克莱尔认为，读者是乐意手边能有集注本所提供的所有素材的。[59] 但是，在专家会到书末翻检的完整评注，与正文下面的注释所应提供的简洁而又文献翔实的指引之间，应做坚决区分。即使是更长的注释也应一行一行列出，而不是像有些编者那样，一个评注又一个评注堆出来。否则，信息的洪流会过于浩大，反而成为无用之物。例如，戈特弗里德·容格曼（Gottfried Jungermann）的恺撒著作就不是对文本单一融贯的解释，而是双栏排版，总计1100多页，由20多位作者写成的互不相干的评　【219】
注。[60] 勒克莱尔谴责这一做法。他解释说，无论如何，精良版本的读者都不应被迫"为找到每个人都说了些什么而遍查整部著作，这既费时，也无聊"。[61]

　　换言之，勒克莱尔不仅强调需要脚注所能提供的知识

支持，而且大致描绘出了如何写作脚注的方案——他也清楚地知道，这必须要靠学者与印刷者合作完成。欧洲学者在各自不同的处境里为争取思想空间而奋力鼓呼、打拼，这种情况下，像统一引用方式这样的事情自然不是朝夕之间所能完成的。此外，甚至是在文人共和国的某个省份内部，一名作家惯常的引用方法也常常给另一名作家提供了在笔战中开火猛轰的弹药。雅克·布瓦洛（Jacques Boileau）在其关于基督教传统里鞭笞处于何种地位的考证史中否认这一做法古已有之。博学的神甫让－巴蒂斯特·梯也尔（Jean-Baptiste Thiers）痛斥这本书，攻击说其中充斥着无关紧要的史料细节："他引用著作时常常注明著作在何时何地出版，印刷者或出版者姓甚名谁，在书中哪页哪面，有时甚至页边的大写字母和页中哪一行也要说。"[62]梯也尔抱怨说，布瓦洛在著作中填塞了这种不必要的书目信息，这种"书商之学"，甚至在相关著作只有一个版本的时候也是如此。有时候布瓦洛掉书袋的水平达到了自印刷术发明以来闻所未闻的程度。然而在另一些情况下，他又弃所有细节于不顾。梯也尔问道："这些细致入微、装模作样的引用除了使其历史著作篇幅更长之外还有什么用吗？"[63]显然，即使在这名法国教士的博学属地之内，拥有过多学问的人也被解职打发走，他们被认为比那些配有较少文献资料的作者在社会上低一等。

然而，在17世纪晚期和18世纪，作家、译者和印刷者间长期的论争与讨论逐渐产生出类似于现代的文献注释系统——虽说这一进程当时没有圆满结束，现在也仍然没有。在整个欧洲，作家和出版商的合作之紧密前所未有，他们力图让文本在外观上所呈现出的方方面面都能反映出内容，并引导读者在其中穿行。[64] 正如那些涉及作者身份与出版的革命在排版与设计方面进行的实验一样，书籍设计也发生了革命，它也力图让书籍既从知识上来说，也从其本身面貌来说变得更易把握。例如，在此期间，古典学者与印刷者首次合作确立了惯例，给古典文本每一卷或每一节从头至尾按序标明其字行序数。这样，全欧洲的批评家就能在探讨某一共同问题时，不必假定所有参与讨论者都已对文本烂熟于心，也不必非得说明参引某一版本的第几页第几行，而这曾一直是自印刷术发明以来的标准做法。[65] 让古典研究者背弃古老做法的实用与审美两方面的通盘考虑也影响了历史学实践。脚注开始不仅仅是在知识层面流行，而且也在排印上切实可行，因此它们也开始出现在历史学家常规的文献工具箱里了。在整个18世纪，关

【221】

于精确性的新标准逐渐影响了历史学表述,这一过程中的细节还有待确定。历史学家依然认为清晰、给人教益的叙事具有道德和文献上的价值,但他们也看重一种更新近的渴求,即对史料的考证性讨论。出版商希望销量要大,但也想与作者合作。于是产生了没完没了的斗争,有时候斗争出来的是"进两步,退一步"的节奏。但多亏了出版和教育方面更广阔的发展以及诸多杰出个体所取得的成就,脚注最终在历史学家笔下赢得了自己的一席之地。[66]

【222】　　大卫·休谟最后一次提供了至关重要的证言。他在一封信中坚持要求吉本将其著作的尾注改为脚注,但这封信不是寄给吉本,而是给他们共同的出版商威廉·斯特拉恩。他说:"我原想给他[吉本]提一提我关于印刷方式的建议;但我现在写信给你也是一样。"[67]休谟对于历史学著作应如何阅读的新意识始终与历史学著作应如何书写的新意识齐头并进——而后者又始终与作者对其出版商能够怀何种期待的新意识齐头并进。所有种种,他像吉本与默泽一样,大大受惠于那些17世纪晚期的法国思想家,这些人在荷兰找到了免于路易十四宗教不宽容的避难所,在学问中找到了躲避神学正统压迫的避难所,并在脚注中找到了躲避笛卡儿知识独断论的避难所。

注释

1 D. Hume, *Letters,* ed. J. Y. T. Greig（Oxford, 1932）, I, 284.

2 参见如下著作的简练探讨：L. Gossman, *Between History and Literature*（Cambridge, Mass., and London, 1990）, 290-291, and L. Lipking, "The Marginal Gloss," *Critical Inquiry,* 3（1976-77）, 609-655 at 625-626; 亦参较 Lipking, *The Ordering of the Arts in Eighteenth-Century England*（Princeton, 1970）。

3 参见概论性著作E. Haase, *Einführung in die Literatur des Réfuge*（Berlin, 1959）, and A. Goldgar, *Impolite Learning*（New Haven and London, 1995）。

4 关于培尔的生平与著作，最近有一份文献充实的绝佳描述，参见E. Labrousse, "Pierre Bayle," in *Grundriss der Geschichte der Philosophie, Die Philosophie des 17. Jahrhunderts,* II: *Frankreich und Niederlande,* ed. J.-P. Schobinger（Basel, 1993）, 1025-1043。她分析其思想的传记《皮埃尔·培尔》（*Pierre Bayle,* The Hague, 1963-64）出版已有一代人之久，至今仍是标准著作。

5 "新教徒"（protestant）一词如直译就是"反抗者"。——译者注

6 E. Gibbon, *Memoirs of My Life,* ed. G. A. Bonnard（New York, 1969）, 65:"（培尔说）我是最名副其实的新教徒；因为我不分轩轾地反对一切体系，一切派别。"

7 哥本哈根王家图书馆的一份手稿保存了培尔从1689年起即开始准备的一部分前期工作；见L. Nedergaard-Hansen, "La genèse du 'Dictionaire historique et critique' de Pierre Bayle," *Orbis litterarum,* 13（1958）, 210-227（感谢E. Petersen应我的请求查看了这份手稿）。亦见S. Neumeister的精彩论文："Pierre Bayle oder die Lust der Aufklärung," in *Welt der Information,* ed. H.-A. Koch and A. Krup-Ebert（Stuttgart, 1990）, 62-78, 这篇文章让我受益良多。

8 P. Bayle, "Projet d'un Dictionaire critique," in *Projet et fragmens d'un Dictionaire critique*（Rotterdam, 1692; repr. Geneva, 1970）, sig. * 2 verso: "c'est pis qu'aller combattre les monstres; c'est vouloir extirper les têtes de l'Hydre; c'

est du moins vouloir nettoyer les étables d' Augias."

9　Ibid., sig.[*8]recto-verso: "Car si c' étoit une fausseté, elle seroit marquée dans le recueil, et dès qu' on ne verroit pas dans ce recueil un fait sur le pied de fausseté, on le pourroit tenir pour veritable."

10　Ibid., sigs.* 4 verso-[*6]recto.

11　阿里阿德涅（Ariadne）是希腊神话人物，米诺斯和帕西法尔的女儿，曾给雅典的英雄忒修斯一个线团，帮助他走出弥诺陶洛斯的迷宫。——译者注

12　Ibid., sig.[*8]recto.

13　*Menagiana*, 2nd. ed.（Paris, 1694）, I, 118: "Il paroît que M. Bayle a dessein de faire un ouvrage touchant les fautes que les Biographes ont fait en parlant de la mort et de la naissance des Savans; mais c' est une matiere que est bien seche, cependant comme il a de l' esprit elle peut devenir riche entre ses mains. Je meurs d' envie de voir l' essay de son Dictionaire critique qu' il nous a promis."

14　H. T. Mason, *Pierre Bayle and Voltaire*（Oxford, 1963）.

15　A. Tibal, *Inventaire des manuscrits de Winckelmann déposés à la Bibliothèque Nationale*（Paris, 1911）, 12："Baylii Dictionarium bis perlegi et iustum inde volumen miscellaneorum conscripsi."

16　见Gibbon, *Memoirs of My Life*, 64-65: "他的批判辞典是一座贮藏事实和观点的巨大仓库；他用他怀疑的天平来称量那些**虚妄的**宗教，直至相对立的量（用代数语言来说的话）互相抵消……在与那位机智的神父（后来当了枢机主教）德波利尼亚克（de Polignac）的交谈中，他坦率地表现出他的普遍怀疑主义。"

17　Bayle, *Dictionaire historique et critique*（Rotterdam, 1697, 3rd ed., Rotterdam, 1720, 4th ed., Amsterdam, 1730）, Lacyde, footnote F（1720, II, 1638, 1730, III, 31）: "Cette méthode est de tous les tems, et de tous les lieux: on a toûjours cherché, et l' on cherche encore à tourner en ridicule la doctrine, et la personne de ses Adversaires; et afin d'en venir à bout on supose mille fables." 在这里，以及在别处，只要可能，我就使用R. Popkin, with C. Brush（Indianapolis, 1965）的现代节译本。我对培尔的解读大大受益于Popkin的导言；亦参较Mason, 128-133。

18　Bayle, *Dictionaire*, Bonfadius, footnote D（not in 1697, 1720, I, 596, 1730, I, 602）: "Rien n'est plus beau dans la théorie, que les idées du Législateur des Historiens: il leur commande de n'ôser dire rien qui soit faux, et d'ôser dire tout ce qui est vrai; mais ce sont des loix impraticables, tout comme celles du Décalogue dans l'état où le genre humain se trouve... Remarquons d'ailleurs une grande différence entre des loix si semblables. Il n'y a qu'une parfaite sagesse, qui puisse accomplir le Décalogue; et il faudroit être d'une folie achevée, pour accomplir les loix de l'Histoire. La vie éternelle est le fruit de l'obéissance au Décalogue, mais la mort temporelle est la suite presque inévitable de l'obéissance au Législateur des Historiens."

19　Ibid., David（1730, II, 254; 措辞不同，但大意一样: in 1697, I, pt. 2, 930, and 1720, II, 967*）: "La Vie de ce grand Prince publiée par Mr. l'Abbé de Choisi est un bon Livre, et seroit beaucoup meilleur, si l'on avoit pris la peine de marquer en marge les années de chaque fait, et les endroits de la Bible ou de Josephe qui ont fourni ce que l'on avance. Un Lecteur n'est pas bien aise d'ignorer si ce qu'il lit vient d'une source sacrée, ou d'une source profane."

20　Ibid, Scioppius（1720, III, 2551, 1730, IV, 173）.[卡斯帕·朔佩（Caspar Scioppius，又作Schoppe, 1576—1649），德国学者，以其反新教的著述而闻名。——译者注]

21　W. Rex, *Essays on Pierre Bayle and Religious Controversy*（The Hague, 1965）. 雷克斯还对培尔（圣经中）"大卫王"一条的史料与结构进行了发人深思的分析。

22　Bayle, *Dictionaire*, Eclaircissements（1720, IV, 3021, 1730, IV, 651）: "C' est un Dictionaire Historique commenté. LAIS y doit avoir sa place aussi bien que LUCRECE... Il faut y donner non seulement un Récit des actions les plus conues, mais aussi un détail exact des actions les moins conues; et un Recueil de ce qui est dispersé en divers endroits. Il faut aporter des preuves, les examiner, les confirmer, les éclaircir. C'est en un mot un Ouvrage de Compilation."参较*Gibbon's Journal to January 28th*, 1763, ed. D. M. Low（New York, n.d.）, 110: "如果培尔写出这部辞典是为了倒出其各种收藏，而没有任何特别的企图，那没有什么比他选择的办法更好了。这让他可以为所欲为，而又不必在某一方面须有所为。通过辞典和注释所提供的双重自由，他能够选择他喜欢的条目，然后就这些条目说他喜欢说的话。"

23　Bayle, *Dictionaire*, Epicure, footnote D（1697, I, pt. 2, 1046）= footnote E, n. α（1720, II, 1077, 1730, II, 367）: "Ils veulent tout vérifier, ils vont toûjours à la source, ils examinent quel a été le but de l'Auteur, ils ne s'arrêtent pas au Passage dont ils ont besoin, ils considérent avec attention ce qui le précéde, ce qui le suit. Ils tâchent de faire de belles aplications, et de bien lier leurs Autoritez: ils les comparent entre elles, ils les concilient, ou bien ils montrent qu'elles se combatent. D'ailleurs ce peuvent être des gens qui se font une religion, dans les matieres de fait, de n'avancer rien sans preuve." Neumeister, 71引用和讨论了这段文字。

24　Bayle, *Dictionaire*, Eclaircissements（1720, IV, 2986, 1730, IV, 616）: "il a falu que dans cet amas de toutes sortes de matieres je soutinsse deux personnages, celui d'Historien et celui de Commentateur... discuter les choses, et comparer ensemble les Raisons du pour et du contre avec tout le desintéressement d'un fidelle Raporteur."

25　关于这一分析，见经典著作E. Cassirer, *Die Philosophie der Aufklärung*, 2nd ed.（Tübingen, 1932）, 269-279; Haase, 418-454。

26　此书即*Disputatio Juris Canonici De Origine Ac Progressu Processus Inquisitorii*

Contra Sagas（Halae Magdeburgicae，1712）。——译者注

27　C. Thomasius, *Vom Laster der Zauberei. Über die Hexenprozesse*, ed. R. Lieberwirth（Weimar, 1963; repr. Munich, 1986）; F. O. Mencke, *Historia vitae et in literas meritorum Angeli Politiani*（Leipzig, 1736）, sigs. [XX4]verso-XXX recto, 特别是XXX recto："皮埃尔·培尔是著名的考证家和语文学家，也是非常有力的历史学研究者，他的《辞典》第二版中有对波利齐亚诺的生平与性格非常丰富与博学的描述，为出版这本《辞典》，这个无与伦比的人付出了让人难以置信的努力。"（maximi nominis Criticus et Philologus, felicissimusque rerum historicarum indagator, PETRUS BAELIUS, cuius amplissimam rebusque optimis et doctrina multiplici refertam *de Vita et moribus Politiani* Commentationem habemus in *Lexici*, quod stupendo labore emisit vir incomparabilis, *Historici atque Critici* editione altera.）门克也引用了其他史料，但没有这么奢华的形容词。

28　A. Momigliano, "La formazione della storiografia moderna sull' impero romano," *Contributo alla storia degli studi classici*（Rome, 1955）, 110-116.

29　B. Pascal, *The Provincial Letters*, tr. A. J. Krailsheimer（Harmondsworth, 1967）, 131 = Pascal, *Oeuvres complètes*, ed. L. Lafuma（Paris, 1963）, 407："J' ai toujours oublié à vous dire qu' il y a des Escobars de différentes impressions. Si vous en archetez, prenez de ceux de Lyon, ou à l' entrée il y a une image d' un agneau qui est sur un livre scellé de sept sceaux, ou de ceux de Bruxelles de 1651."

30　Pascal, *Letters*, 260 = *Oeuvres*, 454："Prouvez donc d' une autre manière que je suis hérétique, ou tout le monde reconnaîtra votre impuissance. Prouvez que je ne reçois pas la Constitution par mes écrits. Ils ne sont pas en si grand nombre. Il n' y a que 16 Lettres à examiner, où je vous défie, et vous et toute la terre, d' en produire la moindre marque."帕斯卡在引用的时候一般不像他所宣称的那样精准和严格。见Krailsheimer的导言，22。

31　Pascal, "Préface sur le Traité du Vide," *Oeuvres*, ed. Lafuma, 203-233 at 230.

32 R. Simon, *Histoire critique du Vieux Testament*（Suivant la Copie, imprimée à Paris, 1680）：简短的页边注给出了西蒙后来所用史料的作者姓名，有时也给出史料的题目，明确了所引用的是圣经中的哪句诗文。关于西蒙在《旧约》上的学识，见H. Graf Reventlow, "Richard Simon und seine Bedeutung für die kritische Erforschung der Bible," *Historische Kritik in der Theologie, Beiträge zu ihrer Geschichte,* ed. G. Schwaiger（Göttingen, 1980），11-36; W. McKane, *Selected Christian Hebraists*（Cambridge, 1989），chap. 4.

33 [R. Simon], *Apologie pour l' Auteur de l' Histoire Critique du Vieux Testament*（Rotterdam, 1689; repr. Frankfurt, 1973），94-95："我们的抄写者（勒瓦索尔神甫[Père le Vassor]）在把《荷兰神学家》（*des Theologiens de Hollande*）中同一段落的错误也抄了下来的时候，他的博学就更好地表现了出来。他佩服这些先生们的能力，因为这样的能力他自己一点也没有。这些先生们反对西蒙先生，说他在援引约瑟夫的时候没有注明引自哪卷哪章。但此处涉及的是这位历史学家驳阿皮翁的辩词，这本书只有两卷，每卷篇幅都很短，且不分章，在回应他们时，我已解释过，注明引用哪卷已经足够。勒瓦索尔神甫可真是别有另一种精确，他重复同样的反对意见并注明是指哪一页。不幸的是，他在引用约瑟夫的希腊拉丁文版时虽然极为仔细地指明是出自哪一页，但在那里却根本找不到他所引用的文字；他引用的只在《荷兰神学家》法文版中才有，这版中误译了关于约瑟夫的那段，这一点西蒙先生在回应中早已指出来了。"（L' erudition de nôtre copiste [Pere le Vassor] paroit encore mieux lorsqu' il copie au méme endroit jusquaux fautes *des Theologiens de Hollande*. Ces Messieurs dont il admire la capacité, parce qu' il n' en a aucune, avoient objecté à M. Simon, que lorsqu' il a cité Josephe il n' a pas été exact à marquer le Livre et le Chapitre. Mais comme il s' agissoit de l' Apologie de cet Historien contre Apion, laquelle ne contient que deux Livres forts petits sans aucune distinction de Chapitres, on leur avoit repondu, que c' étoit assez d' avoir cité le livre. Le P. le Vassor qui est bien autrement exact repetant la méme objection

marque la page. Le malheur est que ce qu'il cite de l'edition Greque Latine de Josephe ne s'y trouvve point, bien qu'il ait marqué la page avec grande soin; mais seulement dans le Livre François *des Theologiens de Hollande* qui ont mal traduit cet endroit de Josephe, comme M. Simon leur a fait voir dans sa réponse.）

34　R. Simon, *Histoire critique du texte du Nouveau Testament*（Rotterdam, 1689）, sig. ** 2 recto: "on a tâché de les satisfaire là-dessus, sans neanmoins changer rien de nôtre premiere methode. On les a mis au bas des pages, où chacun pourra les lire dans toute leur étenduë et dans la langue des Auteurs."古文书学大家让·马比荣对有关中世纪圣人的传统所作的批评引来了不少敌意，他对史料的重要性和引用程序也非常敏感，他认为这对历史学史料的解读和评估来说至关重要。

35　见B. J. Shapiro, *Probability and Certainty in Seventeenth-Century England*（Princeton, 1983）; P. Dear, "*Totius in verba*: Rhetoric and Authority in the Early Royal Society," *Isis*, 76（1985）, 145-161; S. Shapin, *A Social History of Truth*（Chicago and London, 1994）; P. Dear, *Discipline and Experience*（Chicago and London, 1995）; Q. Skinner, *Reason and Rhetoric in the Philosophy of Hobbes*（Cambridge, 1996）。

36　C. Borghero, *La certezza e la storia*（Milan, 1983）。

37　亦见J. Solé, "Religion et méthode critique dans le 'Dictionaire' de Bayle," *Religion, érudition et critique à la fin du xviie siècle et au début du xviiie*（Paris, 1968）, 70-117 at 104-106。

38　见J. Thomasius, *praeses, Dissertatio philosophica de plagio literario* resp. Joh. Michael Reinelius（Leipzig, 1692）, § 249, 106: "如果你从数位作者的作品编纂出一部著作，那么像写作博物志的普林尼那样将这些作者名列于整部著作的开头，还是像写作其所处时代历史的德图那样将之立于每卷的开头，并不那么重要。这份名单放在结尾处也很好，否则这里一般是放索引的地方。但如果在你的标题或前言中承认你是一只从不止一个人的花园里采蜜的蜜蜂，那也会很适宜。"（Quod si e variis autoribus librum colligas, non multum referet, sive sub exordium operis universi, quod Plinius fecit historiae naturalis scriptor, sive principio singulorum librorum, quod Thuanus in Historia sui temporis, Catalogum eorum ponas, quorum opera es usus; qui nec male finem, quod solent alias indices, occupabit. Verum nec in titulo dedecebit aut praefatione apem profiteri, quae non ex unius horto flores delibaverit.）

39　Bayle, "Projet," *Projet*, sig. [**6] verso : "Et qu' on ne me dise pas que nôtre siécle, revenu et gueri de l' esprit Critique qui regnoit dans le precedent, ne regarde que comme des pedanteries, les Ecrits de ceux qui corrigent les faussetez de fait, concernant ou l' Histoire particuliere des grands hommes, ou le nom des villes, ou telles autres choses; car il est certain à tout prendre, qu' on n' a jamais eu plus d' attachement qu' au' jourdhuy à ces sortes d' éclaircissemens. Pour un chercheur d' experiences Physiques, puor un Mathematicien, vous trouvez cent personnes qui étudient à fond l' Histoire avec toutes ses dependances; et jamais la science de l' Antiquariat, je veux dire l' étude des medailles, des inscriptions, des bas-reliefs etc. n' avoit été cultivée comme elle l' est presentement."

40　Ibid., sigs,***recto-*** 3 recto.

41　Ibid., sig.[*8] recto: "Si un Auteur avance des choses sans citer d' où il les prend, on a lieu à croire qu' il n' en parle que par oui-dire; s' il cite, on craint qu' il ne raporte mal le passage, ou qu' il ne l' entende mal... Que faire donc, Monsieur, pour ôter tous ces sujets de defiance, y ayant un si grand nombre de livres qui n' ont jamais été refutez, et un si grand nombre de lecteurs, qui n' ont pas les livres où est contenue la suitte des disputes literaires?"

42　Ibid., 387 : "Il entasse toutes ses citations à la fin de chaque article, sans faire savoir qu' une telle chose a été dite par celuy-cy, et une telle autre par celuy-là: il laisse donc à son lecteur une grande peine, puis qu' il faut quelquefois heurter à plus de cinq ou six portes, avant que de trouver à qui parler."

43　G. W. Leibniz, *Die philosophischen Schriften*, ed. C. J. Gerhardt, VI（Berlin, 1885; repr. Hildesheim and New York, 1978）, 19: "que des mathematiciens ou physiciens purs qui ignorent et meprisent toutes les autres connoissances, ont tort."关于这份文本的重要性，参见Neumeister。

44　Leibniz, *Die philosophischen Schriften*, ed. Gerhardt, VI, 16-17: "Pour cet effect je m' imagine que le meilleur seroit de parler de la matiere en elle même, de rapporter le plus souvent les passages des auteurs, sur lesquels on s' appuye, et de donner souvent leur propres paroles à l' imitation de l' excellent ouvrage de Mons. du Cange. On pourra mettre ces paroles à la marge, parcequ' on fera scruple apparement d' inserer souvent le grec ou le latin dans le corps du texte françois. Si l' ouvrage avoit esté entrepris en Latin, on auroit eu plus de liberté là dessus, car en matiere de faits il n' y a rien de tel que de voir les propres paroles des auteurs."

45　关于培尔某些错误的细致分析，参见 R. Whelan, *The Anatomy of Superstition*, Studies on Voltaire and the Eighteenth Century, 259（Oxford, 1989）。而更给人教益的是H. H. M. van Lieshout, "Van boek tot bibliotheek"（Diss., Nijmegen, 1992）, 本文描述了培尔引用的方法，将之置于其历史语境之中，并通过这些方法对培尔的图书馆以及他作为读者、学者和作者的实践做法做出了详细的分析。

46　原文为法文: "des nouvelles du Pont-neuf en beau latin"。新桥（Pont-neuf）, 是巴黎塞纳河上最古老的桥之一。——译者注

47　F. W. Bierling, *Commentatio de Pyrrhonismo historico*（Leipzig, 1724）, chap. IV（"De fide monumentorum"）, 225-249; 见L. Gossman, *Medievalism and the Ideologies of the Enlightenment*（Baltimore, 1968）, and Borghero.比耶林著作中的部分文字现在可以找到德语对译及注释，*Theoretiker der deutschen Aufklärungshistorie,* ed. H. W. Blanke and D. Fleischer（Stuttgart and Bad Cannstatt, 1990）, I, 154-169。

48　关于佩里佐尼于斯，见Erasmus, *The Origins of Rome in Historiography from Petrarch to Perizonius*（Assen, 1962），and Th. J. Meijer, *Kritiek als Herwaardering*（Leiden, 1971）。

49　M. Völkel, *"Pyrrhonismus historicus" und "fides historica"*（Frankfurt a. M., 1987）.

50　关于培尔的写作方法，参见van Lieshout, chap. 2。关于其在每页呈现"多种声音合唱"的方式，见如下优雅的分析和辩护，M. Völkel, "Zur Text-logik im *Dictionnaire* von Pierre Bayle. Eine historisch-kritische Untersuchung des Artikels *Lipsius（Lipse, Juste）*," *Lias*, 20（1993），193-226. 亦参较H. Zedelmaier, "Fussnotengeschichte（n）und andere Marginalien: Anthony Grafton über die Ursprünge der modernen Historiographie aus dem Geist der Fussnote," *Storia della storiografia*, 30（1996），151-159 at 155-56。

51　参较*Gibbon's Journal*, ed. Low, 105："我读了培尔辞典中朱庇特（Jupiter）和朱诺（Juno）两条。朱庇特一条只是浮光掠影。朱诺一条写了17页；但如通常一样，其中大多是题外话。很长篇幅是在讨论，角从何时起成为妻子出轨的象征；其中有无数的思考，一些有开创性，一些则非常琐屑；学问主要限于拉丁语作家……总的说来，我更认为培尔读了五花八门的书，而不是真正的博学。他的大敌勒克莱尔在这方面比他强，不过其他所有方面都比他弱。"

52　见J. Le Brun, "Jean Le Clerc," in the new Gudemann's *Grundriss, Die Philosophie des 17. Jahrhunderts,* II, 1018-1024; Goldgar.

53　见M. Sina, *Vico e Leclerc*（Naples, 1978）; S. Timpanaro, *La genesi del metodo del Lachman*（Padua, 1985），20-22; M. C. Pitassi, *Entre croire et savoir*（Leiden, 1987）; P. Lombardi, "Die *intentio auctoris* und die Streit über das Buch der Psalmen. Einige Themen der Aufklärungshermeneutik in Frankreich und Italien," *Unzeitgemässe Hermeneutik,* ed. A. Bühler（Frankfurt, 1994），43-68 at 52-60; H. Jaumann, *Critica*（Leiden, 1995），176-180。

54　J. Le Clerc, *Parrhasiana*（Amsterdam, 1699-1701），I, 144："qui ne citent que très-rarement les Auteurs, dont ils se sont servis; comme lors qu'il y a entre eux quelque diversité de sentiments."

55　Ibid., 145：" En effet, si la chose est mauvaise en soi, l'exemple des Anciens ne la rend pas meilleure, et rien ne nous doit empêcher de faire mieux qu'eux. La République des Lettres est enfin devenue un païs de raison et de lumière, et non d'autorité et de foi aveugle, comme elle ne l'a été que trop longtemps. La multitude n'y prouve plus rien, et les cabales n'y ont plus de lieu. Il n'y a aucune Loi divine, ni humaine, qui nous défende de prefectionner l'Art d'écrire l'Histoire; comme on a tâché de prefectionner les autres Arts et les autres Sciences."

56　Ibid., 148-149; 参较193-194。

57　Ibid., 146:" On soûtient donc que l'on n'évite de citer, qu'afin que personne ne puisse examiner l'Histoire, que l'on raconte, en comparant la narration avec celles des Historiens, qui ont écrit auparavant."

58　Ibid., 229:" Des Notes conçues en bons termes, en peu de mots, et où l'on n'avance rien sans le prouver, ou sans indiquer au moins quelque bon Auteur, où l'on puisse voir la verification de ce qu'on dit; en marquant si bien l'endroit, qu'il soit facile au Lecteur de le trouver, si il a besoin de le chercher; des Notes, dis-je, de cette sorte, sont un thrésor pour la plupart des Lecteurs."

59　Ibid., 230.

60　*C. Julii Caesaris Quae exstant*（Frankfurt, 1669）. 容格曼解释说，其集注本的主要优点在于能让读者知道"他们[评注者]中每个人从别人那里承袭了些什么，自己又有哪些贡献：在理解和解释恺撒著作时，这不无助益。"（quid alter ab altero derivasset, quid de suo contulisset: quod Caesari intelligendo et illustrando non parum futurum fore.）(II, sig. a2 recto). 编者对自己应如何呈现有关恺撒著作的学术史，比对这种呈现方式如何才会帮读者掌握文本本身有着更明晰的观念，这是很典型的一例。

61　Le Clerc, *Parrhasiana*, 231：" feuilleter tout un Volume, pour trouver ce que chacun a dit, ce qui est long et ennuieux."

62　J.-B. Thiers, *Critique de l' Histoire des Flagellans*（Paris, 1703）, 29："Souvent il cite l' année et le lieu de l' Edition des Livres, le nom des Imprimeurs ou Libraires, les pages et les feüillets des Livres, et quelquefois même les létres majuscules qui sont aux marges et les lignes des pages." 以下便是证明（例子一举便是两页，29—31）（早期大开本的印刷书籍常常在页边用大写字母来将文本分为几节，以供方便、精确地引用）。在其《鞭笞史》（*Historia flagellantium*，Paris, 1700）中，布瓦洛的确既引用了大量史料，也提到了关于这些史料颇为细枝末节的一些信息。关于这场论争及其参与者，参见 B. Neveu, *Erudition et religion aux xviie et xviiie siècles*（Paris, 1994）, esp. 201-202。

63　Thiers, *Critique*, 33: "A quoi bon toutes ces citations si scrupuleuses et si afectées, sinon pour grossir son Histoire qui n' eût pas laissé d' être trop grosse sans toutes ces minuties?"

64　N. Barker, "Typography and the Meaning of Words: The Revolution in the Layout of Books in the Eighteenth Century," *Buch und Buchhandel in Europa im achtzehnten Jahrhundert,* ed. G. Barber and B. Fabian, Wolfenbütteler Schriften zur Geschichte des Buchwesens 4（Hamburg, 1981）, 127-165.

65　E. J. Kenney, *The Classical Text*（Berkeley, 1974）.

66　参见Zedelmaier。

67　Hume, *Letters*, ed. Greig, II, 313.

跋

几个总结性的脚注

吉本和默泽，罗伯逊和沃尔夫，在长篇叙事中复制了培尔此前在每个条目中小规模确立起来的结构，心中也想着勒克莱尔对博学编纂作品使用者的指示以及几代历史学家和古物研究者的习惯做法。就这样，现代式样的考证史学成为了可能。兰克只是在其中添加了两种原料——但这两种都是至关重要的。几乎是与他自己的意愿相悖，他给研究和考证过程赋予了新的文字生命，使脚注和考证性的附录成为快乐的源泉而不是致歉的缘由。17、18世纪细致入微的欧洲学者创造了现代历史学实践的许多特征。但他们几乎都没有后来兰克那样炙烈的热情，不能像他那样，终日埋首于日趋破损的记录的尘埃之中，而心却依然因发现和解释带来的兴奋怦怦直跳。

莱布尼茨是档案馆的常客，也是以工业化的力度刊布史料的出版人，对于难以辨识的手稿给其双眼带来的损害，他曾大吐苦水。他使广大读者可以读到这些手稿的内容，但他对手稿中的细枝末节没什么兴趣。¹ 吉本熟练地掌握了脚注这种文字形式，但他在学术与叙事之间的关系问题上很长时间都游移不定。他依然倾向于轻蔑地说"那些中世纪满是尘埃的羊皮纸和粗鄙的文风"。² 在其《回忆录》中，吉本遗憾地谈到自己被人说动，用脚注破坏了叙事的外观。关于《罗马帝国衰亡史》的两个巴塞尔版，吉本写道："在其八开本的十四卷中，全部注释集中于最后两卷。读者硬要**我**将之从书末移至页下；而我常常为自己的顺从感到懊悔。"³ 吉本将大卫·休谟的建议说成是"读者硬要"，这看上去真是独特的讽刺。而兰克则使研究与考证变得动人、有吸引力。

与此同时，兰克创设了（起先是非正式地）这种新式历史编撰学的主要制度：19世纪的史学研讨班。在研讨班中，教师给大学生布置其要攻克的技术难题，并负责指导他们，不断地批评、帮助他们，年轻的大学生由此学习使用他们这一行的工具。大多数早期的史学研讨班都与兰克的相似。这些研讨班规模小，也不总是有国家的资助，它们比18世纪宏伟的哥廷根历史学院（Historical Institute）要穷，志向也小。渐渐地，它们赢得了不多的官方资助以设立奖学金和奖金。如果一名19世纪中期的历史学家能说服国家负责教育的部长为其研讨班上的大学生购买满满一书架的原始史料和参考著作的话，那他就会觉得自己很幸运。出身非职业人士家庭或非学术家庭的大学生必须要仰仗图书馆工作人员的善意（许多出身于那种家庭的大学生自然也是如此）。否则，他们无法具备写出令人满意的研讨班报告和论文所必需的技术上的与书目上的能力。

【225】

不过，19世纪的研讨班还取得了一些新的成就。它所提供的讨论技术问题的论坛，以及其成员集中精力完成的短小、精细的史料考证论文，终于创造出一种新的学科风格和氛围。只有证明自己具备了灵巧、热情地使用学术工具与技术的能力，才能打开职业晋升之门。[4] 在文艺复兴时期，当有教养的先生们写出言辞华美的历史学作品，拿给更年轻的先生们来读的时候，文本的功效是要由其学问来支撑的。但是，过度地显摆学问只会损害、而不是加强历史作品在道德与实用两方面的影响。有教养的先生们在写作时必须像他们骑马时那样——技艺高超，但看上去轻松自如，不费吹灰之力。在17、18世纪的文人共和

【226】国,培尔和吉本的脚注能为他们同时赢得放肆与博学两种声名。其参考资料证明,他们很好地使用了自己的私人藏书,并启发其他一些人去以同样的方式工作与写作。但19世纪德国的新式大学体系更大方地奖赏原创的假设而不是优雅的叙事,在这种体系中,脚注和文献附录比正文更能让人出名,考证性的论述比构建性的论述能赢得更多效仿者。于是有如此多聪颖的年轻人(如海因里希·尼森)选择史料考证的问题作为其注释翔实的博士论文的主题就毫不奇怪了:内容与形式终于相互匹配。[5]

最后,在19世纪晚期和20世纪,对于那些家庭没有富裕得足以提供私人研究藏书的年轻人(也包括年轻女性)来说,做脚注所需要的史料变得可以轻易获取。欧洲主要国家的档案馆都开设了阅览室,学者可以经常在阅览室中工作。获得批准的读者能读到档案馆所有或几乎所有的文献。与之相似,诸多国家图书馆将刊布的原始史料丛集放在其穹顶的公共阅览室中,以供识文断字的男女读者们阅览,若在从前,这些人是绝不会有那么多钱建自己的私人图书馆,或是有社会关系到别人的私人图书馆中使用这些材料的。杰出教授们用劝说、敲诈和威胁跳槽的办法,让政府为自己的学生可以在某处阅读一手和二手刊布史料汇编而掏钱。例如,柏林《日耳曼历史文献汇编》的房间里有精心收藏的参考著作和原始文本汇编,它成了一座历史学实验室,就像是人文学科中的卡文迪许实验室。这项计划中只付给年轻协作者以微薄的薪水,这引起了他们无穷无尽的悲痛。然而,那些能够穿过柏林的石头丛林到达普鲁士国家图书馆的人在拥有了新便利的情况下掌握了文献与技术。[6] 二战之后,西德诸多大学的庞大预算使得全国所有的历史学院都能够为其大学生建立起类似的藏书。

【227】

慢慢地,然而也是不可避免地,西方所有年轻的历史研究者都可以获得类似的资源。以下故事便是典型的一例。英国中世纪专家波威克(F. M. Powicke)学生时代在曼彻斯特的欧文学院(Owen's College),即后来的曼彻斯特大学学习历史。他1896年到曼彻斯特,此后不久,历史学家弗里曼(E. A. Freeman)的海量藏书(若干年前已赠予该大学)开始对大学生开放:

> 于是,在1898年开放了一座新图书馆——克里斯蒂(Christie)图书馆,其中单独隔出一间做书房、教室,里面满是弗里曼的藏书,可以查阅。在这个房间里,陶特(Tout)负责教15世纪的意大利史,泰特

(Tait)负责教西塞罗时期的罗马共和国史,他们引导三年级和毕业班的大学生进入这两个迷雾重重的专题。大学生阅读很多著作,知道有哪些原创性的权威作品以及应如何使用它们。大学生发现,处置穆拉托里的对开本著作,研究威尼斯的使节,以及阅读马基雅维利、圭恰迪尼与科米纳的原文意味着什么。这是让人眼花缭乱,但也很美妙的体验。[7]

【228】

脚注所引起的激动已经来到了工业城市曼彻斯特,两代人之后,这种激动甚至将会风靡正在工业化的牛津。

即使能读到的已刊或未刊史料再多,也不能解决历史学中所有尚未回答的问题。无论是成批刊布大量有关一战起因的外交和政治记录,还是刊布大量有关二战过程的信息,都不能让历史学家从此就不再争论不休。此外,文献资料永远不会完备无缺。即使是现代的档案馆也会不允许其使用者,或者至少是权限较低的使用者,查看某些类型的文献。然而话说回来,任何一个到西方现代大学上学的人都会像波威克一样,很容易就能学习如何处理一手和二手基本史料,并在合适的地方予以引用。尽管不同国家之间研究与训练的风格有所不同,但第一章中描述的高年级大学生学习生活的惯例同样都确保了这一点。脚注对于那些决定学习如何做脚注的人来说不再那么神秘。

可惜的是，在很多情况中，脚注跃升为标准学术工具的过程，也伴随着它在文体上的衰落，变成罗列一些高度缩写的档案引证。兰克被认为是创造现代历史学部类的炼金士，但实际上他讨厌脚注，他做脚注的时候并没有做原创性研究或写作附录时那样仔细、精心。脚注在18世纪时最为兴盛，那时它们既用来讽刺地评说正文里的叙事，也用来证明其真实性。到19世纪，脚注不再扮演悲剧合唱队这种显要的角色。脚注就像是许多卡门（Carmen）一样，身陷一座巨大、肮脏的工厂，成了卖苦力的。起先是一门技艺，这时不可避免地成了例行公事。

【229】

五卷本《归尔甫派的起源》（Origines Guelficae）是莱布尼茨负责为几代汉诺威公爵搜集的文献汇编，吉本有这样一段精彩的文字对其做了仔细的剖析："这显然出自几个人的手笔，有莱布尼茨无畏、原创的精神，埃卡特（Eccard）粗陋的博学和草率的推测，格鲁贝尔（Gruber）有用的注释，还有沙伊德（Scheid）考证性的探讨。"[8] 对于脚注，如果有人能写出这种句子来，也可以说同样的话。脚注是层层累积之物，仔细检查，里面有文艺复兴时期形成的研究技术，有在科学革命期间首次确定的考证规则，有吉本的讽刺，有兰克的移情，有海恩里希·莱奥的凶狠——也有重塑了历史学家的生活与工作的出版惯例、教育体制与职业结构的缓慢发展。

兰克的史学研究实践及其在历史著述中的体现，事实上是一种自我辩护，而非某种精确的描述。这不会让人惊讶；在新教文化中，美德自然是与声称新颖和改革联系在一起的。但脚注的故事还有许多更广的寓意。不从理论，而从实践层面来看，历史著作的发展看来是渐变的，而不是均平的，更是演进的，而不是剧变的。这个故事当中有一部分肯定清晰可辨。以前和现在一样，历史学家们明火执仗地抢劫，到其他学科开的商店那里拿走别人的技术，并且在已经忘了为何要这样做的理论上的原因之后很久，依然继续使用这些技术。他们还设法忘记言之有据的反对和条件限定；没有遗忘，历史就无法继续书写下去。许多史学编撰史著作在前言、宣言以及之后的正文里，将脚注的故事说成是历史学科中地震般的剧变，而实际上冰川移动般缓慢变动的过程对这种传统说法提出了挑战。脚注再怎么堆积也不一定能让这两个故事握手言和。[9]

脚注的故事还强调以下事实，并不是现代知识学科中

跋　几个总结性的脚注

所有的重大变化都源自个人或体制对于权力的追求，尽管这一原因常常被人提起，比如用它来解释现代科学的兴起。诚然，在史学文化兴起的过程中，某些比较突出的阶段可以看出权力的斗争。例如，16世纪晚期和19世纪初期的历史学，都具有酷爱文献证据和严格证明的特点。而每个时期都有长期存在的体制与激烈的进攻者之间大规模的冲突。在16世纪，中世纪教会的旧有习惯做法是由传统而不是文本认可的，旧有社会形式是由记忆和传统而不是成文的史书与法律保护的，它们的捍卫者与教会中革新的宗教改革家、政府中进取的改革者发生了冲突。在19世纪早期，旧制度的爱慕者与打碎旧制度的大革命的追随者之间发生了冲突。攻击与捍卫习惯做法的双方每每都试图在过去中找到支持其立场的证据。研究、论证中新技术的迅速发展与那更广阔世界中关于土地与信念的争斗直接相关。但还有其他人参演了脚注的故事，这些人因其私人财富和个人独立而不用进攻或捍卫体制，不用寻找门徒或组织起来攻击敌人。个人的癖好、风格与更大范围上的社会构成，都有助于促成一种著作类型最终实现形式与实践上的转变。

最后，在讨论历史学作为一项文字事业的性质时，脚

【231】

注的故事也给这一问题提供了新的观照。近些年来,一些学者主张,历史学只不过是一种想象的著述,是像小说一样的叙事,他们的说法很有影响。另一些人则不同意,他们坚持历史学不仅是写出优雅的段落,而且是进行博学的研究。[10] 然而,双方都未回答一个看来涉及关键的问题:研究在书写历史学叙事中扮演何种角色?莱昂·戈尔德施泰因(Leon Goldstein)在其信息翔实、发人深思的《历史认知》(Historical Knowing)一书中主张,历史学由上层建筑和下层基础构成。前者是"消费历史学家的产品、而自己并非历史学家的消费者可以看见的那部分历史学事业",后者是"使历史中的过去在历史研究中得以形成的那些知识活动"。戈尔德施泰因正确地指出,大多数历史哲学著作关涉上层建筑,而他又提出了一种如何分析下层基础的有趣模式。戈尔德施泰因要表明,历史学既是在讲故事,也是一门调查性的学科。对历史学家征引时的习惯做法做有用的第一手分析使我们可以清楚地看到,戈尔德施泰因做这项工作时有多么认真。[11]

考察至此,修辞的问题出现了,但在这个关键问题上,即使是戈尔德施泰因也没能说到点子上:现代历史学之所以是现代的,正是因为它试图给这项历史学事业的两个部分赋予融贯的文本层面的形式。戈尔德施泰因主张，历史学的上层建筑，即其叙事形式，在千百年间没有任何重大发展；只有不断扩展的下层基础，及其迅速兴盛起来的新方法、新问题和新史料，随着时间推移而剧烈变化。但实际上，脚注的历史表明，历史叙事的形式在近几百年间一次又一次变换。而且，之所以如此，是因为历史学家一直在试图找到新办法，在两个不同的层面，以两种相异的节奏分别讲述关于其研究和其对象的故事。将史学研究的历史与史学修辞的历史割裂开来是没有用的：即使这样做的时候信息准备得再充分，也会扭曲其本来试图澄清的发展过程。历史学文本并不像其他所有文本那样就只是叙事而已：它来自脚注所记录的诸种研究与考证性论证。但只有写作此类注释的文字工作才能使历史学家将研究不完美地表现出来，正是这种研究支撑其正文。研究脚注就能看出，将作为艺术的历史学与作为科学的历史学区分开来，这种严谨努力的唯一好处就是清爽分明。而归根结底，它对阐明现代史学编撰实际中的发展过程并没有什么帮助。要对现代历史学书写做完整的文本层面的分析，就必须既分析对现有几种叙事修辞的某种说法，又分析注释修辞学。

【233】

历史学家引用和征引的习惯做法几乎从不符合他们自己定下的守则；脚注从来没有、也永远不能支撑起某部作品中的每个事实陈述。没有一个部件可以防止所有错误，或是消灭所有分歧。明智的历史学家清楚，他们的技艺类似于佩涅罗珀[12]的编织艺术：脚注和正文将会一次又一次地合在一起，每次二者都会以不同的模式和特点组合起来。永远不会稳固下来。[13]然而，脚注尽管在文化上来说是偶然出现的，而且也特别容易出错，但它却给我们提供了唯一保证，这个保证就是关于过去的陈述来自可识别的史料。这也是我们不得不信任这些陈述的唯一根据。[14]

现代政府（不管是暴政的，还是民主的）努力掩饰它们所做的妥协，它们所造成的死亡，它们或其盟友所施行的酷刑。对此，只有运用脚注以及与之相联的研究技术，才有可能抵挡。枢机主教埃瓦里斯托·阿恩斯（Evaristo Arns）1950年代在巴黎学习过高层次的历史学家技艺，他后来保护那些揭发巴西动用酷刑拷打公民的律师，这并不是偶然的巧合。[15]只有运用脚注才能让历史学家使他们的文本不是一个人独白，而是由现代学者、他们的先辈以及他们的研究对象一起参与的对话。同样并非巧合的是，史上最复杂的一套历史学脚注（共有四层，脚注的脚注的脚注的脚注）出现在瓦尔堡研究所（Warburg Institute）早期的一份刊物中。[16]学院的早期成员们独特地做出这种盘根错节的注释，这绝不是例行公事般将相关和不相关的、重要的和琐屑的东西汇聚到一起。这是瓦尔堡图书馆中的工作经验在文字上的体现，在那里，多种传统以多种崭新的方式并处，与之遭逢，注定会使读者受到震撼，做出创造性的成就。[17]

多种多样的脚注出现在多种多样的历史学著作中，提供了同样的教益。脚注怎样教育人，这一点没有谁比哈利·贝拉方特（Harry Belafonte）描绘得更好。他最近在谈到早年自己阅读杜波伊斯（W. E. B. Du Bois）的故事时说："我发现在有些句子的结尾有一个数字，如果你看页脚处，那里指向与之相关的一切——就是杜波伊斯所搜集信息的出处。"这是脚注第一次激发这位西印度群岛的年轻水手[18]进行批判性的阅读。[19]

【235】

脚注自身什么都不能保证。诚实的历史学家用它来表明事实，而同样是这些事实，真相的敌人（真相是有敌人的）也能够用脚注予以否认。[20]观念的敌人（观念也是有敌人的）能够用脚注来堆积对任何读者都毫无益处的引用和征引，或是用它来攻击任何可能有新意的论题。艺术与科学相混而成一种必不可少的、杂乱的混合之物，而脚注是构成它的即使杂乱、却也必不可少的一部分。这个混合之物就是现代史学。

注释

1　H. Eckert, *Gottfried Wilhelm Leibniz' Scriptores Rerum Brunsvicensium. Entstehung und historiographische Bedeutung*（Frankfurt a. M., 1971），点出了莱布尼茨的历史研究的精妙原则与马马虎虎的团队协作之间所形成的对照，由于这种团队协作，莱布尼茨的原则被不完美地施用于史料之上。

2　E. Gibbon, *Miscellaneous Works*, ed. John, Lord Sheffield（London, 1814），III, 362.

3　E. Gibbon, *Memoirs of My Life*, ed. G. A. Bonnard（London, 1966），194, n. 64 to chap. VIII.

4　关于德国职业史学的发展，见W. Hardtwig, *Geschichtskultur und Wissenschaft*（Munich, 1990），13-102。关于研讨班的壮大，见H. Heimpel, "Über Organisationsformen historischer Forschung in Deutschland," *Hundert Jahre Historische Zeitschrift, 1859-1959*, ed. T. Schieder（Munich, 1959），139-222。在历史学研讨班之前和同时成长起来的那些古典语文研讨班获得了相似的发展。

5　见H. W. Blanke, "Aufklärungshistorie, Historismus, and historische Kritik. Eine Skizze," in *Von der Aufklärung zum Historismus. Zum Strukturwandel des historischen Denkens*, ed. H. W. Blanke and J. Rüsen（Paderborn, 1984），167-186, W. Weber的评论, 188-189, Blanke的回复, 189-190。

6　H. Fuhrmann, with M. Wesche, "*Sind eben alles Menschen gewesen.*"

Gelehrtenleben im 19. und 20. Jahrhundert（Munich, 1996）.

7　F. M. Powicke, *Modern Historians and the Study of History*（London, 1955）, 20-21. 本书中波威克也细致地刻画了他的老师T. F. 陶特和J. 泰特的形象。

8　Gibbon, *Miscellaneous Works*, III, 365.

9　参较J. Levien, *Doctor Woodward's Shield*（Berkeley, Los Angeles, and London, 1977）。

10　可参见A. Momigliano, "The Rhetoric of History and the History of Rhetoric: On Hayden White's Tropes," *Settimo contributo alla storia degli studi classici e del mondo antico*（Rome, 1984）, 49-59。

11　L. Goldstein, *Historical Knowing*（Austin and London, 1976）, esp. 140-143; 参较L. Gossman, *Between History and Literature*（Cambridge, Mass., and London, 1990）, chap. 9。参较M. Cahn, "Die Rhetorik der Wissenschaft im Medium der Typographie: zum Beispiel die Fussnote"（未刊）。[该文已刊，收入H.-J. Rheinberger and B. Wahrig-Schmidt.（Eds.）, *Räume des Wissens*（Berlin: Akademie Verlag, 1997）,91-110。——译者注]

12　佩涅罗珀（Penelope）是奥德修斯的妻子，在奥德修斯生死未卜的10年间，佩涅罗珀用各种办法敷衍追求者，其中一个借口就是要等自己织好奥德修斯父亲的尸衣之后才能选择一名求婚者，而实际上，她却在边织边拆。——译者注

13　参较N. Z. Davis, "On the Lame," *American Historical Review*, 93（1988）, 572-603。

14　我非常赞同夏蒂埃关于历史知识问题的讨论，见R. Chartier, "Zeit der Zweifel," *Neue Rundschau*, 105（1994）, 9-20 at 17-19. 亦参较A. B. Spitzer, *Historical Truth and Lies about the Past*（Chapel Hill and London, 1996）。

15　E. Arns, O.F.M., *La technique du livre d'après Saint Jérôme*（Paris, 1953）（由P. Courcelle指导的一篇学位论文）. 见L. Weschler, *A Miracle, a Universe*（New York, 1990）。

16　H. Junker, "Über iranische Quellen der hellenistischen Aion-Vorstellung," *Bibliothek Warburg. Vorträge, 1921-1922*（Berlin and Leipzig, 1923），125-178 at 165-171.

17　见E. W[ind], "Introduction," *A Bibliography on the Survival of the Classics*, I（London, 1934），v-xii. 历史学家的参引资料还保护着他或她的原创性研究成果，以抵抗很久之后出现的包罗万象的论文的侵袭。参引资料中留有史料素材构成的顽固小金块，它拒绝加工打磨——有这样一种小金块，也迫使历史学家重新考虑或修正自己的结论，甚至着手新的研究。参较C. Wright Mills, "On Intellectual Craftsmanship," *The Sociological Imagination*（New York, 1959），195-226。

18　贝拉方特此时在美国海军服役。——译者注

19　H. L. Gates, Jr., "Belafonte's Balancing Art," *New Yorker*, 26 August and 2 September 1996, 135. 贝拉方特还回忆了杜波伊斯在引用时使用的密码在他开始自学时如何给他造成了障碍："所以在去芝加哥休假的时候，我带着一份长长的书单到了图书馆。图书馆员说，'太多了，年轻人，你得减减。'我说，'那很简单。就把你这儿所有易白得写的书给我就成。'她说，'没这个人。' 我叫她种族主义者。我说，'你打算让我一直两眼一抹黑吗？' 然后我就生气地走掉了。"[易白得即Ibid, 意为"同前"，是脚注中常用的缩略语。贝拉方特那时误以为是某个作者的名字。——译者注]

20　见P. Vidal-Naquet, *Les assassins de la mémoires*（Paris, 1987）。

名词对译表

一 人名

原 名	译 名
Abbt, Thomas	托马斯·阿布特
King Abgar of Edessa	埃德萨王阿布加尔
Abraham, David	大卫·亚伯拉罕
Accursius	阿库尔修斯
Lord Acton	阿克顿勋爵
Aeneas	埃涅阿斯
Aeolus	埃厄罗斯
Aeschylus	埃斯库罗斯
Agnolo	阿尼奥洛
Archduke Albert of Austria	奥地利的阿尔布雷希特大公
Ulisse Aldrovandi of Bologna	博洛尼亚的乌利塞·阿尔德罗万迪
Alexander of Macedon	马其顿的亚历山大
Alfieri	阿尔菲耶里家族
King Alfred	阿尔弗雷德大王
Annius of Viterbo	维泰博的安尼乌斯

原 名	译 名
Apion	阿皮翁
Apuleius	阿普列尤斯
Arbuthnot, Dr. John	约翰·阿巴斯诺特博士
Ariadne	阿里阿德涅
Aristarchus	阿里斯塔尔科斯
Aristophanes of Byzantium	拜占庭的阿里斯托芬
Aristotle	亚里士多德
Arns, Evaristo	瓦里斯托·阿恩斯
Askenaz	阿斯凯纳齐
Bishop Asser	阿瑟主教
Aurelius, Marcus	马可·奥勒留
Baglioni, Fortebraccio	佛尔泰布拉乔·巴廖尼
Balzac	巴尔扎克
Baronio, Cesare	切萨雷·巴罗尼奥
Barrymore, John	约翰·巴里莫尔
Bartoli, Giuseppe	朱塞佩·巴尔托利
Baudouin, François	弗朗索瓦·博杜安
Bayle, Pierre	皮埃尔·培尔
Beaucaire, François	弗朗索瓦·博凯尔
Beausobre	博索波尔
Bede	比德
Belafonte, Harry	哈利·贝拉方特
Bentivoglio	本蒂沃利奥
Bentley, Richard	理查德·本特利

原 名	译 名
Bernard of Clairvaux	克莱尔沃的贝尔纳
Bernays, Berman	贝尔曼·贝尔奈斯
Bernays, Jacob	雅各布·贝尔奈斯
Bernays, Michael	米夏埃尔·贝尔奈斯
Bernini	贝尼尼
Berosus	贝若苏
Bierling, F.W.	F. W. 比耶林
Bloch, Marc	马克·布洛赫
Bochart, Samuel	萨米埃尔·博沙尔
Böckh, August	奥古斯特·博伊克
Bodin, Jean	让·博丹
Boileau, Jacques	雅克·布瓦洛
Boim, Michael	卜弥格
Bondi, Georg	格奥尔格·邦迪
Bonfadius, Giacomo	贾科莫·邦法迪乌斯
Borghero, Carlo	卡洛·博尔盖罗
Bosio, Antonio	安东尼奥·博西奥
Boyle, Charles	查尔斯·博伊尔
Brackmann, Albert	阿尔贝特·布拉克曼
Braunschweig-Lüneburg	不伦瑞克—吕内堡家族
Bracciolini, Poggio	波吉奥·布拉乔利尼
Braudel, Fernand	费尔南·布罗代尔
Brisson, Barnabé	巴尔纳贝·布里松
Brook, Ralph	拉尔夫·布鲁克

原 名	译 名
Bruni, Leonardo	莱奥纳多·布鲁尼
Bruno, Giordano	乔尔达诺·布鲁诺
Brutus	布鲁图斯
Buchanan, George	乔治·布坎南
Buckley, Samuel	塞缪尔·巴克利
Buddeus, J. F.	J. F. 布多伊斯
Buondelmonti, Cristoforo	克里斯托福罗·布翁代尔蒙蒂
Burckhardt, Jacob	雅各布·布克哈特
Bury, J. B.	约翰·巴格内尔·伯里
Butterfield, Herbert	赫伯特·巴特菲尔德
Cable, Carole	卡萝尔·凯布尔
Caesar, Julius	尤利乌斯·恺撒
Calco, Tristano	特里斯塔诺·卡尔科
Camden, William	威廉·卡姆登
Campano, Giannantonio	詹南托尼奥·坎帕诺
Carpaccio	卡尔帕乔
Carte, Thomas	托马斯·卡特
Casaubon, Issac	伊萨克·卡索邦
Céard, Jean	让·塞亚尔
Cervantes, Miguel de	塞万提斯
Charles V	查理五世
Charlemagne	查理大帝
Charles of Burgundy	勃艮第公爵查理
Cicero	西塞罗

原 名	译 名
Pope Clement VII	教宗克雷芒七世
Cloacina	克罗阿西娜
Cluverius, Philip	菲利普·克鲁维纽斯
Commines, Philippe de	菲利普·德·科米纳
Constantine	君士坦丁
Captain Cook	库克船长
Corio, Bernardino	贝尔纳迪诺·科里奥
Cotton, Robert	罗伯特·科顿
Coulanges, Fustel de	菲斯泰尔·德·库朗热
Coward, Noel	诺埃尔·科沃德
Craig, John	约翰·克雷格
Cranach, Lucas	卢卡斯·克拉纳赫
Cujas, Jacques	雅克·屈雅斯
Cyriac of Ancona	安科纳的奇里卡
Cyrus	居鲁士
Madam Dacier	达西耶夫人
Dangeau, M.	当若侯爵
Dante, Alighieri	但丁
Darnley	达恩利
Darius	大流士
David	大卫王
Davila	达维拉
Mr. Davis	戴维斯先生
de Beaufort, Louis	路易·德博福尔

原 名	译 名
de Choisi	德舒瓦西
de l' Escluse, Charles	夏尔·德莱克吕斯
de Semedo, Álvaro	曾德昭(又名谢务禄)
De Thou, Jacques-Auguste	雅克-奥古斯都·德图
de Tillemont, Sebastian le Nain	塞巴斯蒂安·勒南·德蒂耶蒙
Demetrius of Phalerum	法勒鲁姆的德米特里
Descartes, René	笛卡儿
Dickens, Arthur Geoffrey	亚瑟·杰弗里·迪肯斯
Dio	狄奥
Ditchfield, Simon	西蒙·迪茨费德
Dorislaus, Isaac	伊萨克·多里斯劳斯
Droysen	德罗伊森
Du Bois, W. E. B.	W. E. B. 杜波伊斯
Dubos, Abbé	修道院院长迪博
Ducange, Charles	夏尔·迪康热
Duchesne	迪歇纳
Dudith, Andreas	安德烈亚斯·杜迪奇
Dupuy, Christophe	克里斯托夫·迪皮伊
Earl of Essex	艾塞克斯伯爵
Eccard	埃卡特
Einhard	艾因哈德
Eliot, T. S.	艾略特
Erasmus, Desiderius	伊拉斯谟
Erasmus, H. J.	H. J. 伊拉斯谟

原 名	译 名
Erythraeus, Janus Nicius	亚努斯·尼奇乌斯·埃吕提拉欧斯
Escobar	埃斯科瓦尔
Eusebius	优西比乌
Fabroni, Angelo	安杰洛·法布罗尼
Faustina	福斯蒂娜
Febvre, Lucien	吕西安·费弗尔
Ferdinand I	费迪南德一世
Fishbane, Michael	迈克尔·菲什贝恩
Foxe, John	约翰·福克斯
Francesco	弗朗切斯科
Francis I	弗朗索瓦一世
Frederick II of Hohenstaufen	弗雷德里希二世（霍恩施陶芬家族）
Freeman, E.A.	E. A.弗里曼
Freud	弗洛伊德
Froude, James Anthony	詹姆斯·安东尼·弗劳德
Fubini, Riccardo	里卡多·富比尼
Fueter, Eduard	爱德华·菲埃特
Gassendi	伽桑狄
Gatterer, Johann Christoph	约翰·克里斯托夫·加特雷尔
Gellius, Aulus	奥卢斯·盖琉斯
George, Stefan	斯特凡·格奥尔格
Geoffrey of Monmouth	蒙默斯的杰弗里
Gibbon, Edward	爱德华·吉本

原　名	译　名
Giovio, Paolo	保罗·乔维奥
Goethe, Johann Wolfgang von	歌德
Goldast, Melchior	梅尔基奥尔·戈尔达斯特
Goldstein, Leon	莱昂·戈尔德施泰因
Gomer	戈默
Gossman, Lionel	莱昂内尔·格斯曼
Graevius, Johannes Georgius	约翰内斯·乔治·格雷菲乌斯
Gratius, Hugo	胡果·格劳秀斯
Grimm	格林兄弟
Gruber	格鲁贝尔
Gruter, Janus	亚努斯·格吕特尔
Gould, Joe	乔·古尔德
the Guise	吉斯家族
Gryphius, Andreas	安德雷亚斯·格吕菲乌斯
Guicciardini, Francesco	弗朗切斯科·圭恰迪尼
Han, Ulrich	乌尔里希·哈恩
Happel	哈普尔
Hardouin, Jean	让·阿杜安
Hase, Karl Benedikt	卡尔·贝内迪克特·哈泽
Heeren, Arnold	阿诺尔德·黑伦
Hegel, Georg Wilhelm Friedrich	黑格尔
Heraclitus	赫拉克利特
Herbert of Bosham	伯斯哈姆的赫伯特
Herder, Johann Gottfried von	赫尔德

原 名	译 名
Hermann, Gottfried	戈特弗里德·赫尔曼
Herodotus	希罗多德
Heyne, Christian Gottlob	克里斯蒂安·戈特罗布·海涅
Heyse, Paul	保罗·海泽
Hobbes, Thomas	托马斯·霍布斯
Hofmann	霍夫曼
Holborn, Hajo	哈约·霍尔博恩
Homer	荷马
Horace	贺拉斯
Hornius, Georg	格奥尔格·霍尔纽斯
Huet, Pierre-Daniel	皮埃尔-达尼埃尔·于埃
Humboldt, Wilhelm von	威廉·冯·洪堡
Hutten, Ulrich von	乌尔里希·冯·胡滕
Hume, David	大卫·休谟
Iamblicus	扬布里科
Ianziti, Gary	加里·扬齐尼
Illyricus, Flacius Matthias	弗拉齐乌斯·伊利里库斯
Jahn, Otto	奥托·雅恩
James VI et I	詹姆斯六世，亦即詹姆斯一世
Japhet	贾费特
Joinville, Jean	茹安维尔
Jonson, Ben	本·琼森
Joscelyn, John	约翰·乔斯林
Josephus	约瑟夫

原 名	译 名
Jungermann, Gottfried	戈特弗里德·容格曼
Jurieu, Pierre	皮埃尔·朱里厄
Kallisthenes	凯利斯尼兹
Kant, Immanuel	康德
Kantorowicz, Ernst	恩斯特·坎托罗维奇
Kepler, Johannes	约翰内斯·开普勒
Kinser, Samuel	塞缪尔·金瑟
Kircher, Athanasius	阿塔纳修斯·基歇尔
Krateros of Macedon	马其顿的克拉特鲁斯
La Peyrère	拉·佩雷尔
Lactantius	拉克坦修斯
Laïs	莱伊斯
Langlois, Ch.-V.	查理-维克多·朗格诺瓦
Laud	劳德
Lavater	拉瓦特尔
Leclerc, Jean	让·勒克莱尔
Leibniz, Gottfried Wilhelm von	莱布尼茨
Leinkauf, Thomas	托马斯·莱因考夫
Pope Leo X	教宗利奥十世
Leo, Heinrich	海恩里希·莱奥
Lichtenberg	利希滕贝格
Ligorio, Pirro	皮罗·利戈里奥
Lipking, Lawrence	劳伦斯·利普金
Lipsius, Justus	尤斯图斯·利普修斯

原 名	译 名
Livy	李维
Lombard, Peter	彼得·隆巴德
Louis XI	国王路易十一
Loyola, Ignatius	依纳爵·罗耀拉
Lucretia	卢克丽霞
Luther, Martin	马丁·路德
Mabillon, Jean	让·马比荣
Machiavelli	马基雅维利
Macrobius	马克罗比乌斯
Maffei, Scipione	马费伊
Manetho	曼涅托
Manilius	马尼留斯
Martini, Martinus	卫匡国
Marquardt of Ried	里德的马阔特
Martial	马提雅尔
Mary Queen of Scots	苏格兰玛丽女王
Maximus, Valerius	瓦列留斯·马克西姆斯
Lorenzo de' Medici	洛伦佐·德·美第奇
Cosimo de' Medici	科西莫·德·美第奇
Medos	梅多斯
Melanchthon, Philipp	菲利普·梅兰希通
Meinecke, Friedrich	迈内克
Ménage, Gilles	吉勒·梅纳热
Mencke, Friedrich Otto	弗里德里希·奥托·门克

原　名	译　名
Mencke, Johann Burckhard	约翰·布尔克哈特·门克
Menius, Justus	尤斯图斯·梅尼厄斯
Mercier, Louis-Sébastien	路易—塞巴斯蒂安·梅西耶
Michelangelo	米开朗琪罗
Milton	弥尔顿
Momigliano, Arnaldo	阿纳尔多·莫米利亚诺
Mommsen, Theodor	特奥多尔·蒙森
Montaigne, Michel de	蒙田
Montesquieu	孟德斯鸠
Montfaucon, Bernard de	贝尔纳·德·蒙福孔
Moréri, Louis	路易·莫雷里
Möser, Justus	尤斯图斯·默泽
Mosheim, J. L.	J. L. 莫斯海姆
Müller, Johannes von	约翰内斯·冯·缪勒
Muratori, Ludovico Antonio	卢多维科·安东尼奥·穆拉托里
Muret, Marc-Antoine	马克-安托万·米雷
Napoleon	拿破仑
Nerli	内尔利
Newton, Isaac	艾萨克·牛顿
Nicholas of Cusa	库萨的尼古拉斯
Niebuhr, Barthold Georg	巴托尔德·格奥尔格·尼布尔
Niebuhr, Carsten	卡斯滕·尼布尔
Nimis, Stephan	史蒂芬·尼米斯
Nissen, Heinrich	海恩里希·尼森

原 名	译 名
Origen	奥利金
Ovid	奥维德
Oxenstierna, Axel	阿克塞尔·奥克森谢尔纳
Pancirolli	潘奇罗利
Pamphilus	帕姆菲尔乌斯
Panvinio, Onofrio	奥诺弗里奥·潘维尼欧
Fra paolo	保罗弟兄
Paris, Matthew	马修·帕里斯
Parker, Matthew	马修·帕克
Parkes, Malcolm	马尔科姆·帕克斯
Parkman, Francis	弗朗西斯·帕克曼
Pascal, Blaise	帕斯卡
Pasquier, Etienne	艾蒂安·帕基耶
Patterson, Annabel	安娜贝尔·帕特森
Perizonius, Jacob	雅各布·佩里佐尼于斯
Pertz, Georg Heinrich	格奥尔格·海恩里希·佩尔茨
Petrarch	彼得拉克
Petronius	佩特洛尼乌斯
Phaedrus	菲得洛斯
Queen Philippa	菲利帕王后
Philllips, Mark	马克·菲利普斯
Philadelphus, Ptolemy	托勒密·费拉德尔甫斯
Piccinino	皮奇尼诺
Pindar	品达

原　名	译　名
Plato	柏拉图
Pliny	普林尼
Plutarch	普鲁塔克
Poliziano, Angelo	安杰洛·波利齐亚诺
Polybius	波利比乌
Pope, Alexander	亚历山大·蒲柏
Powicke, F. M.	F. M. 波威克
Propertius	普罗佩提乌斯
Pythagoras	毕达哥拉斯
Rabelais, François	拉伯雷
Rabener, Gottlieb Wilhelm	戈特利布·威廉·拉贝纳
Rahden, Wolfert von	沃尔弗特·冯·拉顿
Ramus, Petrus	彼得·拉姆斯
Ranke, Leopold von	利奥波德·冯·兰克
Rehm, Walter	瓦尔特·雷姆
Reimer, Georg	格奥尔格·赖默尔
Remus	雷姆斯
Rex, Walter	瓦尔特·雷克斯
Rice, Eugene	尤金·赖斯
Richter, Jean Paul	让·保罗·里希特
Riess, Peter	彼得·里斯
Rizzio	里奇奥
Robertson, William	威廉·罗伯逊
Romano, Giulio	朱利奥·罗马诺

原　名	译　名
Romulus	罗慕路斯
Rondelet, Guillaume	纪尧姆·龙德莱
Roscoe, William	威廉·罗斯科
Rudbeck, Olaus	奥劳斯·鲁德贝克
Russell, Bertrand	伯特兰·罗素
Saint-Evremond, Seigneur de	圣-埃夫勒蒙
Salome	萨勒梅
Sarpi, Paolo	保罗·萨尔皮
Saumaise, Claude	克洛德·索梅斯
Savile, Henry	亨利·萨维尔
Scaliger, Joseph	约瑟夫·斯卡利杰尔
Scheid	沙伊德
Schlegel	施莱格尔
Schlözer, August Ludwig von	奥古斯特·路德维希·冯·施勒策
Scioppius, Caspar	卡斯帕·朔佩
Scott, Sir Walter	沃尔特·司各特勋爵
Scriblerus, Martin	马丁·半吊子
Seignobos, Charles	夏尔·瑟诺博司
Selden, John	约翰·塞尔登
Semler, Johann Salomo	约翰·扎洛莫·泽姆勒
Seneca	塞内卡
the Sforzas	斯福尔扎家族
Shakespeare	莎士比亚
Sigonio, Carlo	卡洛·西戈尼奥

原 名	译 名
Simon, Richard	里夏尔·西蒙
Simonetta, Giovanni	乔万尼·西莫内塔
Andreas Don Sin	郑安德
Sismondi, Sismonde de	西斯蒙德·德·西斯蒙蒂
Pope Sixtus V	教宗西斯都五世
Smetius, Henricus	亨利克斯·斯莫裘斯
Solon	梭伦
Soman, Alfred	阿尔弗雷德·索曼
St. Anne	圣安娜
St. Jerome	圣杰罗姆
St. Malachi	圣马拉奇
Stenzel, Gustav	斯塔夫·施滕策尔
Strahan, William	威廉·斯特拉恩
Sueon	苏埃托尼乌斯
Swift, Jonathan	乔纳森·斯威夫特
Sybel, Heinrich von	海恩里希·冯·聚贝尔
Tacitus	塔西佗
Tait	泰特
Tantalus	坦塔罗斯
Tout	陶特
Temporarius, Johannes	约翰内斯·坦波拉利乌斯
Tennemann, Wilhelm Gottlieb	威廉·戈特利布·滕纳曼
Theobald, Lewis	刘易斯·西奥博尔德
Thiers, Jean-Baptiste	让-巴蒂斯特·梯也尔

原 名	译 名
Thomasius, Christian	克里斯蒂安·托马修斯
Thomasius, Jacob	雅各布·托马修斯
Thucydides	修昔底德
Tiberius	提比略
Tiedemann, Dietrich	迪特里希·蒂德曼
Tissot, S. A.	萨米埃尔·奥古斯特·蒂索
Trismegistus, Hermes	赫耳墨斯·特利斯墨吉斯忒斯
Trithemius, Johannes	特里特米乌斯
Turner, Henry	亨利·特纳
Ulbricht, Walter	瓦尔特·乌布利希
Usener, Hermann	赫尔曼·乌泽纳
Valla, Lorenzo	洛伦佐·瓦拉
Varchi, Benedetto	瓦尔基
Varro	瓦罗
Vasari	瓦萨里
Vico, Giambattista	詹巴蒂斯塔·维科
Vincent of Beauvais	博韦的樊尚
Virgil	维吉尔
Virgil, Polydore	波利多尔·弗吉尔
Voigt, Johannes	约翰内斯·福格特
Völkel, Markus	马库斯·弗尔克尔
Voltaire	伏尔泰
Vulpius	武尔皮乌斯
Wachler, Ludwig	路德维希·瓦赫勒

原 名	译 名
Walpole, Horace	霍勒斯·沃波尔
Welser, Markus (Marx)	马库斯·韦尔泽
Richard White of Basingstoke	贝辛斯托克的理查德·怀特
Wilamowitz-Möllendorff, Ulrich von	乌尔里希·冯·维拉莫威兹—默伦多夫
Winckelmann, J. J.	J. J. 温克尔曼
Wolf, Friedrich August	弗雷德里希·奥古斯特·沃尔夫
Xenophon	色诺芬
Xerxes	薛西斯
Zedelmaier, Helmut	赫尔穆特·策德尔迈埃尔
Zeuxis	宙克西斯

二 著作名

原 名	译 名
Acta eruditorum	《博学通讯》
Age of Louis XIV	《路易十四的时代》
Annals	《编年史》（卡姆登）
Annals	《年代记》（塔西佗）
Annales	《编年史》（巴罗尼奥）
Annali d'Italia	《意大利编年史》

名词对译表

原 名	译 名
Annals of the Reign of Queen Elizabeth	《伊丽莎白女王统治时期编年史》
A Vindication of Some Passages in the Fifteenth and Sixteenth Chapters of the History of the Decline and Fall of the Roman Empire	《为〈罗马帝国衰亡史〉第15和16章中的一些段落辩护》
Allgemeine Literatur-Zeitung	《文学总论报》
Anecdotes about Mme. la comtesse du Barry	《杜·巴里伯爵夫人轶事》
Ars Critica	《校勘的技艺》
Attic Nights	《阿提卡之夜》
Battle of the Books	《书籍之争》
Blaetter fuer die Kunst	《艺术册页》
Britannia	《不列颠》
Cambridge Modern History	《剑桥近代史》
Centuries	《诸世纪》
China	《中国图说》
Collapse of the Weimar Republic: Political Economy and Crisis	《魏玛共和国的垮台：政治经济与危机》
Collatio legum Romanarum et Mosaicarum	《摩西戒律与罗马法律汇校》
Commentaries	《往事纪》
Critical History of the Old Testament	《旧约考证史》
Critical History of the Text of the New Testament	《新约文本考证史》

原 名	译 名
Curiositäten der physisch-artistische-historischen Vor- und Nachwelt	《在物理、艺术、历史的前生与后世中的怪事》
Declamation on the Donation of Constantine	《君士坦丁赠礼辩》
De militia Romana	《论罗马军制》
De rebus inventis et deperditis	《论发明和失传的事物》
Diplomatica	《论古文书学》
Discourse on the Method	《论方法》
Donation of Constantine	《君士坦丁的赠礼》
Ecclesiastical History	《教会史》
Essays	《随笔集》
Fairy Tales	《童话》
Geographia sacra	《圣地地理》
German Big Business and the Rise of Hilter	《德国的大生意与希特勒的上台》
Geschichte der historischen Forschung und Kunst	《史学研究与史学艺术的历史》
Geschichten der romanischen und germanishcen Völker	《罗曼与日耳曼诸民族史》
Grand dictionnaire historique	《历史大辞典》
Gulliver's Travels	《格列佛游记》
Hinkmars von Repkow Noten ohne Texte	《欣克马尔·冯·雷普柯夫没有正文的注释》
Historical and Critical Dictionary	《历史与考证辞典》
Historical Knowing	《历史认知》

原 名	译 名
Historiarum libri...cum notis antiquitatum Britannicarum	《不列颠古代……史著及注释》
Histories	《历史》
Historische Zeitschrift	《历史杂志》
History and Theory	《历史与理论》
History of England	《英格兰史》
Histories of the Florentine People	《佛罗伦萨人史》
History of the Philosophy of the Hebrews	《希伯来哲学史》
History of Prussia	《普鲁士史》
History of the Decline and Fall of the Roman Empire	《罗马帝国衰亡史》
Iliad	《伊利亚特》
Kaiser Friedrich II	《皇帝弗雷德里希二世》
Letter of Aristeas	阿黎斯特雅书信
Life of the Roman People	《罗马人的生活》
Mémoires	《文集》
Methodus ad facilem historiarum cognitionem	《历史研究简明入门》
Mikroskopische Belustigungen	《显微镜下的嬉戏》
Monumenta Germaniae Historica	《日耳曼历史文献汇编》
Mysterium cosmographicum	《宇宙的奥秘》
Natural History	《博物志》
Nouvelles de la République des Lettres	《文人共和国新闻》
Odyssey	《奥德赛》

原 名	译 名
On the Charlatanry of the Learned	《论博学之士的吹嘘》
Oral History of World	《口述世界史》
Origines Guelficae	《归尔甫派的起源》
Osnabrückische Geschichte	《奥斯纳布吕克地方史》
Palaeographica	《古文字学》
Paradise Lost	《失乐园》
Parrhasiana	《放言无忌》
Passional Christi und Antichristi	《基督受难与敌基督》
Persae	《波斯人》
Prolegomena ad Homerum	《荷马研究绪论》
Prodromus coptus	《科普特语初阶》
Provincial Letters	《致外省人信札》
Quentin Durward	《昆廷·德沃德》（《惊婚记》）
Recherches de la France	《追寻法国》
Relationes curiosae	《奇异的联系》
Regulae	《规则》
Roma sotterranea	《地下罗马》
Roman Corpus iuris	《罗马法大全》
Roman History	《罗马史》
Römische Elegien	《古罗马挽歌集》
Saturnalia	《农神节宴饮篇》
Scienza nuova	《新科学》
Sejanus	《塞扬努斯》
Septuagint	《圣经七十子译本》

原 名	译 名
Speculum	《镜子》
Studies in Historiography	《论历史研究》
The Health of Scholars	《论学者的健康》
The Waste Land	《荒原》
The Year 2440	《2440年》
Thesaurus	《汇编》
To the Christian Nobility of the German Nation	《致德意志民族基督徒贵族》
Treatise on the Vacuum	《真空论》
Variorum Dunciad	《群愚史诗》
Vossische Zeitung	《福斯报》
Vulgate Bible	《圣经》武加大译本
Zur Kritik neuerer Geschichtsschreiber	《近代史家批判》

索 引

（此处页码为原书页码、本书边码）

Abraham, David, 17–18
Accursius, 27
Acton, Lord, 12, 60
Aeschylus, *Persae*, 88
Aldrovandi, Ulisse, 180
Anecdotes about Mme. la comtesse du Barry, 111
Annius of Viterbo, 130, 131, 170–171, 187
Arbuthnot, John, 118
Aristarchus, 89–90
Aristophanes of Byzantium, 90
Aristotle, 175
Aulus Gellius, *Attic Nights*, 29

Baronio, Cesare, *Annales*, 154, 160, 163, 164
Bartoli, Giuseppe, 185
Baudouin, François, 75–77, 132
Bayle, Pierre: *Historical and Critical Dictionary*, 191–200, 201, 205–206, 207–212, 213–214, 217, 225–226; *Nouvelles de la République des Lettres*, 191–192

Bede, Saint, 157
Bentley, Richard, 111–113, 116, 117
Bernays, Jacob, 4, 109
Bernays, Michael, 4, 67
Berossus, 155
Bierling, F. W., 212
Bloch, Marc, 174
Böckh, August, 91–92
Bodin, Jean, 75, 76–77, 123, 132, 133; *Methodus ad facilem historiarum cognitionem*, 77–78
Boileau, Jacques, 219–220
Boim, Michael, 151, 152
Bosio, Antonio, *Underground Rome (Roma sotterranea)*, 154
Brackmann, Albert, 20–21
Braudel, Fernand, 55
Brooke, Ralph, 181
Bruni, Leonardo, *Histories of the Florentine People*, 125
Buckley, Samuel, 140
Buddeus, J. F., *History of the Philosophy of the Hebrews*, 200

Buondelmonti, Cristoforo, 177
Burckhardt, Jacob, 42
Bury, J. B., 59
Butterfield, Herbert, 60

Calco, Tristano, 128
Camden, William, 137, 138, 181; *Annals of the Reign of Queen Elizabeth,* 135
Campano, Giannantonio, 126–127
Carte, Thomas, 140
Casaubon, Isaac, 172
Cervantes, Miguel de, 110
Clement VII, 159
Cluverius, Philip, 187
Collatio legum Romanorum et Mosaicarum, 30
Corio, Bernardino, 124
Cotton, Robert, 135, 138
Coulanges, Fustel de, 70
Craig, John, 206
Cranach, Lucas, *Passional Christi and Antichristi,* 158–159
Cujas, Jacques, 148
Cyriac of Ancona, 177

Dante Alighieri, 28
De Beaufort, Louis, 123, 187
De l'Escluse, Charles, 137
Descartes, René, 207, 222; *Discourse on the Method,* 206
De Thou, Jacques-Auguste, 133–142, 147, 153, 195, 216
Dickens, A. G., 61
Dorislaus, Isaac, 144–145

Ducange, Charles, 210, 211
Dupuy, Christophe, 136

Eliot, T. S., *The Waste Land,* 28
Erasmus, Desiderius, 157
Erasmus, H. J., 187
Erythraeus, Janus Nicius, 164
Eusebius, 24, 169, 170, 171; *Ecclesiastical History,* 156–157, 160

Fabroni, Angelo, 82
Febvre, Lucien, 174
Flacius Illyricus, Matthias, *Centuries,* 160–162, 163
Foxe, John, 163, 166
Froude, James Anthony, 56
Fueter, Eduard, 107

Gatterer, Christoph, 79
George, Stefan, 19
Gibbon, Edward, 97–104; and antiquarian literature, 182–187, 188; and Bayle, 195, 197, 200, 213, 223, 226; and de Thou, 138, 141; and ecclesiastical history, 168; *History of the Decline and Fall of the Roman Empire,* 1–4, 97–98, 102–104, 169, 171, 224; and Hume, 221–222; *Memoirs,* 224; and *Origines Guelficae,* 229; and Ranke, 72, 122, 123; reputation of, 226; and scholarship, 224; and Tillemont, 209; *A Vindication of Some Passages in the Fifteenth and*

Sixteenth Chapters of the History of the Decline and Fall of the Roman Empire, 99–101
Giovio, Paolo, 81, 123–124, 141
Glossa ordinaria, 27
Goethe, Johann Wolfgang von, 85
Graevius, Johannes Georgius, *Thesaurus,* 124
Gruter, Janus, 180
Gryphius, Andreas, 28
Guicciardini, Francesco, 40, 41, 42–44, 45, 77, 80, 123

Hardouin, Jean, 184
Heeren, Arnold, 47
Hegel, Georg Wilhelm Friedrich, 34, 107–108
Herbert of Bosham, 31
Herder, Johann Gottfried von, 85
Hermann, Gottfried, 37, 72, 86, 87–92
Herodotus, 88, 175
Heyne, Christian Gottlob, 84
Hobbes, Thomas, 77
Hornius, Georg, 150
Huet, Pierre-Daniel, 206
Humboldt, Wilhelm von, 34, 85
Hume, David, 102–103, 190–191, 217, 221–222; *History of England,* 103

Jahn, Otto, 109
James I, 135, 136, 138
Joinville, Jean, 24
Jonson, Ben, 144–147; *Sejanus,* 144, 145–146

Joscelyn, John, 165
Josephus, 169–170
Julius Caesar, *Commentaries,* 28, 126
Jungermann, Gottfried, 218–219
Jurieu, Pierre, 192

Kant, Immanuel, 108
Kantorowicz, Ernst, 19–22, 70–71; *Kaiser Friedrich II,* 71
Kepler, Johannes, *Mysterium cosmographicum,* 29
Kircher, Athanasius, 149–154, 171–173, 180, 182, 187, 188; *China,* 150, 154; *Prodromus coptus,* 150
Krateros of Macedon, 175–176

Langlois, Charles, 26
Le Clerc, Jean, 214–219, 223; *Ars critica,* 215; *Parrhasiana,* 215–219
Leibniz, Gottfried Wilhelm von, 182, 194, 210, 223–224
Leo X, 159
Leo, Heinrich, 65–67, 229
Ligorio, Pirro, 185
Lipsius, Justus, 98, 144; *De militia Romana,* 179
Loyola, Ignatius, 159
Luther, Martin, *To the Christian Nobility of the German Nation,* 158

Mabillon, Jean, 148
Macrobius, *Saturnalia,* 29

Maffei, Scipione, 98
Manetho, 155
Melanchthon, Philipp, 158
Ménage, Gilles, 194
Mencke, Friedrich Otto, 201
Mencke, Johann Burckhard, *On the Charlatanry of the Learned*, 119
Menius, Justus, 162
Mercier, Louis-Sébastien, *The Year 2440*, 111
Michelangelo, 177
Mommsen, Theodor, 109
Montaigne, Michel de, 78; *Essays*, 28
Montesquieu, Baron, 105
Montfaucon, Bernard de, 148
Moréri, Louis, 195; *Grand dictionnaire historique*, 192, 209
Möser, Justus, 104–107, 122, 187, 222, 223; *Osnabrückische Geschichte*, 107
Mosheim, J. L., 98, 168, 171
Müller, Johannes von, 81, 122
Muratori, Ludovico Antonio, 98, 168, 188–189
Muret, Marc-Antoine, 144

Nicholas of Cusa, 75
Niebuhr, Barthold Georg, 37, 49, 67–68, 72, 85, 86–87, 187
Nissen, Heinrich, 58–59, 226

Origen, 156
Ovid, 29

Pamphilus, 156
Panvinio, Onofrio, 176–177
Paris, Matthew, 24
Parker, Matthew, 164–165, 166
Parkes, Malcolm, 30
Pascal, Blaise, *Provincial Letters*, 201–202; *Treatise on the Vacuum*, 202
Pasquier, Etienne, 142–144, 147
Perizonius, Jacob, 213
Pertz, Georg Heinrich, 49, 87
Peter Lombard, 30–31
Petrarch, 28, 29
Pindar, 89–90
Pliny, *Natural History*, 29
Plutarch, 176
Pope, Alexander, 113–114, 217; *Variorum Dunciad*, 114, 115–118
Powicke, F. M., 227–228

Rabelais, François, 110
Rabener, Gottlieb Wilhelm, *Hinkmars von Repkow Noten ohne Texte*, 120
Ranke, Leopold von, 34–61, 62–93, 94, 96, 110, 122–124, 128, 138, 141, 212, 223, 224, 228–229; *Histories of the Latin and German Peoples* (*Geschichten der romanischen und germanischen Völker*), 38–39, 65–67, 72; *On the Criticism of Modern Historians* (*Zur Kritik neuerer Geschichtsschreiber*), 39, 48

Robertson, William, 97, 104, 187, 223
Roscoe, William, 82–83

Saint-Evremond, Seigneur de, 105
Sarpi, Paolo, 136
Saumaise, Claude, 193
Savile, Henry, 136
Scaliger, Joseph, 137, 187, 193
Schlegel, Auguste Wilhelm von, 85
Schlegel, Friedrich von, 85
Schlözer, August Ludwig von, 79
Scott, Sir Walter, 37–38, 91
Seignobos, Charles, 26
Semedo, Álvaro, 151
Semler, Johann Salomo, 79
Sigonio, Carlo, 176–177
Simon, Richard, *Critical History of the Old Testament*, 202–204
Simonetta, Giovanni, 125
Sismondi, Sismonde de, 40–41, 44
Smetius, Henricus, 180
Stenzel, Gustav, 45, 47
Swift, Jonathan, 112–113, 117; *Battle of the Books*, 113

Tacitus, *Annals*, 144
Temporarius, Johannes, 187
Tennemann, Wilhelm Gottlieb, 107
Theobald, Lewis, 114
Thiers, Jean-Baptiste, 219–220
Thomasius, Christian, 200–201
Thomasius, Jacob, 13–14, 206–207
Thucydides, 24, 175
Tiedemann, Dietrich, 107
Tillemont, Sebastian le Nain de, 98, 168–169, 202, 209, 211
Tissot, S. A., *The Health of Scholars*, 95–96
Trithemius, Johannes, 157
Turner, Henry, 17–18; *German Big Business and the Rise of Hitler*, 18

Valla, Lorenzo, 73–75; *Declamation on the Donation of Constantine*, 157, 158
Varro, Marcus Terentius, 174
Vico, Giambattista, *Scienza nuova*, 81
Vincent of Beauvais, 31
Virgil, Polydore, 129–130
Voigt, Johannes, 57
Voltaire, 194, *Age of Louis XIV*, 94

Wachler, Ludwig, 79–80, 121, 124, 140–141
Welser, Markus, 138–139
White, Richard, 130–131; *Historiarum libri . . . cum notis antiquitatum Britannicarum*, 128–129
Winckelmann, J. J., 194–195
Wolf, Friedrich August, 84–85, 223; *Prolegomena ad Homerum*, 92

Xenophon, 88

编后记

安东尼·格拉夫敦教授是当代著名史家，专治文艺复兴时期欧洲文化史，在西方学术史、科学史、阅读史和教育史等领域均有创获。最初发表于1995年的《脚注趣史》（德文版，Berlin 1995/ München 1998）一书，是他从脚注这一现代学术的必备工具切入，梳理西方学术源流的精妙之作，问世之后，好评如潮，英文版、法文版亦相继刊行。

最初承北京大学陆扬教授引介，我们确定了移译此书的计划。期间，或因译事艰难，而此书博古通今，所涉知识面太广，延至版权期底限，所委托译者仍不能交稿。最后时刻，幸得张弢、王春华两位青年学者施以援手，竟然在仅有两个月工作时间的苛刻条件下合力完成了高质量的译文。

译者和编者遇到的多语种、生僻知识点等颇多难题，得到了北京大学陆扬、吴天岳教授，清华大学刘北成、彭刚教授，首都师范大学金寿福、晏绍祥教授，四川大学刘耀春教授，以及美国德堡大学刘津瑜教授等诸位师长的解答和指点。

本书基于1999年英文平装本译出，翻译中亦参考了1995年德文版和瑟伊出版社1998年法文版。具体分工是：前言、致谢及一至四章，由张弢翻译；五至七章及跋语，由王春华翻译。全部译稿蒙刘北成、陆扬教授拨冗通读，并订正若干阙失。

对张弢、王春华两位译者的辛苦付出，以及上述诸位学者的热情襄助，我们在此表示由衷的感谢。唯因时间所限，译文未妥之处以及编校的错漏仍恐不少，敬希读者见谅。如有指正，请发邮件知会本书责编（ct@pup.cn），我们将在新版中加以改进。

北京大学出版社
文史哲图书事业部
2013年12月

承蒙陆扬、陈怀宇、赖国栋、维舟等老师的指正，及热心读者的帮助，藉重印之机，我们对一些疏漏进行了修订。

北京大学出版社
文史哲事业部
2015年1月

历史学的实践丛书

已出书目

史学方法论　杜维运

变动世界中的史学　杜维运

当代史学主要趋势　〔英〕杰弗里·巴勒克拉夫

法国史学革命　〔英〕彼得·伯克

历史学的实践　〔英〕G. R. 埃尔顿

碎片化的历史学　〔法〕弗朗索瓦·多斯

什么是环境史　〔美〕J. 唐纳德·休斯

什么是全球史　〔美〕柯娇燕

什么是文化史　〔英〕彼得·伯克

什么是医学史　〔英〕约翰·查诺韦思·伯纳姆

近代德国及其历史学家　〔瑞士〕安托万·基兰

历史比较研究导论　〔德〕哈特穆特·凯博

全球史学史　〔美〕格奥尔格·伊格尔斯、王晴佳

社会学家与历史学家　〔法〕皮埃尔·布尔迪厄、罗杰·夏蒂埃

历史学十二讲　〔法〕安托万·普罗斯特

历史学与文化理论　〔英〕西蒙·冈恩

历史学：政治还是文化？　〔美〕费利克斯·吉尔伯特

文化史的风景　〔英〕彼得·伯克

脚注趣史　〔美〕安东尼·格拉夫敦

即出书目

20世纪日本历史学　〔日〕永原庆二

开拓者：著名史家访谈录　王希、卢汉超、姚平

我的历史　〔法〕皮埃尔·诺拉 等

什么是建筑史　〔澳大利亚〕安德鲁·里奇

什么是性别史　〔美〕索尼娅·罗斯

新历史学是什么　〔英〕康纳汀

现代西方史学导论　〔英〕迈克·本特利

西方史学史　〔美〕布莱萨赫